中国当代劳动法前沿问题探究

李培智　著

燕山大学出版社

·秦皇岛·

本书是作者长期致力于劳动法理论与实务前沿热点问题的系统思考和不懈探究的成果结集，内容涉及劳动关系、劳动合同、劳动基准、劳动监察、社会保险与劳动争议处理程序等劳动法的多个方面，不仅丰富了我国劳动法理论研究的成果，也对劳动法的实务争议处理具有一定的指导意义，同时也为我国劳动法的立、废、改提供了智力支撑。

图书在版编目（CIP）数据

中国当代劳动法前沿问题探究 / 李培智著. —2 版. —秦皇岛：燕山大学出版社，2023.6
ISBN 978-7-5761-0462-2

I. ①中… II. ①李… III. ①劳动法－研究－中国 IV.①D922.504

中国版本图书馆 CIP 数据核字（2022）第 256899 号

中国当代劳动法前沿问题探究
李培智 著

出 版 人：陈　玉			
责任编辑：孙志强			
责任印制：吴　波		封面设计：刘韦希	
出版发行：燕山大学出版社 YANSHAN UNIVERSITY PRESS		电　　话：0335-8387555	
地　　址：河北省秦皇岛市河北大街西段 438 号		邮政编码：066004	
印　　刷：涿州市般润文化传播有限公司		经　　销：全国新华书店	
开　　本：710mm×1000mm　1/16		印　　张：12.75	
版　　次：2023 年 6 月第 2 版		印　　次：2023 年 6 月第 1 次印刷	
书　　号：ISBN 978-7-5761-0462-2		字　　数：220 千字	
定　　价：49.00 元			

序　言

　　庆祝法学系成立二十周年之际，河北工业大学人文与法律学院组织编写了北辰法学论丛丛书，以展示工大法学的研究力量，扩大工大法学的影响。借此难得之良机，我将 2004 年从事劳动法教学和研究以来发表的论文结集出版，取名《中国当代劳动法前沿问题探究》。

　　邓小平同志南方谈话和我国社会主义市场经济体制目标的确立，催生了《中华人民共和国劳动法》，这部全面调整市场经济劳动关系和旨在保护劳动者合法权益的法律具有划时代的意义。但是面对汹涌的市场经济大潮，资本一路高歌猛进，广大劳动者的劳动权益不断遭受侵害，而旨在保护劳动者合法权益的劳动法逐渐力所不逮。2006 年 3 月 20 日，全国人大公布《中华人民共和国劳动合同法（草案）》，向全社会广泛征求意见，社会反响强烈，立法意见相左并发生激烈争论，正式颁布实施后十余年来修改《劳动合同法》以及围绕劳动合同立法的争论也从未消弥。所以，围绕《劳动合同法》展开的研究也是本书的重要组成部分。

　　劳动法以调整劳动关系为己任，劳动关系和劳务关系是劳动法和民法分而治之的分水岭。我国《劳动合同法》强化了用人单位不签订书面劳动合同和违法解除劳动关系的法律责任，加重了用人单位解除、终止劳动关系的经济成本。而《社会保险法》的颁布实施，则进一步强化了用人单位缴纳社会保险的责任。有些用人单位视劳动法和劳动关系为"洪水猛兽"，劳务派遣、转包与承包、代理、非法用工、个人用工等用工形式大行其道，规避和扭曲劳动关系之风渐盛。是劳动关系还是劳务关系，是时代之问，也是作者劳动法学研究的重中之重。

　　当然、社会保险中的工伤保险、农民工权益保护、就业歧视、劳动争议处理程序、劳动保障监察等也是社会的热点和劳动法学研究的焦点。作者将研究的视角不断拓展，发出自己的声音，以期能对劳动法学研究贡献微薄的力量。

可以说，本书的出版是对我前期研究的一次梳理和总结。囿于自己的研究能力，研究成果还存在诸多不足，期待能在以后的研究中不断改进。

作为法律源头的社会生活奔腾不止，法学研究永无止境。今年新冠疫情席卷全球，社会经济遭受重创，企业举步维艰。即使在经济常态下，市场主体之间的竞争也异常激烈，企业生存如履薄冰。劳动权利和义务如何平衡，劳动关系如何适时调适，是摆在劳动法学人面前的永恒课题。特别是我国劳动关系的法律调整模式粗放、机械、单一，劳动关系与社会保险捆绑在一起，使原本脆弱的劳动关系承载了难以承受之重，劳动关系研究将何去何从，也将是本人继续研究和思考的问题。

是为序。

李培智

2020 年 9 月 16 日

目　录

劳动关系概念重塑①

——基于构建和谐劳动关系的视角

【摘　要】劳动关系概念是构筑劳动法大厦的基石；我国理论与实务中对劳动关系概念的表述存在诸多问题，应将劳动关系双方主体表述为"用工主体"和"劳动者"；从属劳动构成了劳动关系的本质特征，劳动关系概念应体现其本质特征；劳动关系是劳动者和用工主体之间因发生从属劳动而形成的社会关系。

【关键词】劳动关系；概念；特征

胡锦涛同志在党的十八大报告中明确指出，要健全劳动标准体系和劳动关系协调机制，加强劳动保障监察和争议调解仲裁，构建和谐劳动关系。劳动关系概念是构筑劳动法大厦的基石，明晰劳动关系概念是构建和谐劳动关系的基础和前提。由于我国立法中劳动关系概念不清，判断标准不明，以及劳动关系理论研究滞后，导致实践中劳动关系与民事雇佣关系模糊不清，劳动法的调整范围狭小，劳动者的合法权益难以保障。基于此，在对传统的劳动关系理论以及司法实务进行梳理、批判的基础上，深入探究劳动关系的本质，重新诠释劳动关系之概念，非常必要。

一、劳动关系概念概览

何谓劳动关系，我国劳动法并没有给出明确的答案，学者给出的定义也各有不同。中国劳动法学研究会《劳动法词典》编辑委员会编写的《劳动法词典》认为劳动关系概念包含了两个方面的内容：一是指社会劳动关系，即人们在社会劳动过程中相互发生的关系；二是指劳动者同劳动者的录用者之间在劳动过程中所发生的关系，它是劳动法调整的对象②。本义对劳动关系内涵的阐述主要是建立在对狭义劳动关系概念解释的基础上。

---

① 学习贯彻党的十八大精神研究成果，河北省社会科学基金委托项目。
② 中国劳动法学研究会《劳动法词典》编辑委员会：《劳动法词典》，辽宁人民出版社1987年版，第214页。

董保华教授在其《劳动法论》一书中，对劳动关系定义进行了系统梳理后，认为劳动法所调整的劳动关系可以概括为：劳动者与用人单位之间为实现劳动过程而发生的劳动力与生产资料相结合的社会关系[①]。王全兴教授认为，作为劳动法调整对象的劳动关系，是指劳动力所有者（劳动者）与劳动力使用者（用人单位）之间，为实现劳动过程而发生的一方提供劳动力由另一方用于同其生产资料相结合的社会关系[②]。郭捷教授认为，劳动法中所称的劳动关系是指劳动力所有者与劳动力使用者之间在实现劳动过程中发生的关系（狭义的劳动关系）[③]。以上描述除了对劳动关系双方主体的表述用语不同外，其内涵基本一致，成为学界的通说或者主流。

所谓概念，《现代汉语词典》解释为，思维的基本形式之一，反映客观事物的一般的、本质的特征。人类在认识过程中，把所感觉到的事物的共同特点抽出来，加以概括，就成为概念[④]。

笔者认为董保华及其后学者对劳动关系的释义大体反映了客观事物的一般特征，能够把所感觉到的事物的共同特点抽出来并加以概括。但是，其概念稍显不足的是，上述概念中并未凸显出劳动关系的本质属性。如果劳动关系的概念并未对客观事物的本质属性进行描述，使人对该客观事物与彼客观事物难以有效区分和界定的话，那么这个概念应该有修正的必要和意义。

所以，时有学者对劳动关系的概念进行不断的研究和探索，对劳动关系通说概念提出了不同的看法。常凯先生在《劳权论》一书中认为，劳动法的调整对象是劳动关系，但并不是所有的劳动关系都由劳动法调整。劳动法在本质上，是调整市场经济的劳动关系的法律。而市场经济的劳动法律所调整的劳动关系，是一种特定的劳动关系，可以具体界定为：以劳动者和雇主之间所形成的给付劳动为基础所构成的社会经济关系[⑤]。翟继满认为劳动关系是劳动者作为用人单位的组织成员提供劳动并获取报酬而形成的社会关系[⑥]。沈同仙认为劳动关系是指劳动

---

① 董保华：《劳动法论》，世界图书出版公司出版社1999年版，第37页。

② 王全兴：《劳动法》，法律出版社2004年版，第31页。

③ 郭捷：《劳动法与社会保障法》，中国政法大学出版社2007年版，第3页。

④ 中国社会科学院语言研究所词典编辑室：《现代汉语词典》，商务印书馆1996年版，第404页。

⑤ 常凯：《劳权论》，中国劳动社会保障出版社2004年版，第71-72页。

⑥ 翟继满：《关于劳动关系确立时间的若干思考》，载《中国社会法学研究会2008年年会论文集》，第305页。

者与用人单位之间因从属性劳动而发生的财产关系和人身关系[①]。笔者认为，这些学者在界定劳动关系定义时，试图将劳动关系的本质属性蕴含其中，并作出了积极的努力，只是如何恰当地进行表达，似乎还有进一步推敲的必要。

综上，当前对劳动关系概念的表述存在两个方面的问题，一是劳动关系的主体如何描述，二是劳动关系本质特征如何把握，而这也正构成劳动关系概念的核心内容。

二、劳动关系概念主体之描述

关于劳动关系主体之描述，实际上颇有争议，分析起来，也颇费周折。前述劳动关系定义概览可见，通常将劳动关系的主体界定为劳动者与用人单位，即劳动者与用人单位之间方可产生劳动关系。将劳动关系主体描述为劳动者与用人单位，其意义在于：其一，概念相对明确，符合表述习惯，与现有立法表述相衔接。我国《劳动法》第二条规定："在中华人民共和国境内的企业、个体经济组织（以下统称用人单位）和与之形成劳动关系的劳动者，适用本法。"《劳动法》适用于劳动者和用人单位之间，《劳动法》通篇采用了"劳动者"和"用人单位"的表述，明确其权利与义务。《劳动合同法》与《劳动法》一脉相承，仍沿用"劳动者"与"用人单位"的概念进行立法。将劳动关系的主体界定为劳动者与用人单位，与我国的劳动法律规范相衔接，相贯通，便于理解和使用。其二，构筑比较稳定的劳动法律体系。法律是社会关系的调整器，是为人们的行为提供模式、标准、样式和方向的社会规范，从而强制或引导社会主体依法行事，进而构建社会秩序。而由于社会关系错综复杂，任何一部单一的法律都无法囊括和调整所有的社会关系，因此法律又分化出不同的法律部门，每一部门法以特定的主体和特定的社会关系为其调整对象，分而治之。而劳动法之所以能够从民事法律中脱胎而来并独立于一般民事法律，在于有其特定的调整对象和特定的调整领域。所以，劳动法律关系主体的确立是构筑劳动法律体系的前提和基础。正如谢德成教授在其《用人单位的内涵及法律意义新探》一文中所探讨的，用人单位的创制首先明确了我国《劳动法》调整的范围，并成为判断劳动关系和劳务关系的重要标准之一；其次用人单位资格的创制使得劳动法

---

① 沈同仙：《劳动法学》，北京大学出版社2000年版。

主体制度框架得以建立①。

但是，将劳动关系的主体界定为劳动者与用人单位，将劳动关系主体描述为劳动者与用人单位，随着我国市场经济的发展及社会变迁，其缺陷也日益显现出来。

其一，许多学者认为劳动关系与雇佣关系本质并无二致，内涵与外延也完全一致，将劳动关系的一方主体限定为"用人单位"，实际上是将劳动关系与雇佣关系人为割裂开来，不仅使劳动关系与雇佣关系的理论纠缠不清，也导致劳动法与民法的界限模糊。

许建宇在其《雇佣关系的定位及其法律调整模式》一文中指出，我国《劳动法》调整范围以外的雇佣关系不是完全私法意义上的民事关系，其在本质上应属于劳动关系范畴，故对雇佣关系的法律调整，不宜采用现阶段与劳动关系分而治之、由民法加以调整的模式，而应统一纳入作为独立法律部门的劳动法调整的对象体系，由劳动法予以全面规制②。

刘晨在《论劳动关系和雇佣关系》一文中指出，劳动关系和雇佣关系的最本质特征都是一个，即从属性。正是基于从属性的特征，雇佣关系才逐渐地步出了民法的调整范围进入劳动法领域，成为劳动关系。因此只要我们以劳动的从属性作为劳动关系的标准，劳动关系与民法中雇佣关系的内涵及外延就是完全一致的，并无区分它们的实益与必要③。

甚至有学者认为，所谓劳动关系与劳务关系的区别、劳动关系与雇佣关系的区别属于伪命题。我国由于意识形态方面的原因，长期拒绝使用"雇佣"一词。《劳动法》颁布之后，才对没有纳入劳动法调整范围的劳动者使用了"雇佣"一词，结果导致了"劳动关系与雇佣关系"这一伪命题的出现，造成了劳动法理论的混乱④。

虽然上述学者的理论阐释非常深刻，具有广泛的理论和现实意义。但令人遗憾的是，上述看法不仅未能影响我国的劳动立法和民事立法，随着我国非典型劳

---

① 谢德成：《用人单位的内涵及法律意义新探》，载《云南大学学报（法学版）》2005年第3期。

② 许建宇：《雇佣关系的定位及其法律调整模式》，载《浙江大学学报（人文社会科学版）》2002年合集。

③ 刘晨：《论劳动关系和雇佣关系》，载《法制与社会》2007年第1期。

④ 刘诚：《劳务语词系列研究》，载《中国法学会社会法学研究会2007年年会论文集》。

动关系的发展和蔓延，现实中劳动关系和民事雇佣关系的区分更是莫衷一是，劳动关系劳务化趋势更加明显。而这从另外一个方面也说明，打破现有的劳动关系大厦并非易事，只有从科学构造劳动关系的概念入手，夯实劳动关系理论基础，为劳动关系的立法提供厚实的理论智力支撑，才能对劳动关系的立法日渐施加影响，使劳动关系立法走上科学的轨道。

其二，将劳动关系的一方主体限定为"用人单位"，实际上是将家庭和自然人完全排除在外，人为锁定和封闭了用工主体的范围，值得进一步商榷。

当前，许多国家和地区并不限制自然人成为劳动法上的雇主。在德国，雇主要通过雇员的概念来定义，雇员的劳动合同另一方当事人是雇主。雇主可能是自然人、法人，也可能是商事合伙[1]。我国台湾的《台湾劳动基准法》将雇主定义为，雇用劳工之事业主、事业经营之负责人或代表事业主处理有关劳工事务之人，从该条规定可以看出，其并不排斥自然人为雇主。我国香港的《香港雇佣条例》中"雇主"指已订立雇佣合约雇佣他人为雇员的人，以及获得其授权的代理人或经办人[2]。英国法《Employment Act 2002》中对"雇主"的定义是指：与雇员有关的，有义务向雇员支付相应报酬的人[3]。

由于我国劳动法把劳动关系界定为是劳动者与用人单位之间实现劳动过程的关系，所以把由自然人之间实现劳动过程的雇佣关系排斥在劳动法的调整之外。这一规定的主要缺陷在于未从从属劳动的本质特征确定用工主体，而是强制性地以立法方式限定雇主范围，可能会将本应纳入劳动法保护的主体排除在劳动法之外，从理论上讲也不够妥当和周延。退一步讲，即使现阶段我国经济发展的进程还不宜将家庭和私人雇佣纳入劳动法的保护范畴，但劳动法保护和调整的社会关系范畴日益呈扩大之趋势，当无争议。《劳动合同法》调整的用人单位范畴大于《劳动法》范畴，就是一个明例。而用人单位一词，将劳动关系的一方主体进行锁定，至少限制了劳动法的能动空间，其用语的弊端不言自明。

其三，劳动关系一方主体使用"用人单位"概念，将非法用工主体排除在劳动关系主体之外，不仅缩小了劳动法的适用范围，甚至颠倒了劳动法的理念和价值。

我国劳动法并未对"用人单位"概念作出解释，但从《劳动法》第二条以及《劳

---

① [德] W.杜茨：《劳动法》，张国文译，法律出版社2005年版。
② 董保华：《劳动合同研究》，中国劳动社会保障出版社2005年版。
③ 同前注。

动合同法》第二条的规定可以看出，用人单位应是依法设立的组织。也就是说，只有依法设立的社会组织才能成为合法的劳动关系主体。根据《劳动和社会保障部关于确立劳动关系有关事项的通知》第一条规定："用人单位招用劳动者未签订书面劳动合同，但同时具备下列情形的，劳动关系成立：（一）用人单位和劳动者符合法律、法规规定的主体资格；（二）用人单位依法制定的各项劳动规章制度适用于劳动者，劳动者受用人单位的劳动管理，从事用人单位安排的有报酬的劳动；（三）劳动者提供的劳动是用人单位业务的组成部分。"从上述系列法律规定可以看出，主体适格成为成立劳动关系的必备要件，无营业执照或者未经依法登记、备案的单位以及被依法吊销营业执照或者撤销登记、备案的单位，用人单位的内部科室等其他用工主体等均属于主体不适格，与其成员不能建立劳动关系。人民法院在司法实务中，沿袭了劳动关系主体必须适格的理念，《最高人民法院关于审理劳动争议案件适用法律若干问题的解释（一）》（法释〔2001〕14号）第四条关于主体适格的规定，不仅使劳动者丧失了劳动法上的实体权益，甚至其诉权也遭到了剥夺。

众所周知，劳动法是劳动者的保护法，也可以说很大程度上是用人单位的负担法，合法适格的用人单位雇佣劳动力，则要承受劳动法的拘束；违法的用工主体雇佣劳动力，则可以逍遥法外，这不仅使市场主体在激烈的市场竞争中处于不平等的地位，还可能导致市场主体对"非法用工"趋之若鹜，劳动法轻易被规避和架空，法律公平正义的价值准则被立法者不经意间所伤害，以扶助弱势劳工为己任的社会良法甚至会因此背上恶法之名。

因此，在对劳动关系的主体进行描述时，"用人单位"概念应该寿终正寝了，应用新的概念取代之。而与"用人单位"对应的"劳动者"概念，是随着"用人单位"概念变化而变化的开放式概念，除非深思熟虑，立法不宜对其进行过多限定，且"劳动者"表述也未引起太多歧义，不再赘述。

而如何修正"用人单位"及与之对应的"劳动者"概念，往往仁智见仁，智者见智。笔者认为现行劳动关系主体双方的替代概念应符合以下原则：一是修正原有概念的弊端，革故是为了鼎新，如替代概念不能很好解决"用人单位"概念暗含的种种弊病，这种修正就失却了其应有的意义；二是为市场经济劳动关系的发展预留下空间，市场经济下的劳动关系形态日益多元、纷繁和复杂，因此劳动关系主体概念的表述应与市场经济劳动关系的走势保持一致；三是与现行立法表述相衔接，既为劳动关系法律规范的完善奠定基础，也不对现行的法律规范造成

"天翻地覆"的震动和冲击，实现劳动关系立法改良的"软着陆"。

基于以上认识，笔者认为用"用工主体"取代"用人单位"概念来架构劳动关系的主体具有一定的合理性：一是"用工主体"为开放式概念，为家庭和自然人雇佣纳入劳动法的调整留下空间。二是"用工主体"既包括合法适格的用工主体，也包括不适格的用工主体，劳动法对非法用工主体进行调整顺理成章。三是"用工主体"与《劳动合同法》的理念和表述相衔接，为一致。我国《劳动合同法》第七条和第十一条都使用了"用工"概念，用工不仅是建立劳动关系的标志，也被作为一个法律术语开始使用。四是"用工主体"对现行法律体系造成的冲击较小，如使用"雇主"和"雇员"表述，一方面不符合生活和法律上的表达习惯，另一方面容易造成劳动司法与民事司法的混乱。五是"用工主体"概念可以使原来与"用人单位"对应的"劳动者"概念保持不变，既符合生活和法律上的表达习惯，又使"劳动者"概念随着"用工主体"概念之开放而呈现开放态势。所以，将劳动关系双方主体表述为"用工主体"和"劳动者"当是恰当的。

三、劳动关系本质特征

关于劳动关系的特征，董保华教授指出，劳动关系的特征可以概括为两个兼容，即劳动关系兼有平等关系与隶属关系的特征、兼有人身关系和财产关系的特征[①]。此后，该观点在劳动法学界被趋于认同，并日益成为通说。王全兴教授也持同样观点，他认为："劳动关系是人身关系属性和财产关系属性结合的社会关系，是平等性质与不平等性质兼有的社会关系。"[②]

常凯教授开始同意个别劳动关系具有"两个兼容"的观点，后提出了异议，认为两个兼容理论的不足之处在于：其一，劳动关系并不是在所有的层次都具有这样的特点，这一特点仅存在于个别劳动关系中。其二，个别劳动关系中的财产性与人身性，以及平等性与隶属性，并非"兼具"，而是形式上的财产关系与实际上的人身关系，形式上的平等关系与实际上的隶属关系，形式上的平等掩饰着实际的不平等[③]。董保华教授对此进行了回应，他认为劳动关系的两个兼容性与强调劳动关系的实质不平等并不矛盾。劳动关系的确在实质上存在着劳动者与劳

---

① 董保华：《社会法原论》，中国政法大学出版社2001年版。
② 王全兴：《劳动法》，法律出版社2004年版。
③ 常凯：《劳权论》，中国劳动社会保障出版社2004年版。

动力使用者的不平等性，并且也正是由于关注到这种不平等性被滥用所带来的弊端，现代劳动法才得以产生。然而，两个兼容性并没有抹杀这种劳动关系的从属性而引发实质上的不平等性，只是在强调这种实质不平等性的同时，也关注到形式的平等性[①]。

笔者认为，我们通常所讲的劳动关系系个别劳动关系，如果阐述集体劳动关系应明确说明，这既是表述习惯，在学界也约定俗成。这一点，常凯教授本人也并不否认，"人们在社会生活中所说的劳动关系，直接的和具体的是指个别的劳动关系，诸如建立劳动关系或解除劳动关系，均指个别劳动关系"[②]。而两个兼容理论是学者对劳动关系特征的全面认识和理论提升，但不宜将其作为本质特征来看待，原因在于：其一，本质特征应是劳动关系与其他社会关系相区别的特征，而平等性首先是民事关系的基本属性。劳动关系虽然兼容了人身关系与财产关系，但诸如婚姻关系等民事关系同样也兼容了人身关系与财产关系。其二，劳动关系主体双方力量对比悬殊，导致劳动关系徒具形式上的平等，宣扬和强调两个兼容理论，虽然没有抹杀这种劳动关系的从属性而引发的实质上的不平等性，但实际上模糊和削弱了对劳动关系从属性这一根本特征的认识，故宜将从属劳动视为劳动关系的本质特征。董保华教授其实自己也认识到劳动关系从属特征的重要意义，他指出，在当今的法学界，学者们在区别劳动关系与民事关系时，认为"从属性"构成了劳动关系的独有特征，是劳动关系与其他领域的法律关系相区别的关键点，这一点是没有争议的[③]。"由于从属关系之存在系劳动契约成立不可或缺之要素，因此不论是传统典型的雇用形态或非典型的雇用形态，要认定双方当事人之间具有劳动契约关系，首先必须以双方在劳务给付形态上有事实上的从属关系存在为前提。"[④]"劳动关系的特色在于受雇人与雇佣人之间存在特殊的从属关系，受雇人的劳动须在高度服从雇方之情形下行之，并且此从属关系，因特殊理由而成立。"[⑤] 正是基于从属性的特征，雇佣关系才逐渐步出了民法的调整范围，进入劳动法领域，成为劳动关系。

马克思最早提出市场条件下工人与资本的关系是从属关系。"劳动力是一种

① 董保华：《劳动关系调整的社会化与国际化》，上海交通大学出版社2006年版。
② 常凯：《劳权论》，中国劳动社会保障出版社2004年版。
③ 董保华：《论非标准劳动关系》，载《学术研究》2008年第7期。
④ 邱骏彦：《劳动契约关系存否之法律上判断标准》，载《政大法学评论》2000年第6期。
⑤ 史尚宽：《债法各论》，中国政法大学出版社2000年版。

特殊的商品,劳动力的价值和劳动力的使用价值是两个不等的量。在流通领域,劳动力的买者和卖者缔结契约时,双方是自由平等的。但是资本家在交易中支付的只是劳动力的价值,劳动者出卖一定时间的劳动力以后,这个劳动力就属于资本家的;在劳动力的消费中,两者的地位却完全不同了"①。"因此,表面上进行着的那种自由和平等的等价物交换的生产,从根本上说,是作为交换价值的物化劳动同作为使用价值或劳动之间的交换。显然,这种交换本质上是极不平等的。但是,剥削者阶级可以花言巧语地把这种绝对的从属关系描绘成买者和卖者之间的自由契约关系,描绘成同样独立的商品所有者即资本商品所有者和劳动力所有者之间的自由契约。"②从马克思主义的精辟论述中不难看出,从属劳动构成了劳动关系与其他社会关系相区别的根本特征。

但是,何谓从属劳动,通说主要从人格从属性、经济从属性和组织从属性三个方面予以判断。而市场经济下劳动关系呈复杂化、多元化、模糊化、劳务化之趋势,仅凭单一的标准对劳动关系作出认定,变得日益困难。"在单个劳动领域的不同的事实和经济情况提供给我们一个僵化的判断。因此,为确定一个雇员的身份,既不必要求他不受限制地符合所有特征,也不必要求所有特征始终存在。"③这就要求我们与时俱进,透过现象,深入事物之核心,综合各个判断标准,根据具体案例作出具体判断。

当然,对于"具备劳动关系核心要件的社会关系是否应当按照劳动关系处理,实际上是一个法律判断问题,而作出这种法律判断的依据应当是社会公共利益的需要,也就是国家意志在作出对于这一关系的当事人何者有利的选择时,其依据应当是这一选择的作出是否可以增进公共利益,是否有利于社会的进步与和谐发展。"④由于各国社会经济发展的阶段不同,劳动法调整的劳动关系范围也不同,我国劳动立法宜采用排除方式,明确列举不受劳动法调整的劳动关系,而将其余劳动关系纳入劳动法的调整范围。也就是说,虽然某些社会关系具备了从属劳动的本质特征,但考虑社会发展进程以及劳动法调整的必要性、可行性等诸原因,应明确将其从劳动法的适用范围中排除,从而避免劳动法调整的劳动关系难以正

---

① 李光灿、吕世伦:《马克思、恩格斯法律思想史》,法律出版社2001年版。

② 同前注。

③ [德] W.杜茨:《劳动法》,张国文译,法律出版社2005年版。

④ 王全兴、黄昆:《外包用工的规避倾向与劳动立法的反规避对策》,载《中州学刊》2008年第2期。

面描述列举穷尽之弊端。

四、结语

本文对劳动关系主体及劳动关系的本质特征进行了论证，但在对劳动关系概念作总体描述时，不宜作过于细致的区分和表述，一方面概念本身要求言简意赅，另一方面过于详尽的表述也可能束缚概念本身的张力，甚至会扼杀概念应有的生命力。由是，可以将劳动关系定义为劳动者和用工主体之间因发生从属劳动而形成的社会关系。

载《河北学刊》2013 年第 33 期

我国劳动关系理论和实务的再思考

【摘　要】由于我国立法中劳动关系概念不清、判断标准不明，以及劳动关系理论研究滞后，导致实践中劳动关系与雇佣关系、劳动关系与事实劳动关系的界限模糊，劳动法的调整范围狭小，劳动者的合法权益难以保障。基于此，需要深入探究劳动关系的本质，重新诠释劳动法律关系之概念，将劳动关系分为合法的劳动关系和不合法的劳动关系，以从根本上解决劳动关系与事实劳动关系之纠葛。针对用人单位故意规避劳动法义务之现状，要防止出现劳动关系异化的现象，保证劳动者的合法权益。

【关键词】劳动关系；劳动法律关系；劳动关系异化

一、问题的提出

我国《劳动法》第一条规定："为了保护劳动者的合法权益，调整劳动关系，建立和维护适应社会主义市场经济的劳动制度，促进经济发展和社会进步，根据宪法，制定本法。"《劳动法》第二条进一步规定："在中华人民共和国境内的企业、个体经济组织（以下统称用人单位）和与之形成劳动关系的劳动者，适用本法。国家机关、事业组织、社会团体和与之建立劳动合同关系的劳动者，依照本法执行。"可见，劳动者和用人单位只有建立劳动关系，主体双方的权利、义务及其争议才受劳动法的调整，如果劳动者和用人单位之间未能建立劳动关系，劳动法则鞭长莫及，难越雷池半步。

但是，何谓劳动关系，我国《劳动法》并没有给出明确的答案。《劳动部关于贯彻执行〈中华人民共和国劳动法〉若干问题的意见》第二条指出："中国境内的企业、个体经济组织与劳动者之间，只要形成劳动关系，即劳动者事实上已成为企业、个体经济组织的成员，并为其提供有偿劳动，适用劳动法。"根据《劳动和社会保障部关于确立劳动关系有关事项的通知》（劳社部发〔2005〕12号）第一条规定："用人单位招用劳动者未签订书面劳动合同，但同时具备下列情形的，劳动关系成立：（一）用人单位和劳动者符合法律、法规规定的主体资格；（二）用人单位依法制定的各项劳动规章制度适用于劳动者，劳动者受用人单位的劳动管理，从事用人单位安排的有报酬的劳动；（三）劳动者提供的劳动是用人单位业务的组成部分。"

从上述系列法律规定可以看出，成立劳动关系必须同时具备两个条件：其一，主体适格，即用人单位只能属于劳动法明确列举的五种组织形态，无营业执照或者未经依法登记、备案的单位以及被依法吊销营业执照或者撤销登记、备案的单位，用人单位的内部科室，民办非企业单位等其他用工组织等均属于主体不适格；劳动者必须年满16周岁，且符合法律法规的其他规定。其二，从属劳动，即劳动者为用人单位的成员，要遵守用人单位的劳动规章制度，接受用人单位的劳动管理，服从用人单位的劳动指派，提供获取报酬的劳动，且该劳动为用人单位业务之组成部分。如果说从属劳动是劳动关系内在属性（本质属性）的话，主体适格则构成劳动关系的外在表现特征（外在形式）。那么，劳动关系成立与否的判断标准应该是什么？如果仅从劳动关系的外在形式去判断显然是不够的，因为劳动者一方和用人单位并不仅仅局限于发生劳动关系，也可能发生劳动者从单位借款、租赁房屋等民事法律关系。因此需要考虑的是，是从本质属性上把握认定劳动关系，还是在认定劳动关系时，本质属性和外在形式二者并重，缺一不可？

二、我国劳动关系主体适格论的评价

我国劳动法将从属劳动和劳动关系主体适格作为劳动关系的成立要件，显然取本质属性和外在形式二者并重之判断标准。对此，学术界展开了不少批评。"由于我国现行《劳动法》第二条明确把用人单位限定于企业、个体经济组织、国家机关、事业组织、社会团体等五种组织，因此该法只适用于在这五种单位中所发生的正规用工的劳动关系，从而使理论上的调整对象范围在实践中受到了极大的限制，由此也留下了法律调整的空白领域。"[①] "劳动法只调整合法主体不调整非法主体的结果，使用人单位可以选择是做合法主体还是非法主体，是遵守劳动法还是不遵守劳动法。劳动法成了被选择的对象，而不能发挥应有的作用——一旦用人单位是非法的甚至于只是劳动法意义上的非法，反而不必再承担相应的劳动法高成本，经济人的趋利本性将导致用人单位作出对自己最

---

① 许建宇：《雇佣关系的定位及其法律调整模式》，载《浙江大学学报（人文社会科学版）》2002年第2期。

有利的选择。"① 可见，完全符合法律规范要求的劳动者即使付出了辛勤的劳动，因用人单位之非法，也有可能不能成为劳动法意义上的劳动者，不能享受劳动法的庇护和荫泽，这不仅缩小了劳动法的调整范围，也削弱了劳动法扶助弱势劳工的社会功能。并且，由于《劳动法》对劳动关系主体规定得过于僵化和死板，导致司法实践只能仰其项背，亦步亦趋。"段忠爱诉亮丽家具厂追讨工资案，亮丽家具厂虽然从事家具生产，但并没有办理工商登记和领取营业执照，法院要求按照追索劳务费来处理，而不能按劳动关系处理。"② 《最高人民法院关于审理劳动争议案件适用法律若干问题的解释》（法释〔2001〕14号）第四条规定："劳动争议仲裁委员会以申请仲裁的主体不适格为由，做出不予受理的书面裁决、决定或者通知，当事人不服，依法向人民法院起诉的，经审查，确属主体不适格的，裁定不予受理或者驳回起诉。"这些规定不仅在指引着司法实践，而且在司法人员的头脑里已留下深深的烙印。有法官在研讨会上指出，因企业非法用工引发的争议，不论对企业还是劳动者来说，非法用工都是违反法律法规禁止性规定的，该类争议纠纷，不属于人民法院受理的劳动争议案件纠纷③，原则上应由劳动行政部门处理。看来，劳动关系主体适格论，不仅使劳动者丧失了劳动法上的实体权益，甚至其诉权也遭到了剥夺。

但为何被学者所诟病的劳动关系主体适格论，立法者硬要坚持呢？试想原因有二：一是立法者考虑某些从属劳动不宜作劳动关系看待，比如家庭雇佣保姆、家庭雇佣帮工、车主雇佣司机、私人雇佣保镖等，因此通过框定主体范围而将上述从属劳动从劳动关系中排除出去，其立法初衷有其合理性。但问题也接踵而来，正如个体经营发展到合伙、无限公司、公司形态一样，市场经济的发展和变革不断涌现出新的市场主体，如《劳动法》实施后，我国出现了民办非企业单位等新型用人单位，当法律武断地锁定劳动关系的主体范围特别是用人单位的范围时，法律的滞后性和盲目性就暴露无遗了。其二，我国《劳动法》制定于1994年，正处于计划经济向市场经济的转轨期，在当时的历史情境下，用人单位是被赋予用工权利的对象，因此国家立法中十分明确地列举了被让渡用工自主权的主体。从企业法的角度说，其目的主要并不完全是保护劳动者的利益，更主要的是取得

---

① 董保华：《劳动合同研究》，中国劳动社会保障出版社2005年版。

② 佟丽华：《谁动了他们的权利？》，法律出版社2006年版。

③ 李然深等：《劳动争议理论与实务若干热点问题研讨》，载《经济法学、劳动法学》2006年第7期。

用工资格。国家在对用人单位作出准确界定后，才能进一步放权让利，从而使企业取得了经营自主权，劳动管理也被视为其中的一部分。为了防止权利滥用，这种审慎赋权是十分必要的①。但随着我国改革开放的不断推进，市场经济体制下劳工的弱势地位日益凸显，劳动法保护劳工权益的任务日益艰巨，在赋权思路支配下劳动关系的立法弊端开始显现。

而我国为大陆法系国家，作为上位法《劳动法》的规定，下位法是不能与之冲突的。因此，在劳动法条文未作修改或废除之前，劳动行政规章以及最高人民法院的司法解释只能坚持劳动关系主体适格理论。并且，如果行政部门、司法部门不再坚持劳动关系主体适格论，成立劳动关系仅从是否构成从属劳动这唯一标准去判断，家庭雇佣帮工、车主雇佣司机、私人雇佣保镖等典型民事雇佣关系当然被视为劳动关系，劳动关系和民事雇佣关系的界限会被湮没，劳动法和民法分而治之的传统调整模式会被打破，仲裁和司法人员莫衷一是，实务操作会更加混乱。因此，在确立新的法律规范或新的理论体系建立之前，行政、司法部门为了实务处理的方便和统一，在劳动关系的认定上，只能盯紧用人单位的法定范围，不断强化劳动关系主体适格理论。劳动立法中的一个小小纰漏，在实践中被不断放大。

三、劳动关系的本质特征：从属劳动

从主体入手构造劳动关系弊端颇多，从本质属性上把握和认定劳动关系，才符合逻辑常识。也就是说，对劳动关系的把握，可以撇开其主体以及概念之争，仅以劳动关系的本质特征为考量之视角及判断之标准，唯有如此，才能牵住纷繁复杂的劳动关系之牛鼻子，廓清混乱的劳动关系理论，摆脱目前劳动关系、雇佣关系、劳务关系以及事实劳动关系等诸多概念之纠缠状态，并有效防止劳动关系之异化。

关于劳动关系的特征，通说认为，劳动关系是兼有人身关系和财产关系性质，兼有平等关系和隶属关系特征的社会关系。笔者认为，平等性与隶属性兼容以及人身性与财产性兼容的特征，是学者对劳动关系特征的全面认识和理论提升，但不宜将其作为本质特征来看待，原因有二：其一，本质特征应是劳动关系与其他社会关系相区别的特征，而平等性不仅是劳动关系的特征，更是民事关系的基本特征。劳动关系兼容了人身关系与财产关系，婚姻关系不一样兼容了人身关系与

---

① 董保华：《劳动合同研究》，中国劳动社会保障出版社2005年版。

财产关系？其二，劳动关系主体双方力量对比悬殊，导致劳动合同的附和化，劳动关系徒具形式上的平等外壳，宣扬和强调平等性与隶属性的兼容以及人身性与财产性的兼容，实际上模糊和削弱了对劳动关系隶属性根本特征的认识和把握，与劳动法基于劳动者的弱势地位而对劳动者细心呵护的宗旨不够对称，故宜从隶属性之视角，将从属劳动理解为劳动关系的本质特征。"由于从属关系之存在系劳动契约成立不可或缺之要素，因此不论是传统典型的雇佣形态或非典型的雇佣形态，要认定双方当事人之间具有劳动契约关系，首先必须以双方在劳务给付形态上有事实上的从属关系存在为前提。"[①]"劳动关系的特色在于受雇人与雇佣人之间存在特殊的从属关系，受雇人的劳动须在高度服从雇方之情形下行之，并且此从属关系，因特殊理由而成立。"[②]"劳动研究必须以从属关系为前提，始能正确掌握。"[③]"劳动合同所特有的符合契约都表明了劳动合同的从属性。"[④]可以说，从属劳动是劳动关系与其他社会关系相区别的根本特征。

但是，何谓从属劳动，学者说法不一。有学者将从属性分为人格从属性和经济从属性[⑤]；有学者认为，从属劳动包括了三种学说，即人格从属说、经济从属说、人格从属性与经济从属性之复合说[⑥]；有学者认为劳动关系的从属性主要表现为人格上的从属性、经济上的从属性和组织上的从属性[⑦]。而上述学者对人格从属性以及经济从属性的理解也不完全一致。笔者倾向于从具体的标准来理解从属劳动，凡构成从属劳动，须劳动者接受用工方的指派、监督和管理，遵守用工方制定的劳动规章制度，劳动者提供有偿劳动，获取工资报酬。

当然，由于各国社会经济发展的阶段不同，劳动法调整的劳动关系范围也不相同。我国劳动立法宜采用排除方式，明确列举法定的劳动关系不受劳动法的调整（如将公务员、家庭劳动者、帮工学徒、私人雇佣等排除），其余劳动关系均应纳入劳动法的调整范围。也就是说，虽然某些社会关系具备了从属劳动的本质特征，但考虑社会发展进程、劳动法调整的必要性以及可行性等诸原因，明确将

---

① 邱骏彦：《劳动契约关系存否之法律上判断标准》，载《政大法学评论》2000年第6期。

② 史尚宽：《债法各论》，中国政法大学出版社2000年版。

③ 黄越钦：《劳动法论》，三民书局1993年版。

④ 常凯：《论个别劳动关系的法律特征——兼及劳动关系法律调整的趋向》，载《中国劳动》2004年第4期。

⑤ 董保华：《劳动合同研究》，中国劳动社会保障出版社2005年版。

⑥ 吕琳：《劳工损害赔偿法律制度研究》，中国政法大学出版社2005年版。

⑦ 杨晓蓉：《劳动关系与雇佣关系的界定及实务问题探讨》，载《中国劳动》2005年第8期。

其排除于劳动法的适用范围，这样可以避免劳动法调整的劳动关系难以正面描述列举穷尽之弊端。我国劳动立法存在的问题在于，在采用排除方式立法的同时 [如劳动部《关于贯彻执行〈中华人民共和国劳动法〉若干问题的意见》第四条及《最高人民法院关于审理劳动争议案件适用法律若干问题的解释（二）》（法释〔2006〕6号）第七条的规定]，又从正面对成立劳动关系的情形进行了列举（如《劳动法》第二条的规定），使大量的并未被排除适用劳动法的劳动关系也难以受到劳动法的调整，劳动法的调整范围被人为缩小。

四、劳动法视界中的劳动关系：合法劳动关系与不合法劳动关系

劳动法律关系是指劳动关系被劳动法规调整而形成的一种法律上的权利和义务关系[①]，或者说，是劳动法调整劳动关系所形成的权利和义务关系[②]。劳动法律关系的产生是指劳动法律关系主体之间劳动权利与劳动义务关系的形成。劳动法律关系如何发生，学术界看法较为一致。引起劳动法律关系发生的，必须是合法行为[③]，并且其中必须有劳动者与用人单位的合意行为；能够引起劳动法律关系产生的法律事实，只能是合法行为[④]，违法行为不会产生劳动法律关系[⑤]。

对上述合法行为才能产生劳动法律关系的观点，笔者不敢苟同。原因在于：其一，从概念看，劳动法律关系是劳动法调整劳动关系所形成的权利和义务关系，只要成立了劳动关系，劳动法予以调整，就会产生劳动法律关系。而合法行为才产生劳动法律关系的观点，与劳动法律关系概念的内涵和外延并不一致，人为缩小了劳动法的调整范围。其二，从某种程度上说，劳动法是用工方的负担法、劳工的保护神。如果仅仅因为劳动关系的主体不合格、订立劳动合同的程序违法或内容违法、劳动合同形式不符合法定要求等，就不能产生劳动法律关系，劳动法对其权利义务就不予以确认，劳动法就会被规避，其保护弱势劳工的社会法功能就会被扭曲。所以，劳动法不仅调整合法的劳动关系，更担负着规范不合法劳动关系的职责，这也是劳动法的历史使命。其三，劳动法律关系本质合法说实际上沿袭了民事法律行为本质合法说，但是，民事法律行为合法说遭到越来越多的民

---

① 董保华：《劳动法论》，世界图书出版公司1999年版。
② 王全兴：《劳动法》，法律出版社2004年版。
③ 董保华：《劳动法论》，世界图书出版公司1999年版。
④ 董保华：《劳动法论》，世界图书出版公司1999年版。
⑤ 贾俊玲：《劳动法学》，北京大学出版社2006年版。

法学者的批判，合法行为才能引起民事法律关系产生的观点已被颠覆。"合法性并非民事法律行为的本质特征，也并非民事法律行为的必备要件，意思表示才是民事法律行为的核心要素和本质特征。民事法律行为本质合法说在法律逻辑上存在着一系列无法克服的自相矛盾和重大缺陷。"①"法律事实作为一种触媒，直接导致民事法律关系的发生、变更、消灭，从而一般和通常地引起民事权利的发生、变更和消灭。民事法律事实可以抽象化为人的行为与人的行为以外的其他事实。人的行为可再分为合法行为、违法行为及其他行为。"②"民事法律事实，是指引起民事法律关系的发生、变更或消灭的事实或客观现象。作为民事法律事实的行为，是指民事主体的行为。依行为是否合法，可将行为分为合法行为（又称适法行为）和违法行为（又称不法行为）。"③可见，合法性并非民事法律行为的本质要求，合法行为和违法行为均能够引起民事法律关系的发生。其四，劳动法学者已认识到违法行为可以引起民事法律关系以及行政法律关系的产生、变更和消灭，但仍固守合法行为才能产生劳动法律关系的传统观点，问题是传统观点所依赖的法理基础不足，说服力不够，有人云亦云之嫌。"劳动法律关系只能因合法行为产生，而民事法律关系和行政法律关系可以因合法行为产生，也可以因违法行为产生"④。"产生劳动法律关系的法律事实，只限于主体双方一致的合法的意思表示。在引起变更、消灭劳动法律关系的法律事实中，除主体双方一致的合法意思表示外，法律事实中事件或违法行为，也可以引起劳动法律关系的变更、消灭。"⑤既然违法行为可以产生民事法律关系，也可以产生行政法律关系，为何独不能产生劳动法律关系？既然违法行为可以引起劳动法律关系的变更、消灭，为何独不能引起劳动法律关系的发生？

实际上，合法行为才能形成劳动法律关系的观点在现实中是行不通的，事实劳动关系概念的提出和应用就说明了这一点。《关于贯彻执行〈中华人民共和国劳动法〉若干问题的意见》第十七条明确提出了"事实劳动关系"概念，理论及实务界也将当事人未订立书面合同以及履行无效劳动合同而产生的劳动关系、合同期满后当事人既没有续订合同也没有终止合同等情形纳入事实劳动关系范畴，

① 夏利民：《民法基本问题研究》，中国人民公安大学出版社2001年版。
② 孙宪忠：《民法总论》，社会科学文献出版社2004年版。
③ 魏振瀛：《民法》，北京大学出版社、高等教育出版社2000年版。
④ 董保华：《劳动法论》，世界图书出版公司1999年版。
⑤ 关怀：《劳动法》，中国人民大学出版社2005年版。

虽然事实劳动关系欠缺合法行为要件，劳动法对事实劳动关系仍进行调整，并依法确认事实劳动关系双方当事人之间的劳动权利义务。"事实劳动关系是劳动者与用人单位之间形成的一种不太稳定的法律联系。这种法律联系也是以劳动权利与劳动义务为内容的，只是法律在对这种社会关系进行保护时，力度弱于劳动法律关系，因此可以将事实劳动关系视为准劳动法律关系。"① 从这个角度看，事实劳动关系属于劳动法律关系，二者之间并没有本质的区别。

因此，只要具备劳动关系的本质属性，劳动法又未明确排除适用，劳动法就应予以调整。劳动法对劳动关系的调整形成劳动法律关系，劳动法律关系以是否符合法定模式为标准，区分合法的劳动关系和不合法的劳动关系，对合法劳动关系予以肯定，对不合法劳动关系根据具体情形予以否定，并对过错主体进行惩罚。如此，不合法劳动关系取代事实劳动关系，没有签订书面劳动合同以及主体不合格、内容违法、意思表示不真实或程序违法的劳动合同所引起的劳动关系都可划入不合法劳动关系范畴，劳动关系、劳动法律关系与事实劳动关系之纠葛将迎刃而解，劳动关系理论从而简洁明晰。

我国《劳动合同法》虽未明确将劳动关系分为合法的劳动关系和不合法的劳动关系，但《劳动合同法》第七条明确规定："用人单位自用工之日起即与劳动者建立劳动关系。"该条文折射出将劳动关系分为合法劳动关系和不合法劳动关系的立法旨趣。其一，《劳动合同法》认定书面劳动合同是劳动合同的唯一合法形式，建立劳动关系应当订立书面的劳动合同，但是否订立书面的劳动合同不作为劳动关系建立的标准，建立劳动关系的唯一标准是实际提供劳动，只要劳动者实际提供劳动，用人单位实际用工，就建立了劳动关系。如果用人单位在一个月的宽限期内不与劳动者订立书面劳动合同，其已经建立的劳动关系将置于非法状态，用人单位应承担非常不利的法律后果。其二，至于内容违法、意思表示不真实等引起的劳动合同无效，也并不影响劳动关系的存在，只是劳动合同无效，劳动合同条款对双方当事人并不产生约束力，但只要存在实际用工，就发生了劳动关系。《劳动合同法》第二十八条和八十六条分别规定："劳动合同被确认无效，劳动者已付出劳动的，用人单位应当向劳动者支付劳动报酬。劳动报酬的数额，参照本单位相同或者相近岗位劳动者的劳动报酬确定。""劳动合同依照本法第二十六条规定被确认无效，给对方造成损害的，有过错的一方应当承担赔偿责任。"可以看出，上述条款侧面承认了劳

---

① 董保华：《劳动法论》，世界图书出版公司1999年版。

动关系的存在，并旨在对劳动合同无效导致不合法存在的劳动关系进行矫正。综上可见，《劳动合同法》实际上否定了事实劳动关系的概念，将劳动关系分为合法的劳动关系和不合法的劳动关系，对造成不合法劳动关系的过错主体进行惩罚，引导不合法劳动关系回到合法劳动关系的轨道上来。

五、从劳动关系的本质特征入手把握劳动关系的现实意义：防止劳动关系的异化

劳动法是用人单位的负担法，无时不以趋利为目的的用人单位为了规避劳动法约束，逃避劳动法义务，常常掩盖和隐藏劳动关系，甚至通过移花接木方式对劳动关系进行嫁接改造，从而导致劳动关系的异化。所谓劳动关系的异化，是指本质上的劳动关系却具民事关系之外壳，劳动关系劳务化，民法调整取代了劳动法调整，劳动法被架空，劳动者本应享受的法定权益成为泡影。在实践中，劳动关系的异化现象亟须引起我们的重视。

（一）建筑工程层层转包，使劳动关系的链条断裂

我国《建筑法》第二十九条明确规定："禁止总承包单位将工程分包给不具备相应资质条件的单位。禁止分包单位将其承包的工程再分包。"但承包单位为了省去直接用工及施工之麻烦，将建筑工程层层转包，直至将工程承包给根本没有用工资格的自然人（俗称包工头），劳动关系的链条最终因自然人雇佣而被折断。劳动行政部门已经认识到放任劳动关系被演绎为民事雇佣关系的危害，劳动和社会保障部《关于确立劳动关系有关事项的通知》（劳社部发〔2005〕12 号）规定："建筑施工、矿山企业等用人单位将工程（业务）或经营权发包给不具备用工主体资格的组织或自然人，对该组织或自然人招用的劳动者，由具备用工主体资格的发包方承担用工主体责任。"可见，该通知对劳动关系异化为民事关系进行了矫正，有利于保护广大建筑施工、矿山企业劳动者的劳动权益。但我们仍需警觉的是，建设工程的合法承包企业违反《建筑法》第二十九条的规定，将工程非法层层分包给具有用工资格的主体，虽然最后的承包单位具备用工主体资格，但实不具备承担劳动法义务的能力，劳动关系的链条虽未断裂，劳动者的劳动权益其实已失去保障。所以笔者认为，直接认定劳动者与合法的分包单位建立劳动关系，更具有积极意义。

（二）用人单位签订委托代理协议，劳动关系被规避

在实践中，用人单位通过签订委托代理协议，规避劳动关系的情形通常有三：其一，邮政企业与委托代办员签订委托代办协议，代办投递报刊、信件业务；甚至有的代办员在邮政企业内部和其员工一起从事工作，代办员往往要接受邮政企业的业务培训、管理指导、监督检查和考核，要遵守邮政企业的各项规章制度。其二，保险公司与保险营销员签订保险代理合同，保险营销员要接受保险公司的培训、考核，服从保险公司的管理和约束，有的保险营销员违反了保险公司的管理制度，要受到警告、记过甚至罚款处理；有的保险营销员还被保险公司直接任命为区域经理，负责保险业务的拓展。其三，农村信用社委托农村业务代办员代为开展信用社业务，代办员要严格接受信用社的管理和约束。从实际操作层面看，邮政代办员与邮政企业之间、保险营销员与保险公司之间、信用社代办员和信用社之间，均具备了从属劳动的特征，而正由于一纸委托代理协议掩盖了劳动关系的本质属性，使他们均不能享受劳动法上的劳动基准和社会保险待遇，劳动过程中的各种风险也只能独自承担。并且，用人单位通过签订委托代理协议或者承包协议规避劳动法义务呈日益严重之趋势，因签订委托代理协议或者承包协议而遭拒之于劳动法保护之外的劳动者远不止这些，还有医院护工、商场促销员、出租车司机，等等。

（三）劳动派遣导致劳动关系劳务化

虽然劳动派遣满足了市场经济灵活用工的需要，但如果放任劳动派遣大行其道，对劳动派遣不进行严格规制，实际用工单位和劳动者之间的劳动关系就会被公开扭曲为劳务关系，用人单位本应承担的雇主责任会名正言顺地转嫁到派遣单位，而派遣单位由于多不具备承担雇主责任的基本条件，导致劳动者的劳动权益根本无从实现和保障。并且，劳动条件和劳动保护等与劳动过程直接相关的劳动义务派遣单位无从掌握和控制，由派遣单位承担劳动义务可能会增加和诱发劳动事故的发生，直接损害劳动者的身体健康和生命安全。可见，由派遣单位作挡箭牌，实际用人单位釜底抽薪，从而完全规避劳动法义务，劳动关系劳务化，最终将导致劳动权益的虚化。

在市场经济体制下，随着劳动者权利意识的觉醒以及用工单位用工成本的增加，劳动关系被异化的类型还会不断增多，用工方异化劳动关系的花样还会不断

翻新。所以，只有从劳动关系的本质特征入手，才能透过纷繁社会关系的表象，揭开笼罩在劳动关系之上的社会关系特别是民事关系的假象和面纱，有效防止劳动关系的异化，真正保护广大劳工的合法权益。

载《中国劳动关系学院学报》2008 年第 2 期

建立多重劳动关系的管理与责任

一、多重劳动关系的法律规定

多重劳动关系是指劳动者同时与两个或两个以上的用人单位建立了劳动关系。在《劳动合同法》实施前，我国司法实务界并不承认多重劳动关系的存在，多将兼职等一重劳动关系之外的雇佣关系按照民事关系看待。2008 年 1 月 1 日开始实施的《劳动合同法》，首次从法律上肯定了劳动关系的多重性。该法第三十九条第四款规定，劳动者同时与其他用人单位建立劳动关系，对完成本单位的工作任务造成严重影响，或者经用人单位提出，拒不改正的，用人单位可以解除劳动合同。这一规定应该认为认可了劳动关系的多重性，即劳动者同时与其他用人单位建立劳动关系，对完成本单位的工作任务未造成严重影响，或者用人单位并未反对的，多重劳动关系可以并行不悖。2010 年 9 月 14 日起施行的最高人民法院《关于审理劳动争议案件适用法律若干问题的解释（三）》第八条规定，企业停薪留职人员、未达到法定退休年龄的内退人员、下岗待岗人员以及企业经营性停产放长假人员，因与新的用人单位发生用工争议，依法向人民法院提起诉讼的，人民法院应当按劳动关系处理。这一规定是对多重劳动关系的再次明确和肯定。

二、多重劳动关系的表现形态

在实践中，多重劳动关系主要表现形态为：第一，劳动者在与用人单位劳动关系存续期间，一方面为用人单位提供劳动，一方面到其他用人单位兼职，为其他用人单位提供劳动。第二，企业停薪留职人员、未达到法定退休年龄的内退人员、下岗待岗人员以及企业经营性停产放长假人员等特定人员，虽与原用人单位保留劳动关系，但并未为原用人单位提供劳动，而是被其他用人单位聘用，为其他用人单位提供劳动。第三，在劳动合同履行过程中，劳动者一方未依法与原用人单位办理劳动合同解除或终止手续，即被其他用人单位聘用，到其他用人单位工作。从严格意义上讲，非全日制用工、签订竞业限制协议的劳动者在竞业限制期限内到竞业单位工作并非多重劳动关系，但考虑到非全日制用工短期内（如一天或一周之内）劳动者可能与多个用人单位建立劳动关系，以及竞业限制劳动者与原用人单位劳动关系的联系紧密性和责任的关联性，所以，非全日制用工和竞业限制用工从广义上，也可理解为多重劳动关系的表现形态，在实务中需要特别关注。

三、多重劳动关系的规制与责任

我国法律虽然承认了劳动关系的多重性，但并不意味着用人单位和劳动者可以随意建立多重劳动关系。劳动时间的法定性和劳动者工作精力的有限性决定了多重劳动关系并不具有普遍的适用性，只能是针对特定职业、特定岗位、特定主体，多重劳动关系的建立才是可能和必要的。如果不对多重劳动关系的建立予以规范和限制，不仅会导致劳动力流动的无序，也可能动摇劳动力市场的基础。所以，在市场经济条件下，我国法律在赋予多重劳动关系合法性的同时，也对其进行了束缚和规制。因此，用人单位在与劳动者建立多重劳动关系时，仍要履行谨慎的注意义务，以防范建立多重劳动关系的风险。《劳动合同法》第九十一条规定，用人单位招用与其他用人单位尚未解除或终止劳动合同的劳动者，对其他用人单位造成损失的，应当承担连带赔偿责任；原劳动部《违反〈劳动法〉有关劳动合同规定的赔偿办法》第六条规定，用人单位招用尚未解除劳动合同的劳动者，对原用人单位造成经济损失的，除该劳动者承担直接赔偿责任外，该用人单位应当承担连带赔偿责任。其连带赔偿的份额应不低于对原用人单位造成经济损失总额的70%。向原用人单位赔偿的损失范围包括：对生产、经营和工作造成的直接经济损失；因获取商业秘密给原用人单位造成的经济损失。其中，因获取商业秘密给原用人单位造成的经济损失的赔偿，按《反不正当竞争法》第二十条的规定执行。《劳动合同法》第二十二条规定，用人单位为劳动者提供专项培训费用，对其进行专业技术培训的，可以与该劳动者订立协议，约定服务期。劳动者违反服务期约定的，应当按照约定向用人单位支付违约金。

《劳动合同法》第二十三条规定，用人单位与劳动者可以在劳动合同中约定保守用人单位的商业秘密和与知识产权相关的保密事项。对负有保密义务的劳动者，用人单位可以在劳动合同或者保密协议中与劳动者约定竞业限制条款，并约定在解除或者终止劳动合同后，在竞业限制期限内按月给予劳动者经济补偿。劳动者违反竞业限制约定的，应当按照约定向用人单位支付违约金。

基于以上法律规定，用人单位在招用劳动者时必须提高风险防范意识，依法缔结劳动关系。首先，用人单位应让劳动者填写求职登记表，填写个人的基本信息以及工作履历，包括学习、培训经历，此前与其他用人单位缔结和变更、解除劳动关系起止时间等情况。如劳动者存在欺诈，用人单位可以此主张订立的劳动合同无效，从而减轻其可能要承担的法律责任。其次，用人单位还应在劳动合同中设计专门条款，载明该劳动者与其他用人单位是否存在劳动关系以及服务期协议、竞业禁止协议的签订和履行情况。如果劳动者声明其与其他用人单位不存在劳动关系以及不受服务期协议和竞业限制协议的限制情况，应明确约定劳动者由于欺诈给用人单位造成的后果和责任均由劳动者承担。再次，如果劳动者明确告知其与原用人单位仍保留劳动关系或者受到服务期协议、竞业限制协议的限制，用人单位应考虑相关的法律规定是否允许兼职、工作岗位是否适合兼职、是否属于依法暂停劳动关系的情形、是否属于不得建立劳动关系的情形等，综合评估后，再行决定是否与其建立劳动关系，是建立全日制用工劳动关系还是非全日制用工劳动关系，并在劳动合同中对双方的权利和义务如工作时间的安排、工资待遇、劳动纪律和规章制度、保守商业秘密、社会保险责任的承担等依法作出明确的约定。否则，用人单位招用劳动者不仅对工作任务的完成可能造成影响，甚至会遭到原用人单位的索赔，用人单位可能要与劳动者承担连带赔偿责任。

而对于非全日制用工，我国《劳动合同法》要求相对宽松，可以订立口头协议；可以建立多重劳动关系，只是后订立的劳动合同不得影响先订立的劳动合同的履行；可以随时通知对方终止用工，用人单位不向劳动者支付经济补偿金等。以上规定为灵活就业大开方便之门，有利于提高人力资源管理效率，也在一定程度上减轻了用人单位的用工成本。但是，在缔结非全日制用工劳动关系时，用人单位并非高枕无忧，更需提高风险防范意识。因为，根据我国《劳动争议调解仲裁法》和相关司法解释的规定，劳动者与用人单位发生纠纷，如果劳动者认为双方之间建立了劳动关系，而用人单位认为双方之间仅建立了非全日制用工劳动关系时，举证责任显然在用人单位一方。所以，用人单位在建立非全日制用工劳动关系时必须注意以下几点：第一，应与劳动者订立书面的非全日制用工劳动合同，对工作时间、工作岗位、小时计酬标准、报酬结算支付周期、终止用工的通知时间、方式等明确作出约定，防止非全日制用工和全日制用工的混同。第二，建立健全考勤记录，以证明该劳动者在用人单位一般平均每日工作时间不超过4小时，每周工作时间累计不超过24小时。第三，建立健全以小时为计酬标准的薪酬发放记录，且劳动报酬的结算支付周期不超过 15 日。第四，要保留用人单位通知劳动者或者劳动者通知用人单位终止用工的证据等，依法向劳动者出具终止劳动合同的证明，建立规范的劳动关系终止手续。

四、多重劳动关系下用人单位的社会保险责任

劳动者在与用人单位保留劳动关系的情况下又被其他用人单位招用的，新用人单位应在劳动合同中对社会保险费的缴纳责任作出明确约定。按照现行法律和政策规定，除工伤保险外，一个劳动者只有一个社会保险账号，两个或两个以上的用人单位还不能同时为一个劳动者缴纳社会保险，建议新用人单位在与劳动者签订劳动合同时，约定新用人单位不承担工伤保险外的社会保险责任，并对因未缴纳社会保险费用而是否给予劳动者相应补偿作出明确约定。

之所以强调新用人单位要承担工伤保险责任，是由工伤保险的特点决定的，劳动者在为其提供劳动过程中发生的工伤事故，当然不能由同时保留劳动关系的原用人单位承担责任。原劳动和社会保障部《关于实施〈工伤保险条例〉若干问题的意见》规定，职工在两个或两个以上用人单位同时就业的，各用人单位应当分别为职工缴纳工伤保险费。职工发生工伤，由职工受到伤害时其工作的单位依法承担工伤保险责任。而各地也相继出台了关于具有多重劳动关系职工参加工伤保险的经办意见，如天津市《关于具有多重劳动关系职工参加工伤保险的经办意见》（津社保征〔2008〕21 号）明确规定，凡已与原用人单位建立劳动关系、签订劳动合同，并已参加工伤保险，同时又与新的用人单位建立劳动关系或订立劳动协议的在职职工（含下岗人员、内退人员等），可由新单位同时为其缴纳工伤保险费。

可见，建立多重劳动关系的用人单位并不能将所有社会保险责任都推给原用人单位，用人单位仍要切实履行缴纳工伤保险费的义务，以消弭用工风险，防止发生工伤事故后，工伤赔偿成为用人单位难以承受之重。

载《中国劳动》2011 年第 6 期

劳动法视角下的非标准劳动关系研究

【摘　要】随着我国市场转型和体制转轨，劳动关系日益呈现多元化、复杂化和边缘化之趋势，仅研究和规范标准劳动关系，显然不能囊括劳动关系的全部内容，会留下劳动法调整的许多盲区。而在实践中，由于对非标准劳动关系关注和研究不够，人们习惯用传统的标准劳动关系的视角去判断和考量所有的劳动关系，将一些非标准劳动关系混同于非劳动关系，将新型的非标准劳动关系排斥在劳动关系之外。相对于标准劳动关系而言，非标准劳动关系主要体现在主体超出了法定主体范畴、从属性弱化、劳动基准法及社会保险法与劳动关系的对接和实施出现障碍、多重劳动关系等方面。

【关键词】劳动法；标准劳动关系；非标准劳动关系

一、概述

根据劳动关系的形态不同，劳动关系可以有不同的归类。王全兴教授在其著述《劳动法》中将其概括为一般形态劳动关系与特殊形态劳动关系，前者具备劳动关系的常态特征，后者不具备或不完全具备劳动关系的常态特征。我国在体制转型中，就业形式的多样化使得劳动关系呈现出复杂化、多元化和分层化，在劳动关系的一般形态之外出现诸多特殊形态，如下岗、借调、兼职、劳动派遣、非正规就业等特殊现象中的劳动关系，商业推销员、保险代理人、计程车司机、家内劳动者、高级职员、农民工等特殊劳动者的劳动关系[1]。郭捷教授在《非典型劳动关系及其法律调整》中将其概括为典型劳动关系和非典型劳动关系，她指出，非典型劳动关系是相对于传统劳动法所构建的典型劳动关系而言的，类似的称谓有非标准劳动关系、非正规劳动关系、弹性劳动关系或灵活就业中的劳动关系等[2]；石美遐教授在《我国非正规就业劳动关系调整模式研究》一文中将其概括为正规就业劳动关系和非正规就业劳动关系，她指出，随着我国就业形式的多样化发展，就业领域浮出了一个突出的问题，即非正规就业人员的劳动关系调整问

---

① 王全兴：《劳动法》，法律出版社2004年版，第34页。
② 郭捷：《非典型劳动关系及其法律调整》，载中国法学会社会法学研究会2007年年会论文集《和谐社会建设与社会法保障》。

题①。董保华教授在《论非标准劳动关系》中将其概括为标准劳动关系和非标准劳动关系，他指出，非标准劳动关系是与标准劳动关系相区别而存在的。标准劳动关系，表现为用人单位与劳动者之间的一重劳动关系、八小时全日制劳动、遵守一个雇主的指挥，法律在调整时也建立了相应的最低工资和基本的社会保险等一系列制度。这种标准的劳动关系也被称为安定劳动关系②。虽然上述学者对劳动关系分类的表述不同，但其含义大体一致，为了叙述之便利，笔者采用标准劳动关系和非标准劳动关系之说，而实际上，标准劳动关系视同于典型劳动关系、一般劳动关系，非标准劳动关系视同于非典型劳动关系、特殊劳动关系。

二、研究非标准劳动关系的意义

从以上学者的阐述可以看出，随着我国市场转型和体制转轨，劳动关系日益呈现多元化、复杂化和边缘化之趋势，仅研究和规范标准劳动关系，显然不能囊括劳动关系的全部内容，会留下劳动法调整的许多盲区，而通过对不同于传统劳动关系特征的新型非标准劳动关系进行概括、归纳，把握其规律，研究其走向，使劳动法对其有的放矢地进行调整，减少法律盲区，使劳动法的阳光普照每一位劳动者，当是研究非标准劳动关系的首要意义。

而在实践中，由于对非标准劳动关系关注和研究不够，人们习惯用传统的标准劳动关系的视角去判断和考量所有的劳动关系，将一些非标准劳动关系混同于非劳动关系，将新型的非标准劳动关系排斥在劳动关系之外。所以，标准劳动关系和非标准劳动关系其不同点和共同点有哪些，非标准劳动关系和非劳动关系其界限何在，不能不说是我们首先且必须要回答的问题。

三、标准劳动关系的基本架构

既然非标准劳动关系是相对于标准劳动关系而言的，那么框定标准劳动关系的架构就显得尤为必要。根据我国《劳动法》以及《劳动合同法》的规定，标准劳动关系受制于以下要素：

---

① 石美遐：《我国非正规就业劳动关系调整模式研究》，载中国法学会社会法学研究会2007年年会论文集《和谐社会建设与社会法保障》。
② 董保华：《论非标准劳动关系》，载中国法学会社会法学研究会2007年年会论文集《和谐社会建设与社会法保障》。

（一）主体法定

标准劳动关系的主体符合法律的规定，劳动者须具备劳动权利能力和劳动行为能力，年满16周岁且未达到法定退休年龄或者未办理退休（养）手续；用工主体限定于企业、个体经济组织、民办非企业单位、国家机关、事业单位、社会团体以及劳动法律规范认可的其他组织。

（二）从属特征显著

这种从属特征可从劳动关系的人格从属性、经济从属性和组织从属性方面较为显著地体现出来。从人格从属性方面分析，劳动者直接受雇于用人主体，成为用人主体的成员，在其指挥、监督和管理下提供劳动。"除法律、团体协约、经营协定、劳动契约另有规定外，在雇主指挥命令下，由雇主单方决定劳动场所、时间、种类等。"[①] "所谓人格上的从属性，是指负有劳务给付义务之一方基于明示、默示或依劳动之本质，在相当期间内，对自己之习作时间不能自行支配。换言之，人格上的从属性系劳动者自行决定之自由权的一种压抑，同时劳务给付内容的详细情节亦非自始确定，劳务给付之具体详细内容不是由劳务提供者决定，而系劳务受领者决定之。"[②] 人格上的从属性通常表现为雇员服从营业组织中的工作规则、服从指示、接受检查、接受制裁。从经济从属性方面分析，经济上的从属性是指受雇人与用人主体之间存在着经济上的依赖关系，受雇人完全被纳入雇主经济组织与生产结构之内，受雇人并不是为自己劳动，而是从属于他人，为他人之目的而劳动，从而换取劳动报酬作为其主要生活来源。具体表现为生产体系属于雇主所有，生产工具或器械属于雇主所有，原料由雇主供应以及不承担劳动的责任及风险。组织上的从属性在人格从属性和经济从属性中均体现出来，"人格从属性和经济从属性共同构成了劳动关系从属性的特征，并且我们可以从这两方面的要义中发现：无论是人格从属性还是经济从属性，都外在表现为劳动者对雇主构建的生产组织的依赖。服从规则、服从指示、接受检查和监督、无法在工作中体现创造性，这些都是建立在雇主从组织的层面对劳动者进行控制的基础上的。这种包含在从属性中的组织依赖性标准在劳动法理论中可以说是一种通论"[③]。

---

① 刘志鹏：《劳动法理论与判决研究》，台湾元照出版公司2000年版，第8页。
② 黄越钦：《劳动法新论》，中国政法大学出版社2002年版，第94页。
③ 董保华：《论非标准劳动关系》，载中国法学会社会法学研究会2007年年会论文集《和谐社会建设与社会法保障》，第169页。

（三）劳动基准法、社会保险法与劳动关系能够有效对接

劳动基准法中关于标准工作时间、最低工资、劳动安全卫生保护等规定，社会保险法中关于社会保险的规定，基本上是以传统的标准劳动关系为标本而制定的，标准劳动关系双方主体的权利和义务能够在劳动基准法和社会保险法中找到相应的规定，劳动基准法、社会保险法与传统的标准劳动关系能够实现有效对接。

（四）一重劳动关系

由于劳动者和用人主体之间从属特性的要求以及标准工作时间的限制等，传统的劳动关系是封闭的，只认可一个劳动者只能同一个用人主体建立劳动关系，而不允许一个劳动者与多个用人主体建立多重劳动关系。

四、非标准劳动关系的要素特征

相对于标准劳动关系而言，非标准劳动关系的要素特征主要体现在以下方面：

（一）用工主体发生变化

1. 劳动关系的一方主体或双方主体超出了标准劳动关系的范围，也即主体不适格

《劳动和社会保障部关于确立劳动关系有关事项的通知》（劳社部发〔2005〕12 号）第一条规定："用人单位招用劳动者未签订书面劳动合同，但同时具备下列情形的，劳动关系成立：（1）用人单位和劳动者符合法律、法规规定的主体资格；（2）用人单位依法制定的各项劳动规章制度适用于劳动者，劳动者受用人单位的劳动管理，从事用人单位安排的有报酬的劳动；（3）劳动者提供的劳动是用人单位业务的组成部分。"可以看出，该通知要求建立劳动关系的前提就是用人单位和劳动者符合法律、法规规定的主体资格，那么一方主体或者双方主体不适格，双方建立的是非标准劳动关系，还是非劳动关系？从该通知的本意看，其建立的是非劳动关系。但笔者认为因主体不适格而完全否认其劳动关系的属性，不仅法理上牵强，而且也不利于社会关系的良性调整，还是将其视为非标准劳动关系为宜。需要进一步说明的是，标准劳动关系是合法的劳动关系，而突破法定主体范围的劳动关系不仅失却了标准性，也失却了合法性，当然属于不合法的劳动关系，法律宜对其进行修订、矫正，甚至对其进行惩罚。《劳动合同法》第九十三条关于无营业执照经营单位的法律责任的规定，第九十四条关于个人承

包经营者的连带赔偿责任的规定，均体现了上述立法精神。

2. 雇佣主体和使用主体发生了分离

传统的标准劳动关系中，雇佣主体就是使用主体，雇佣主体与使用主体不可分离。但近年来，劳务派遣在我国迅猛发展，劳务派遣用工形式因其用工灵活、用工成本降低等优点而大行其道。我国《劳动合同法》规定，劳务派遣单位应当与被派遣劳动者订立劳动合同，劳务派遣单位派遣劳动者应当与接受以劳务派遣形式用工的单位订立劳务派遣协议，劳动者作为劳务派遣单位的劳动成员为用工单位提供劳动。可见，劳务派遣这种典型的雇工与用工发生分离的用工形式，使传统标准劳动关系中的"两角关系"异化为"三角关系"，其劳动关系的非标准性架构非常突出。

（二）从属性弱化

随着我国计划经济向市场经济的转型，多种所有制经济齐头并进，个体私营经济蓬勃发展。我国逐步推行市场经济条件下的就业方针，劳动者自主择业，市场调节就业，企业作为市场主体完全拥有了用工自主权。激烈的市场竞争促使企业不断调整生产规模和产品结构，企业也只能随着生产规模和产品结构的变化，采取日益灵活的用工方式。而随着我国城镇劳动力供给的不断增加，以及农村大量剩余劳动力进城务工，劳动力供需矛盾更加突出，就业形式越来越严峻，也为企业采取灵活的用工形式打开了方便之门，僵化的标准劳动关系用工模式在市场经济的洪流中开始松动、融化。

特别是除农业、工业以外的第三产业，如交通运输、邮电通信、商业、饮食服务业、仓储物流、金融业、保险业、房地产业、旅游业、咨询信息服务业、广播电视、文化、教育卫生体育等迅猛发展，为非标准劳动关系的成长提供了肥沃的土壤和广阔的空间，而非标准劳动关系的从属性呈现不断弱化的特征。"近20年来，我国的产业结构发生了巨大变化，信息产业的发展以及对其他产业的广泛渗透，引起了企业组织形式和就业方式的深刻变化；一些新兴产业如物流业包括信息服务在内的各类中介服务业、保险业等迅速兴起，这些产业的兴起也带来了就业方式的重大变化，产生了一系列不同于传统的、以近代企业制度为特征的就业方式。"[①] 董保华教授在《论非标准劳动关系》一文中指出，与传统的劳动关系相比，灵活就业形式中的劳动关系由于适应了市场需求的"灵活性"和"不

---

① 何平、华迎放等：《非正规就业群体社会保障问题研究》，中国劳动社会保障出版社2008年版，第72页。

稳定性"而发生了"自我的异化",从原来"标准"的形态走向"非标准"的形态。所谓标准形态向非标准形态的异化,一个重要的方面就是从属性的弱化。随着经济全球一体化、信息时代、企业竞争和人事成本的变化,企业用人方式逐步打破这一特征,劳动关系属性呈现弱化的趋势。如企业规章制度对劳动者的约束和考量、企业对劳动行为的组织控制、企业对劳动者劳动定额要求等均具有相应的灵活性。这就要求劳动法改变传统规制方法,如扩大解释工作时间的限度,扩大职业安全事故的认定标准,重新规定劳动关系与劳务关系的划分标准,从而使这部分劳动者权益保护不被边缘化。劳动关系从属性的弱化,也要求我们对认定劳动关系的标准和尺度作相应的调整。在实践中,非标准劳动关系的从属性如何把握,非标准劳动关系与非劳动关系如何区分,笔者拟从以下方面作一分析:

1. 人格从属性的弱化

前文所述,人格从属性主要体现在劳动者与用人主体之间存在着管理和被管理、控制和被控制的关系,即劳动者要服从用人主体的指派、命令,遵守用人主体制定的规章制度,接受用人主体的监督、检查,甚至制裁。而人格从属性的弱化大体体现在两个方面:其一,管理权的弱化。如企业车间、班组、部门或企业职工个人内部承包(当然并不仅限于承包),承包人在其承包范围内是生产经营活动的组织者和管理者,企业通过下放管理权,从而转变企业经营机制,增强企业活力,提高经济效益。但是,这种管理权的弱化是直接管理权的弱化,但并不意味着企业与承包人之间管理和被管理关系的消弭,因为内部承包本身就是管理的一种形式。即使承包人在其承包范围内是生产经营活动的组织者和管理者,企业的直接管理权受到承包协议的限定和制约,但企业对承包人拥有的间接管理权自始存在。所以,管理权的弱化,并未能影响到内部承包人和企业之间劳动关系的性质,只是劳动关系的形态与传统的标准劳动关系表现不同而已。其二,控制力的降低。"通过计算机互联网等信息通信的普及,无纸化办公成为主流,一些文字处理、信息咨询、广告设计、编辑撰稿、商务代理等工作可以由劳动者在自己家完成。对于用人单位而言,这种方式节省了职场空间以及上下班的交通负担,有利于减少职场摩擦,节省人事费用,降低企业的经营成本,使企业获得更多的市场竞争力。这种弹性化就业方式还被企业用来网罗专业技术人力,因为越专业或越具创造性的工作越要求有自由的空间。"[①]以上述远程就业或者称之为家内

---

① 孟凡昊:《论家内劳动关系的法律调整》,载中国法学会社会法学研究会2007年年会论文集《和谐社会建设与社会法保障》,第410页。

劳动为例，由于工作场所与劳动关系相分离，用人主体难以对劳动过程进行直接监管，用人主体对劳动者的指示与控制程度明显减弱。"第三产业的兴起瓦解了适应第二产业生产规模的集体化的劳作模式，但工作场所的相对不确定性必然导致雇主在组织上对劳动者的控制产生弱化，以远程就业为例，劳动者与雇主组织形成天各一方的局面，劳动者与同事也没有面对面的接触，而是通过使用新技术（如综合服务数字网、计算机、传真机、可视对讲机、便携式电话、打印机等现代通信工具）在远离中心办公室或生产场所的地点进行交流，完成工作。这种情况下，雇主对劳动者的检查或监督，在'量度'和'力度'上都显得不似以前那么强势了。"[1] 综上，非标准劳动关系控制力的降低既可能表现为指示命令权的效力减弱，也可能表现为监督、检查权的软化，甚至表现为规章制度的实施出现障碍等。这里需要进一步说明的是，用人主体控制劳动过程的根本目的还在于实现劳动成果，用人单位对劳动过程控制力的降低并不意味着对劳动成果的失控，甚至某种程度上还能促进劳动成果的产生，何况，用人单位惩戒权的存在使得雇主对受雇人之意向等内心活动过程均能达到某种程度之干涉与强制，此点乃人格从属性效果最强之处，也是最根本之所在[2]。因此，非标准劳动关系中控制力的降低，仅仅是指随工作方式的变革而导致用人主体对劳动者控制力的强弱发生变化而已，并不因此导致劳动关系的属性发生改变。

2. 经济从属性的弱化

前文所述，所谓经济从属性是指劳动者和用人主体之间存在着经济上的依赖关系，这种依赖关系包含两个方面的内容，一是劳动者有赖于为用人主体提供劳动换取劳动报酬从而维系其生活运转，一是劳动者提供劳动有赖于用人主体提供劳动条件以及机器设备、生产工具和原材料等生产资料，从而实现劳动力与生产资料的结合。从劳动者有偿劳动方面看，当不存在经济从属性的弱化，本文所谓经济从属性的弱化主要是从用人单位提供劳动条件和生产资料层面而言的。在传统的工业社会，企业主拥有雄厚的资金实力，拥有巨大的厂房和机器设备，而除了劳动力外一无所有的劳动者只能被雇佣，拥有工厂（生产资料）的企业主和在工厂里劳动但没有生产资料的"自由的工人"之间的分离便成为必然现象，二者经济上从属性的地位和命运不言而喻。但是，随着科学技术的进步和社会经济的

---

① 董保华：《论非标准劳动关系》，载中国法学会社会法学研究会2007年年会论文集《和谐社会建设与社会法保障》第171页。

② 黄越钦：《劳动法新论》，中国政法大学出版社2003年版，第94-95页。

不断发展，一方面大型传统工业之外又衍生出大量中、小企业，另一方面服务业等第三产业在经济结构中所占的比重日益提高，机器设备、生产工具等生产资料在劳动关系中的地位开始下降，劳动者与用人主体之间经济上的从属性和依赖性呈现弱化趋势[①]。

由于"18世纪末开始于英国，而19世纪扩展至西欧、美国及日本"的产业革命，产生了使用以蒸汽机为动力的大型机械的工场手工业，因而出现了生产资料和劳动力的分离现象。正如马克思所说的，"拥有生产资料的资本家和除了劳动力外一无所有的自由工人"的两极分化便从此开始。

产业革命不但引起了技术革新和产业形态的改革，而且引起了社会大变革。尽管20世纪初普遍使用了内燃机和电力，而且到20世纪20年代化学工业得到了发展，但是上述趋势不仅没有停止，反而进一步发展了。工厂设施等生产资料的大型化加速进行，其价格也越来越昂贵。在私人所有制的基础上，以家族为单位从事经济活动的生产体制已不再成为社会的主要经济形态。就是说，产业革命出现后的技术革新进一步完善了工业社会的特点，而不是改变了它的特点。

那么，即将出现的"知识价值社会"又是如何呢？对从事创造"知识与智慧的价值"的人来说，什么是他们的生产资料呢？图案设计家的生产资料是桌子和制图工具；摄影家的是照相机；编制电子计算机软件所需要的是小型电子计算机。但这些物资的价格并不贵，任何人都完全可以买得到。最近的技术开发或新产品研制，并不都是由大型的研究机构来完成的，而那些具有中小规模的研究机构即所谓"街道研究所"也研制出不少新产品。就是说，技术发展的方向从大型化、高速化及大批量生产的"大型技术"转到多样化、节省资源和综合多种技术等方面。这样一来，对创造"知识与智慧的价值"的人类来说，最重要的生产资料是本人的知识和经验及价值观念。而这些东西正是同劳动力本身密切地结合在一起的。假如从事创造"知识与智慧的价值"的人逐渐增多，那么自从产业革命以来持续多年的生产资料与劳动力的分离，将出现"逆转"现象，生产资料和劳动力的一体化将成为社会生产的主要现象。

由上，在判断是否存在经济从属性问题上，我们不能简单地将劳动者自备劳动工具作为否认其建立劳动关系的依据，还需进一步追究原材料的提供方以及是"自营"还是"他营"，进而对是否具备劳动关系的属性具体作出判断。

---

① [日]界屋太一：《知识价值革命》，沈阳出版社1999年版，第43-44页。

3. 组织从属性的弱化

前文所述，所谓组织从属性，乃劳动者被纳入用人主体的组织体系之中，与其他劳动者相互协作，共同成为企业整个生产过程的有机组成部分。以前文所述的远程就业为例，劳动者的工作场所由劳动者自行选择，工作场所与劳动关系发生分离，用人单位由对劳动过程中各个环节的控制转向对劳动内容和劳动成果的评价与控制，劳动关系的组织从属性日益呈现弱化的趋势。但这种劳动关系组织从属性的弱化，并不意味着劳动关系组织从属性的消弭，"例如家内劳动，劳动者的工作场所虽不在雇主的直接监管之下，但其原料由雇主提供，产品按照雇主的指示提供，雇主虽不控制劳动的过程，但控制劳务内容和提供方式，劳动者仍处在雇主的简洁监管之下，纳入在雇主的企业生产环节之中，存在内在的组织隶属关系"[①]。

总之，"雇佣的柔软化、非典型雇佣的扩大、劳动力供需体制的多样化是世界各国雇佣体系变化的共同现象"[②]。传统单一的劳动关系已经被纷繁复杂、形态各异的劳动关系所取代，劳动关系从属性的标准日益由规则向不规则转化，显著的特征变得模糊不清，完整有序的认定体系被分割得支离破碎。因此，我们在把握劳动关系时，不能仅凭单一的标准来认定或者否定劳动关系，而要结合具体案例，综合各个标准进行认定。同时，还需要透过表象，深入事件的核心，把握其实质。从已有的主流学说和司法实践看，是以"人格从属性"作为认定劳动者身份的主要标准，但由于"人格从属性"在实际生活中有局限性，又不可避免地需要辅助使用其他认定标准，"经济从属性"往往作为一个重要的辅助标准，与"人格从属性"一并使用。例如，在假象外包的情形中，雇主为了逃避劳动法上的用人义务，将大量的工作外包出去，如果仅以"人格从属性"作为认定的标准，很难将承包人认定为劳动者，因为雇主与承包人之间不存在指挥命令的方式，即承包人的工作有相当大的自主权，一旦这种承包关系是一种长期的关系，承包人为雇主而劳动，以维持现实生活，其劳动是雇主日常经营活动中不可缺少的部分，就可以认定承包者与雇主之间存在"经济从属关系"，这就可以认定承包人为劳

---

① 史尚宽：《劳动法原论》，台北正大印书馆1978年版，第14-15页。

② [日]马渡淳一郎：《劳动市场法的改革》，田思路译，清华大学出版社2006年版，第3页。

动者①。

（三）劳动基准法、社会保险法与劳动关系的对接和实施出现障碍

劳动基准法中关于标准工作时间、最低工资、休息休假、劳动安全卫生保护等规定，社会保险法中关于社会保险的规定，大体是以传统的标准劳动关系为标本而制定的，标准劳动关系双方主体的权利和义务能够在劳动基准法和社会保险法中找到相应的规定，劳动基准法、社会保险法与传统的标准劳动关系能够实现有效对接。但是，对于非标准劳动关系，如灵活就业人员中的钟点工、劳务派遣中的派遣工，就无法直接适用劳动基准法和社会保险法中的一般规定，这部分劳动者的权利义务无法与劳动基准法和社会保险法的相关条款直接对接。作为上层建筑组成部分的劳动法律法规必须顺应经济基础的要求，及时进行适当调整，才能作为良法反作用于经济基础，形成经济基础与上层建筑的良性互动，保证并促使劳动关系和谐运行。可喜的是，我国《劳动合同法》在第五章《特别规定》中，专节规定了非全日制用工和劳务派遣，对非标准劳动关系主体双方的权利义务作了特别规定。

（四）多重劳动关系

多重劳动关系是指一个劳动者可以与多个用人主体建立劳动关系。市场经济下灵活的用工形式，以及劳动关系中特有的劳动者谋生之功效，使多重劳动关系具有极为强劲的生命力，可谓是"野火烧不尽，春风吹又生"。在《劳动合同法》实施之前，我国劳动法始终不承认多重劳动关系的存在，这只能将劳动关系压扁变形，而不能使多重劳动关系消亡。劳动法对多重劳动关系的否定，不仅使钟点工等灵活就业人员的劳动关系难以给出合理的解释，对兼职、退休人员返聘之法律关系的认定和判断也变得异常困难。实务中多将一重劳动关系之外的劳动关系按照民事雇佣关系看待，导致劳动关系与民事雇佣的错位与扭曲，使本来"剪不断、理还乱"的劳动关系与民事雇佣关系更加难以分辨。

《劳动合同法》首次从法律上肯定了多重劳动关系的合法性。我国《劳动合同法》第三十九条第四款规定，劳动者同时与其他用人单位建立劳动关系，对完成本单位的工作任务造成严重影响，或者经用人单位提出，拒不改正的，用人单位可以解除劳动合同。也就是说，劳动者与多个用人单位建立劳动关系，对原劳动关系的履行未造成严重影响，或者原用人单位并未反对的，多重劳动关系可以

---

① 侯玲玲、王全兴：《劳动法上劳动者概念之研究》，载《云南大学学报法学版》2006年第1期。

并行不悖，这实际上从一个侧面承认了多重劳动关系的合法性。关于多重劳动关系的表现形式，董保华教授在《劳务派遣的法学思考》一文中指出，除了劳动力派遣外，一个人同时保持两个或两个以上的劳动关系时，各个劳动关系可有三种衔接形式：（1）并列衔接。两个或两个以上的劳动关系以钟点工的形式并列衔接。如一个劳动者在甲单位从事四小时劳动，而在乙单位从事四小时劳动。（2）主从衔接。两个或两个以上的劳动关系以主职与兼职的形式衔接。目前，科技人员在用人单位的安排和指挥下所从事的兼职劳动是最典型的形式。（3）虚实衔接。两个劳动关系以一个与劳动过程相联系，一个不与劳动过程相联系的形式相衔接。最典型的形式就是"待工"的劳动者保留与原单位虚的劳动关系（不与劳动过程相联系），并另与新的用人单位建立实的劳动关系（与劳动过程相联系）。前者我们也称之为"隐性失业"，后者我们也称之为"隐性就业"①。

而关于劳务派遣中是否存在多重关系，仍然是一个争论不休的话题。《劳动合同法》将劳务派遣单位界定为本法所称的用人单位，应当履行用人单位对劳动者的义务，并与劳动者签订书面的劳动合同等，而将接受以劳务派遣形式用工的单位界定为用工单位，应当履行《劳动合同法》第六十二条规定的特定义务。从立法语言的表述看，既然将劳务派遣单位界定为《劳动合同法》中所称的用人单位，并明确其应当履行用人单位对劳动者的义务，而《劳动合同法》第二条又将用人单位界定为劳动关系的一方特定主体，那么认定劳务派遣单位与被派遣劳动者缔结了劳动关系则顺理成章。虽然《劳动合同法》第六十二条规定用工单位的特定义务与劳动关系中用人单位的义务具有相同的属性，是法律考虑劳务派遣关系之特殊，为劳动者权益不至于落空，而将用人单位的部分义务分割给用工单位，既然用工单位可以受让用人单位的权利，直接指挥监督派遣劳工，接受其劳动给付，法律将用人单位的部分义务分割给用工单位，也无不可。因此，根据《劳动合同法》第六十二条的规定而将劳务派遣中的用工单位与被派遣劳动者之间的法律关系也视为劳动关系，理由还不够充分。以全国人大宪法和法律委员会主任委员杨景宇为主编、全国人大宪法和法律委员会副主任委员信春鹰为副主编、全国人大常委会法制工作委员会行政法室编著的《中华人民共和国劳动合同法解读》（中国法制出版社 2007 年 7 月第 1 版）也仅仅是肯定了劳务派遣单位与被派遣劳动者之间的劳动关系，而对用工单位与被派遣劳动者的法律关系属性不置可否。

---

① 董保华：《劳务派遣的法学思考》，载《中国劳动》2005 年第 6 期。

笔者认为，从立法本意看，还不能直接认定劳务派遣中存在派遣单位与被派遣劳动者、用工单位与被派遣劳动者的双重劳动关系。

但是，从理论层面分析，有学者主张用工单位与派遣劳动者之间不存在劳动关系，"派遣劳动者和要派单位之间并不存在劳动关系。要派单位对劳动者的管理权产生于三方协议，劳动者的社会保险等方面的责任由派出单位承担，要派单位支付给派出单位的是劳务费用，而不是派遣劳动者的工资。因此，派遣劳动者和要派单位及派出单位间不存在双层劳动关系的问题。笔者认为，只存在派遣劳动者和派出单位之间这一层劳动关系，要派单位只是根据派遣协议和国家有关派遣的规范，代行用人单位对职工的劳动管理权，指挥命令派遣劳动者为其提供劳动服务"[1]。有学者主张劳务派遣中，劳务派遣单位和接受用工派遣的单位构成了被派遣劳动者的共同雇主，其间存在着派遣单位与被派遣劳动者、接受用工派遣单位与被派遣劳动者的双重劳动关系，"在劳务派遣中，派遣机构和派遣劳工之间，以及要派机构与派遣劳工之间形成的都是特殊劳动关系。劳务派遣中形成的特殊劳动关系是各种特殊劳动关系形态中的一个典型。特殊劳动关系的特征是只受到部分劳动基准法的限制。双重特殊劳动关系的叠加可以说构成了一个完整的劳动关系。既然劳务派遣建立在两重劳动关系的基础之上，那么就涉及两个单位之间权利义务如何分割的问题。从另一个角度看，每一个单位也可以说是半劳动关系，两个雇主共同对派遣劳工承担劳动法上的义务。从理论上讲，派遣机构与要派遣机构之间是劳务关系，受民法调整，双方可以通过意思自治、平等协商，在劳务合同中约定各自对派遣劳工的权利义务，法律也可以对两个雇主在劳动法上的权利义务进行分配"[2]。王全兴教授认为，劳务派遣中存在一重劳动关系的双层运行。他认为，劳务派遣属于国际劳工组织所称的"三角"劳动关系，劳动关系的一个突出特征是存在一重劳动关系，但是却有着两个甚至更多个雇主，由此导致一重劳动关系存在两个层次，一层是法律形式上的劳动关系，另一层是实际履行上的劳动关系。对于劳动者而言，不是为与其建立法律形式上劳动关系的雇主劳动，而是向与其雇主存在合同关系的第三方提供劳务，从而与之形成实质履行上的劳动关系。这种实际上的劳动关系，在劳务派遣中是清楚的，劳动者与用工单位之间的劳动关系是一望而知的，这种情况下的两个层次的雇主构成共同

---

① 李坤刚：《我国劳动派遣法律规制初探》，载《中国劳动》2005年第2期。
② 董保华：《劳务派遣的法学思考》，载《中国劳动》2005年第6期。

雇主关系[①]。在上述观点中，笔者认为，既然用工主体与劳动者之间具有从属劳动的特征，并且将其认定为劳动关系更有利于保护劳动者的合法权益，所以将用工主体与劳动者的关系按照劳动关系处理，更为妥当和具有积极意义；在劳务派遣中，劳务派遣单位与用工单位均是独立的市场主体，在这种情况下，将劳务派遣中的劳动关系视为劳动者与两个层次的雇主建立一重劳动关系，欠缺法理上的妥当性。因此，笔者较为认同董保华教授的观点，认为劳动者与派遣单位以及用工单位之间建立的是两重劳动关系，在这两重劳动关系中，雇佣与使用发生分离，这两重劳动关系不同于传统的标准劳动关系，可划定为非标准劳动关系。而实际上，《劳动合同法》对劳务派遣中劳务派遣单位、接受以劳务派遣形式用工的单位、被派遣劳动者三方的权利义务作出了清晰明确的规定，接受以劳务派遣形式用工的单位与被派遣劳动者之间究竟是劳动关系还是劳务关系，结论似乎不怎么突出和紧要了。其实不然，因为《劳动合同法》虽然对用人单位与用工单位的义务进行了明确，但因为《劳动合同法》并未直接赋予用工单位劳动法上的用人单位地位，被派遣劳动者的"纸上的权利"变为"现实的权利"还存在着困境。试举一例，某劳动监察大队查处某用人单位拒绝为劳动者缴纳社会保险费一案，用人单位为了规避查处，找了一家外地的劳务派遣公司，让劳务派遣公司与其原雇佣的劳动者签订了劳动合同，原用人单位变成了用工单位。按照《劳动合同法》，劳务派遣单位应承担缴纳社会保险费的义务，原用人单位成功规避了当地劳动监察大队的查处。可见，只有明确用工单位的劳动法主体义务，在劳动者权利未能实现的情况下，赋予劳动者向任一用人单位主张权利的权利，方能真正保护劳动者的合法权利。因此，在《劳动合同法》已经颁布实施的情况下，建议国务院、劳动社会保障行政部门在行政法规或劳动规章中明确劳务派遣中用工单位的劳动关系主体地位，也可以考虑以司法解释的形式予以明确，使用人单位和用工单位规避法律的空间越来越小。

五、结语

虽然我国《劳动合同法》肯定了非全日制用工、多重劳动关系、劳务派遣用工等非标准劳动关系的形态并予以规范，开创了我国劳动关系立法的新局面，但

---

① 王全兴、黄昆：《涉承包劳动关系的法律问题研究》，载中国法学会社会法学研究会2007年年会论文集《和谐社会建设与社会法保障》，第190页。

是，在市场经济体制下，劳动关系纷繁复杂且不断演进，非标准劳动关系的形态日益多样，我们对非标准劳动关系的理论研究还不够深入，对非标准劳动关系的要素特征仍把握不清，非标准劳动关系与社会保险、劳动基准的对接仍比较困难，这些都需要我们贴近社会生活，更加关注非标准劳动关系，解放思想，开拓进取，不断提升非标准劳动关系的研究水平。

载《中国人力资源开发研究会劳动关系分会第 3 届年会暨学术研讨会论文集》2010 年 12 月 11 日

我国非标准劳动关系问题探讨

【摘　要】在阐述标准劳动关系的基础上，分析了非标准劳动关系的若干要素特征，提出了以标准劳动关系为中心的劳动立法模式向以标准劳动关系和非标准劳动关系并重的劳动立法模式演进的建议。

【关键词】标准劳动关系；非标准劳动关系；劳动立法

随着我国市场转型和体制转轨，劳动关系日益呈现多元化、复杂化和边缘化之趋势，使非标准劳动关系研究成为值得关注的领域。由于现实中我国对此问题的关注不足，人们仍习惯沿用标准劳动关系视角来衡量各种劳动关系，导致一些非标准劳动关系被误认为非劳动关系，而被排斥在劳动法律规制之外。本文将在比较标准劳动关系和非标准劳动关系、非标准劳动关系和非劳动关系等概念界限的基础上，对非标准劳动关系问题作一分析。

一、标准劳动关系的基本架构

标准劳动关系是相对于非标准劳动关系而言的，标准劳动关系受制于以下四个要素：

一是主体法定。标准劳动关系的主体符合法律的规定，劳动者须具备劳动权利能力和劳动行为能力，年满16周岁且未达到法定退休年龄或者未办理退休（养）手续；用工主体限定于企业、个体经济组织、民办非企业单位、国家机关、事业单位、社会团体以及劳动法律规范认可的其他组织。

二是从属特征显著。从属特征可从劳动关系的人格从属性、经济从属性和组织从属性等方面体现出来。在人格从属性方面，劳动者直接受雇于用人主体，成为用人主体的成员，在其指挥、监督和管理下提供劳动，雇员服从营业组织中的工作规则、服从指示、接受检查、接受制裁。在经济从属性方面劳动者与用人主体之间存在经济性依赖关系，前者完全被纳入后者的经济组织与生产结构中，并从属于后者、为其特定目的而劳动，以换取劳动报酬作为主要生活来源。组织上的从属性在人格从属性和经济从属性中均体现出来。

三是劳动基准法、社会保险法与劳动关系能够有效对接。劳动基准法中关于标准工作时间、最低工资、劳动安全卫生保护等规定，社会保险法中关于社会保险的规定，基本上是以传统的标准劳动关系为标本而制定的，标准劳动关系双方主体的权利和义务能够在劳动基准法和社会保险法中找到相应的规定，劳动基准法、社会保险法与传统的标准劳动关系能够实现有效对接。

四是一重劳动关系。由于劳动者和用人主体之间从属特性的要求以及标准工作时间的限制等，传统的劳动关系是封闭的，只认可一个劳动者同一个用人主体建立劳动关系，不允许一个劳动者与多个用人主体建立多重劳动关系。

二、非标准劳动关系的要素特征

相对于标准劳动关系，非标准劳动关系的要素特征同样体现在四个方面：

一是用工主体发生变化。在标准劳动关系中，雇佣主体就是使用主体，雇佣主体与使用主体不可分离。但近年来，劳务派遣因用工灵活、用工成本降低等优点在我国迅猛发展。依据《劳动合同法》相关规定，劳务派遣单位应当与被派遣劳动者订立劳动合同，劳务派遣单位派遣劳动者应当与接受以劳务派遣形式用工的单位订立劳务派遣协议，劳动者作为劳务派遣单位的劳动成员为用工单位提供劳动。可见，劳务派遣这种典型的雇工与用工发生分离的用工形式，使传统标准劳动关系中的"两角关系"异化为"三角关系"，其劳动关系的非标准性架构非常突出。

二是从属性弱化。激烈的市场竞争促使企业不断调整生产规模和产品结构，企业随之采取日益灵活的用工方式。灵活就业形式中的劳动关系因灵活性和不稳定性特点而发生了"异化"，从标准的形态走向了非标准化[1]，导致从属性的弱化。

首先是人格从属性的弱化。一方面，管理权弱化。企业通过下放管理权，转变企业经营机制，如企业车间、班组、部门或企业职工个人内部承包（当然并不仅限于承包），承包人在其承包范围内是生产经营活动的组织者和管理者。但这只是管理权的直接弱化，并不意味着企业与承包人之间管理和被管理关系的消弭，因为内部承包本身就是管理的一种形式，企业对承包人拥有的间接管理权自始存在。所以，管理权弱化并不能影响内部承包人和企业之间劳动关系的性质，只是劳动关系的形态与传统的标准劳动关系表现不同而已。另一方面，控制力的降低。

---

[1] 董保华：《论非标准劳动关系》，载《学术研究》2008年第7期。

随着计算机互联网等信息通信的普及,无纸化办公成为主流,一些文字处理、信息咨询、商务代理等工作可由劳动者在家完成,于是工作场所与劳动关系相分离,用人主体难以对劳动过程进行直接监管,其对劳动者的指示与控制程度也明显减弱。但是,用人主体控制劳动过程的根本目的还在于实现劳动成果,控制力的降低并不意味着失去对劳动成果的控制,甚至在某种程度上还可能促进成果的产生。因此,随工作方式变革而出现的用人主体对劳动者控制力强弱的变化,并不导致劳动关系属性的改变。

其次是经济从属性弱化。以用人单位提供劳动条件和生产资料层面的分析为例。随着科学技术的进步和社会经济的不断发展,在大型传统工业之外衍生出大量中、小企业,服务业等第三产业在经济结构中所占的比重日益提高,机器设备、生产工具等生产资料在劳动关系中的地位开始下降,劳动者与用人主体之间经济上的从属性和依赖性必然呈现弱化趋势。特别是在以知识为基础、以资讯和生物科技为主导,以微电子、生物技术、新材料、通信技术为主要内容的第三次产业革命浪潮的兴起,以及知识经济时代的到来,产业结构非物质化和生产过程智能化的不断发展下,知识在现代社会价值创造中的功效已远超人、财、物等传统的生产要素。对创造"知识与智慧的价值"的劳动者而言,最重要的生产资料是知识和经验及价值观念,而它们与劳动力本身密切结合。于是,自产业革命以来持续多年的生产资料与劳动力相分离的情况将出现"逆转",生产资料和劳动力的一体化将成为社会生产的主要现象①。

再次是组织从属性弱化。以远程就业为例,劳动者的工作场所由劳动者自行选择,工作场所与劳动关系发生分离,用人单位由对劳动过程中各个环节的控制转向对劳动内容和劳动成果的评价与控制,但这不意味着劳动关系组织从属性的消弭,"例如家内劳动,劳动者的工作场所虽不在雇主的直接监管之下,但其原料由雇主提供,产品按照雇主的指示提供,雇主虽不控制劳动的过程,但控制劳务内容和提供方式,劳动者仍处在雇主的简洁监管之下,纳入雇主的企业生产环节之中,存在内在的组织隶属关系"②。

可见,传统单一的劳动关系已经被纷繁复杂、形态各异的劳动关系所取代,但"雇佣的柔软化、非典型雇佣的扩大、劳动力供需体制的多样化是世界各国雇

---

① [日]界屋太一:《知识价值革命》,沈阳出版社1999年版。
② 史尚宽:《劳动法原论》,台北正大印书馆1978年版。

佣体系变化的共同现象"①。

三是劳动基准法、社会保险法与劳动关系的对接和实施出现障碍。劳动基准法和社会保险法中关于工时、工资、休息休假、劳动安全卫生、社会保险的规定，是按照标准劳动关系而裁定的，主体双方的权利和义务能够在劳动基准法和社会保险法中找到相应的规定，实现有效对接。但对于非标准劳动关系，就无法直接适用劳动基准法和社会保险法中的一般规定，这部分劳动者的权利义务无法与劳动基准法和社会保险法的相关规定直接对接。

四是多重劳动关系。在《劳动合同法》实施之前，我国劳动法始终不承认多重劳动关系的存在，从而不仅使钟点工等灵活就业人员的劳动关系难以确定"身份"，对兼职、退休人员返聘之法律关系的认定和判断也变得异常困难。在实务中，多将一重劳动关系之外的劳动关系按照民事雇佣关系看待，导致劳动关系与民事雇佣的错位与扭曲，使本来"剪不断、理还乱"的劳动关系与民事雇佣关系更加难以分辨。

可喜的是，《劳动合同法》首次从法律上肯定了多重劳动关系的合法性。该法第三十九条规定，劳动者同时与其他用人单位建立劳动关系，对完成本单位的工作任务造成严重影响，或者经用人单位提出，拒不改正的，用人单位可以解除劳动合同。也就是说，劳动者与多个用人单位建立劳动关系，对原劳动关系的履行未造成严重影响，或者原用人单位并未反对的，多重劳动关系可以并行不悖，这实际上从一个侧面承认了多重劳动关系的合法性。

三、非标准劳动关系的规制建议

在劳动关系纷繁复杂、非标准劳动关系形态日益多样的情况下，必须及时对非标准劳动关系予以规制，以保证并促使劳动关系和谐运行。

第一，从以标准劳动关系为中心的劳动立法模式，向以标准劳动关系和非标准劳动关系并重的劳动立法模式演进。虽然我国《劳动合同法》专节对劳务派遣用工和非全日制用工形态予以了规范，但纵观我国劳动立法，从《劳动法》到《劳动合同法》《劳动争议调解仲裁法》《社会保险法》以及大量的劳动行政法规、规章，无不围绕标准劳动关系的模式予以立法，即使如《劳动合同法》对非标准劳动关系有了零星关注，相关法律之间也缺少有序衔接。可以说，我国劳动立法

---

① [日]马渡淳一郎：《劳动市场法的改革》，清华大学出版社2006年版。

总体上以标准劳动关系的规制和构建为立法范式，对非标准劳动关系的规制关注和重视不够，导致我国的劳动立法大体成了标准劳动关系立法，而市场经济条件下日益崛起的非标准劳动关系多成了劳动法调整的盲区和误区，劳动法明显失重和失衡。因此，必须打破围绕标准劳动关系立法的传统思维定势，树立标准劳动关系和非标准劳动关系并重的全新劳动立法理念，将非标准劳动关系作为劳动立法的重要内容和架构，与标准劳动关系共同构筑劳动法的大厦。

第二，非标准劳动关系的立法应按照"分门归类、循序渐进"的原则推进。由于劳动经济纷繁多变，劳动关系形式复杂多样，非标准劳动关系的立法不能"一刀切"，只能根据每一非标准劳动关系的特点，认真梳理，概括归纳，分门归类予以规制；由于人们包括立法者对非标准劳动关系的认识是一个不断深化的过程，非标准劳动关系的立法不可能一蹴而就、一步到位，只能通过出台司法解释，制定部门规章、行政法规直至通过人大修改或制定法律的形式循序渐进，使之不断丰富。

从主体方面看，劳动关系的一方或双方主体超出了标准劳动关系的范围，如双方之间具备劳动关系的实质，通常应按照非标准劳动关系看待。《关于确立劳动关系有关事项的通知》规定，用人单位招用劳动者未签订书面劳动合同，用人单位和劳动者符合法律、法规规定的主体资格是劳动关系成立的必备条件。那么，一方主体或者双方主体不适格，双方建立的是非标准劳动关系，还是非劳动关系？从该通知的本意看，其建立的是非劳动关系。但笔者认为因主体之不适格而完全否认其劳动关系的属性，不仅法理上牵强，而且也不利于社会关系的良性调整。此外，我国现行法规将大学生勤工助学、离退休人员返聘等排除在劳动关系之外，也值得进一步商榷。因此，建议对上述规定适时修正，将主体不适格的用工关系视为非标准劳动关系。

从从属性方面看，如挂靠车辆司机、导游公司导游、保险代理人、邮政委代工、职业运动员、演艺人员、广告设计人员、编辑、记者、技术研发人员、推广销售人员等，他们与用工主体之间不同程度地存在着从属性弱化的特征，应从非标准劳动关系的视角逐一考量，分析判断，并以规章、条例等形式对其是否形成劳动关系予以明确。国务院办公厅出台的《关于进一步规范出租汽车行业管理有关问题的通知》明确了出租车司机与出租车公司之间的劳动关系；原劳社部《关于确立劳动关系有关事项的通知》对建筑施工、矿山企业等用人单位转包行为的用工主体责任及劳动关系作出了规定。而保险代理人、邮政委代工、挂靠车辆驾驶员等特定群体的法律关系至今仍不够清晰。以保险代理人为例，保险代理人虽与保险公司签订了个人代理保险合同，约定双方系代理关系，但保险代理人一般需要遵守保险公司制定的各项规章制度，服从保险公司的管理，保险公司一般向保险代理人提供基本的劳动条件，并发放底薪及各项津贴，那么在认定保险代理人与保险公司之间的法律关系时，是看一纸代理合同，还是究其法律关系的实质？需要保监会等相关部门予以明确。

从劳动关系的多重性方面看，立法应对多重劳动关系的情形予以明确。最高人民法院《关于审理劳动争议案件适用法律若干问题的解释（三）》规定，企业停薪留职人员、未达到法定退休年龄的内退人员、下岗待岗人员以及企业经营性停产放长假人员，因与新的用人单位发生用工争议，依法向人民法院提起诉讼的，人民法院应当按劳动关系处理。这是对多重劳动关系的明确肯定，体现了非标准劳动关系理论和司法实践的不断突破。

第二，加强非标准劳动关系的劳动基准和社会保险立法，构建相互衔接、完整统一的非标准劳动关系立法体系。劳动基准法和社会保险法中关于工作时间、工资、休息休假、社会保险等规定，是以传统的标准劳动关系为标本而制定的，非标准劳动关系双方主体的权利和义务往往难以直接找到相应的规定，导致非标准劳动关系劳动者的权利保护受到一定影响。因此，应根据非标准劳动关系的特点，加强非标准劳动关系的工时、工资、休息休假、劳动安全卫生和社会保险立法，构建相互衔接、完整统一的非标准劳动关系立法体系，使非标准劳动关系劳动者的权利保护有法可依。

载《中国人力资源开发》2011 年第 3 期

和谐劳动关系是全面建成小康社会的重要基础和强力支撑

党的十七大报告从改善民生的视角，指出要规范和协调劳动关系，完善和落实国家对农民工的政策，依法维护劳动者权益。党的十八大报告从改善民生和创新管理等多维视角，进一步明确指出，要健全劳动标准体系和劳动关系协调机制，加强劳动保障监察和争议调解仲裁，构建和谐劳动关系。与十七大报告相比，十八大报告不仅明确提出了构建和谐劳动关系的目标，而且极大地丰富了和谐劳动关系的内涵，指明了构建和谐劳动关系的路径，突出了和谐劳动关系在小康社会建设中的战略地位。

一、和谐劳动关系的内涵及其建设路径

和谐劳动关系是一个内涵丰富、层次分明的概念。和谐劳动关系首先要健全劳动标准体系，从而依法保障劳动者的生命权、健康权、劳动报酬权、休息休假权和社会保险权等权利；不断提高劳动者的劳动报酬，提高劳动者在初次分配收入中的比重，让劳动者充分分享企业发展的成果；充分尊重劳动者的主体地位，不断激发劳动者的积极性和创造性，促进经济社会持续健康发展。可见，和谐劳动关系有着极其丰富的实质内涵。

而构建和谐劳动关系还必须强化协调机制和法律保障。劳动关系主体双方既对立又统一，双方相互依存，唇齿相依，劳动关系不仅牵系着用人单位的兴衰存亡，同时也背负着劳动者的命运浮沉，用人单位和劳动者具有根本利益的高度一致性。因此，统一是矛盾的主要方面；而双方在根本利益高度一致性的前提下，还存在着具体利益的相对差异性，这对立的一面占据着矛盾的次要方面。由此可见，劳动关系主体双方的矛盾本质上是非对抗的，具有可调和性，应着力建设平衡劳动关系双方权利义务的内部制衡机制和多元调解机制，并以劳动保障监察和劳动争议仲裁等强力救济程序为后盾，引导和促进劳动关系在和谐、法治的轨道上运行。

二、和谐劳动关系在小康社会建设中的战略地位

十八大报告描绘了到 2020 年全面建成小康社会的宏伟蓝图和美好愿景，但

是我们也应该清醒地认识到，小康社会的建设是一项前无古人的伟大事业，前进的道路上布满荆棘、充满挑战，不仅需要不畏艰难、欲推弥坚的勇气和信念，而且更需要不断探索实现宏伟目标的科学路径，准确把握推动事业发展的规律和方法。

和谐劳动关系在全面建设小康社会中占据着无可替代的战略地位，是我国经济、政治、文化、社会和生态文明建设这一庞杂系统工程中的重要因子，是全面建成小康社会的重要基础和强力支撑。

（一）和谐劳动关系关乎就业质量，牵系民生状况，是构建和谐社会的重要基础

就业是民生之本，而劳动关系和谐与否不仅关乎就业的质量，更体现着民生状况。劳动关系作为生产关系的组成部分，是最基本、最重要的社会关系之一，正如恩格斯所说："资本和劳动的关系，是我们现代全部社会体系所依以旋转的轴心。"从某种程度上说，劳动关系和谐，人民安居乐业，则社会和谐；劳动关系紊乱，就会动摇社会和谐的基础，社会则会失序。没有和谐劳动关系奠定基础，社会和谐就无异于沙中筑塔。从这个层面看，劳动关系和谐与否往往是判断一个国家和地区社会是否和谐的晴雨表和风向标。

（二）构建和谐劳动关系与我国改革开放和社会主义现代化建设的根本目的具有高度一致性

和谐劳动关系是以保护最广大劳动者的基本权益为基础的，正是在这些相互交织的劳动权利的萌泽下，劳动者才能体面劳动，尊严生活，从而不断满足其日益增长的物质文化需要，进而为实现其政治、民主权利提供条件，开辟道路。而不断提高人民物质文化生活水平，努力让人民过上更好生活，既是改革开放和社会主义现代化建设的根本目的，也是一代又一代共产党人的不懈追求。十八大报告明确指出，必须更加自觉地把以人为本作为深入贯彻落实科学发展观的核心立场，始终把实现好、维护好、发展好最广大人民根本利益作为党和国家一切工作的出发点和落脚点，尊重人民首创精神，保障人民各项利益，不断在实现发展成果由人民共享、促进人的全面发展上取得新成效。因此，构建和谐劳动关系承载了"发展为了谁"这一宏大历史命题，契合了共产党人的伟大历史担当。

（三）和谐劳动关系是加快转变经济发展方式、实施创新驱动发展战略的内在要求

十八大报告指出，以科学发展为主题，以加快转变经济发展方式为主线，是关系我国发展全局的战略选择；科技创新是提高社会生产力和综合国力的战略支撑，必须摆在国家发展全局的核心位置。而转变经济发展方式，实施创新驱动发展战略，就是要改变传统粗放式的经济发展方式，改变以牺牲环境、牺牲资源、牺牲劳动者权益为代价换取发展的模式，回到以不断提高人的素质来推动经济发展的轨道上来。而由"人力"推动发展到以"人智"推动发展，由"中国制造"向"中国智造"的转变，就必然要求正确处理资本和劳动的关系，抑制资本的贪婪本性，尊重劳动，尊重劳动者的主体地位。正如马克思所说："不论生产的社会形式如何，劳动者和生产资料始终是生产的因素。但是，两者在彼此分离的情况下只在可能上是生产因素。凡是要进行生产，就必须使他们结合起来。"而实际上，劳动者不仅不是生产资料的附庸，相反，生产资料也是劳动者创造的，对此马克思也有过阐述："关于环境和教育起改变作用的唯物主义学说忘记了：环境是由人来改变的，而教育者本人一定是受教育的。"归根结底，劳动者是创造财富的源泉和活水，是企业在激烈的市场竞争中赢得持久优势的不二法宝。只有树立劳动者是第一生产力的观念，充分尊重劳动者的主人翁地位，不断激发劳动者的积极性和创造性，认真构建和谐劳动关系，才能推动经济社会持续健康发展。

（四）构建和谐劳动关系是拉动内需、扩大消费的有效途径

投资、出口和内需是拉动经济发展的三驾马车，而出口受国际市场需求及贸易保护主义的影响较大，经济的可持续性难以有效保障；而经济增长过多依靠投资拉动，消费特别是居民消费不足，不利于经济的良性循环和可持续增长，投资与消费失衡，这也是长期困扰我国经济发展的一个难题。十八大报告强调，要牢牢把握扩大内需这一战略基点，加快建立扩大消费需求长效机制，释放居民消费潜力，保持投资合理增长，扩大国内市场规模。而构建和谐劳动关系，一是保障劳动者的劳动报酬权等相关权利，加大劳动者在初次收入分配中的比重，切实提升劳动者的消费能力；二是保障劳动者的社会保险权等相关权利，解除劳动者在年老、患病、失业、生育、住房等方面的后顾之忧，从而提振劳动者的消费信心；三是保障劳动者的休息休假等相关权利，让劳动者在教育、健身、休闲、旅游、购物等方面拥有更多消费时间，提高其生活质量和幸福指数。因此，构建和谐劳动关系在拓宽地区内需市场、释放地区消费潜力的同时，能够进一步衍生和放大乘数效应，不断激活经济社会发展的一池春水。

总之，和谐劳动关系建设在我国经济、政治、社会、文化以及生态文明建设中具有牵一发而动全身的作用，各级党委和政府一定要把和谐劳动关系建设放在

更加重要的战略地位抓紧抓好，彻底抛弃将牺牲劳动者合法权益作为招商引资优势和发展竞争力的陈旧理念和短视思维，不断健全劳动标准，不断创新劳动关系协调机制，为全面建成小康社会而努力奋斗。

载《河北日报》2013 年 4 月 3 日

试论和谐劳动关系的构建

【摘　要】和谐的劳动关系是经济发展的前提，更是构建和谐社会的基石。和谐劳动关系的实质是劳动关系主体双方利益的和谐，是双方权利义务的平衡。和谐劳动关系的构建既要体现对劳动者利益的偏重保护，同时也要兼顾用人单位利益。我们要构建和谐的劳动关系，必须不断完善"三方机制"，重视和强化集体谈判，赋予劳动者罢工的权利，建立便捷、便宜的劳动争议处理制度。

【关键词】和谐劳动关系；三方机制；集体谈判；社会保障；争议处理

劳动创造了人类，劳动是人类生存和发展的基础和条件，是人类社会不断向前发展的巨大推动力量。劳动不仅具有自然属性，更具有社会属性。正如马克思所说："人是最名副其实的政治动物，不仅是一种合群的动物，而且是只有在社会中才能独立的动物。孤立的个人在社会之外进行生产——这是罕见的事，在已经内在的具有社会力量的文明人偶然落到荒野时，可能会发生这种事情——就像许多个人不在一起生活和彼此交谈而竟有语言发展一样，是不可思议的。"社会化大生产不仅促进了劳动关系的产生，也使劳动关系逐渐成为最基本的社会关系之一。劳动关系的和谐不仅是经济发展的前提，更是和谐社会的基石。

一、和谐劳动关系的内涵

和谐劳动关系的实质是劳动关系主体双方利益的和谐，是劳动关系主体双方权利和义务的平衡。只有实现主体双方利益的最大化和均衡化，才不会导致劳动关系的失衡和破裂，才能使主体双方在劳动过程中形成的劳动关系稳定协调有序运行。

（一）偏重保护劳动者的权益是和谐劳动关系的基本要义

正如威廉·葛德文在他的《政治正义论》中所述："任何文明国家中存在的任何种类的财富，不论是消费的还是豪华的，简直没有一种不是以某种方式由该国居民的具体双手劳动和有形产业所生产的——当人们谈到祖先遗留财产给他们时，他们习惯加在自己身上的是一种十足的欺骗。财产是由现在活着的人每日劳动所生产出来的。"广大的普普通通的劳动者是社会财富的创造者，为劳动关系中重要一端的劳动者的权益能否得到保障是拷问社会公平正义的永恒命题。近代社会"从身份到契约"的运动揭示了个人解放和独立的发展历程，每一个劳动者都是他自己的"劳动力"的所有者和主宰者，它可以自由地选择雇主，自由地出卖自己的劳动力。但是，由于劳动者并没有掌握生产资料，在与雇佣者对抗和博弈中，他们并不能真正主宰自己的命运，劳动力资源的充分供给和就业岗位的相对稀缺，使劳动者不得不再次沦为雇佣者的附庸。"在这方面实际上占优势的是最可怕的不平等。真正的竞争并不存在，因为只有一小撮人占有劳动工具，其他人不得不在悲惨的情况下沦为工业的奴隶。"[①] 因此，劳动者的弱势地位决定了劳动者的权利构架是实现和谐劳动关系的基础，劳动者和用人单位权利义务的平衡只能建立在偏重对劳动者的权利进行保护上。失衡的劳动者利益如果不能通过制度进行矫止，和谐的劳动关系的建设只能成为一句空话。和谐的劳动关系必然要求劳动者的下列权利得到保障。

1. 生命权和健康权

如果劳动者为了获取劳动报酬，而要付出身体健康甚至生命的成本，这种惨无人道的、血淋淋的劳动关系还有什么和谐可言？2004 年 10 月 20 日，河南大平煤矿矿难，148 名矿工死亡；11 月 20 日，河北沙河铁矿发生火灾，48 人罹难；11 月 28 日，陕西铜川矿务局陈家山煤矿发生瓦斯爆炸事故，166 名矿工遇难；2005 年 2 月 14 日，辽宁省孙家湾煤矿发生瓦斯爆炸事故，210 多名矿工遇难；3 月 14 日，黑龙江七台河煤矿发生瓦斯爆炸，18 名矿工遇难；5 月 19 日，承德暖儿河煤矿发生瓦斯爆炸，50 名矿工遇难。除了屡屡发生的"煤吃人"，我国每年发生的职业病、工伤事故更是触目惊心。以河北省为例，2005 年 1—6 月份，共发生各类安全生产事故 10022 起，死亡 2185 人。

2. 生存权

劳动者依赖为雇佣者提供劳动力资源以换取合理的劳动报酬来求得生存。首先，劳动工作权是实现生存权的基础，这就要求限制用人单位的解雇权或辞退权。因为一旦劳动者遭到解雇，失去了工作，劳动者的生存权就受到了很大的威胁。因此，对用人单位解雇劳动者予以必要的限制，应是保护劳动者生存权的应有之义。其次，劳动者为用人单位提供劳动后，应换取合理的劳动报酬。也就是说劳动报酬必须支撑劳动者的基本生存保障。我国虽然制定了最低工资保障制度，但

---

① [法]皮埃尔·勒鲁：《论平等》，王允道译，商务印书馆1988年版，第27页。

实践中仍有许多劳动者的收入低于工资的最低标准。2005 年 1 月 19 日，《华夏时报》刊登了国家统计局的一份最新调查结论："6 万～ 50 万，是我国城市中等收入群体家庭收入的标准。"对照这种标准，结合当前粮食蔬菜涨价、教育产业化、医疗市场化、住房货币化的社会现实，即使不低于当地最低工资标准，部分劳动者的生存权也是极为脆弱的。因此，要探索能够有效支撑劳动者生存权的最低工资增长机制，确保他们的基本人权得到保障。

3. 财产权

许多用人单位不支付劳动者的工资，不支付劳动者的加班费，不支付合同解除的经济补偿金，等等，无疑是对劳动者财产权的侵害。许多企业主正是靠榨取劳动者的血汗以及对劳动者的层层盘剥，一跃成为社会的富人阶层。

4. 休息休假权

休息休假权是宪法赋予劳动者的一项基本权利。在我国，劳动者休息休假的权利肆意遭受侵害的现象极为普遍。2004 年 7 月初，普华永道北京办事处上百名员工秘密召开了争取权益的"北京分会会议"，选出代表要求企业改变无休无止的加班现象，如果加班，必须支付相应的加班费。2005 年 4 月 19 日《参考消息》援引香港《信报》消息，宁夏回族自治区总工会在最近的调查中发现，即使在签订劳动合同的农民工中，也仍有 69% 的人每天工作超过 8 小时，有 23% 的人每月没有休息日，有 36% 的人被拖欠过工资，有 10% 的人收入低于当地最低工资标准。

5. 结社权

结社权是作为现代宪法所普遍确立的一种自由权而存在的。劳动者的结社权主要体现为劳动者自愿参加工会和组织工会的权利。工会组织将分散的劳动者团结和凝聚起来，以改变劳动者弱小的格局，终能同用人单位有效抗衡，维护劳动者的合法权益。俄罗斯 1993 年《宪法》第三十条规定"每个人都享有自由结社，其中包括为维护自身利益而建立工会组织的权利"。罗马尼亚 1991 年《宪法》第三十七条规定"公众可自由地参加政党、工会和其他形式的组织"。劳动者参加和组织工会的结社自由也被重要的国际人权文件所吸收。1966 年的《经济、社会、文化权利国际公约》第八条规定："人人有权为促进及保障其经济及社会利益而组织工会及加入其自身选择组织的工会，仅受关系组织规章之限制。"《公民权利和政治权利国际公约》第二十二条规定"人人有自由结社之权利，包括为保障其本身利益而组织及加入工会之权利。对此项权利的行使不得加以限制。"

此外，劳动者的人格尊严权、社会保障权以及女职工和未成年工的特殊保障权、民主管理权、损害救济权等也都应予保障。

对劳动者以上权利的保障，就是要让劳动者能够享受现代社会发展所带来的文明成果，而不应社会愈发展，劳动者愈边缘化。

（二）保障用人单位的权利是和谐劳动关系的应有之义

正如一枚硬币的两面，劳动者权益的倾斜保护并不是以牺牲用人单位的利益为代价的，恰恰是用人单位利益得以维护的基础。"劳动者是劳动力资源的载体，劳动力资源作为一种经济资源是利润的源泉，并且随着科学技术的发展，其利润贡献率越来越高。在此意义上，劳动法保护劳动者实际上是保护劳动力资源，保护投资者和企业的利润源泉。"① 同时，我们也应看到，劳动者利益和用人单位利益的根本一致性，也要求在偏重保护劳动者权利的同时，对用人单位的权利同时予以计算。如果偏重保护劳动者的利益超过了合适的限度，如果用人单位的权利不能得到法律的照应，用人单位的利益受损，必然会波及劳动者，最终损害劳动者的利益。我国劳动立法采用了劳动者的权利本位和用人单位的义务本位模式，但这并不意味着用人单位与权利绝缘，赋予用人单位一定的权利也是和谐劳动关系构建的必然要求。

1. 管理权

在社会化大生产劳动条件下，劳动者是集体进行劳动的，只有把劳动者的劳动协调起来，才能保证集体劳动的有序进行。马克思对此作过精辟的论述："一切规模较大的直接社会劳动或共同劳动，都或多或少的需要指挥，以协调个人的活动，并执行生产的总体的运动——不同于这一总体的独立器官的运动——所产生的各种一般职能。"② 因此，赋予用人单位一定的管理权，是维护正常的生产经营秩序和工作秩序，提高劳动生产效率的必然要求。

2. 劳动合同的变更权和解除权

在劳动合同订立后，由于主客观情况发生变化，或者一定法律事由的出现，用人单位可以依法变更或解除劳动合同。赋予用人单位劳动合同的变更权和解除权，是为降低用人单位的雇佣风险而设计的制度，可以促进用人单位积极与劳动者签订劳动合同，有利于劳动合同的长期化。

---

① 王全兴：《社会法学的双重关注：社会与经济》，载《法商研究》2005年第1期。
② 马克思、恩格斯：《马克思恩格斯全集》第23卷，人民出版社1972年版，第367页。

3. 商业秘密权

商业秘密是用人单位在激烈的市场竞争中取胜的关键，是企业赖以生存和发展的秘密武器。当前，一些职工"恶意跳槽"的事件频频发生，不仅破坏了劳动力资源合理流动机制的健康发展，也严重影响了我国市场经济的有序运行。赋予用人单位一定的自主保护商业秘密的权利如竞业限制等，也是建立和谐劳动关系的必然要求。

二、构建和谐劳动关系的重要意义

社会主义和谐社会应该是民主法治、公平正义、诚信友爱、充满活力、安定有序、人与自然和谐相处的社会。和谐的劳动关系在社会主义和谐社会的建设中起着基础性的作用。

首先，和谐社会应当是一个不断发展的社会，没有发展，和谐社会就失去了生机活力，失去了赖以依存的物质基础。劳动关系是劳动者和用人单位在劳动过程中发生的社会关系，是劳动力和生产资料相互结合过程中产生的社会关系。正如马克思所说："不论生产的社会形式如何，劳动者和生产资料始终是生产的因素。"马克思在指出劳动者和生产资料是社会生产的两个要素之后，又说："但是，两者在彼此分离的情况下只在可能性上是生产因素。凡是要进行生产，就必须使他们结合起来。"可见，劳动关系是劳动力和生产资料的一个动态的结合过程，只有和谐的劳动关系，才能确立和维系劳动力和生产资料的结合，发挥劳动者的创造潜能，生产出更多的社会财富，推动人类社会的持续发展。

其次，劳动权是宪法赋予公民的一项基本权利，是劳动者实现生存权和发展权的重要保障。《世界人权宣言》规定："每个人都有享受工作、自由选择职业、公正和满意的工作条件，以及得到保护免遭失业的权利。"劳动者追求工资福利最大化，用人单位追求利润最大化，这种目标冲突决定了二者对立的一面。但是，在根本利益上二者又是统一的，两者是唇亡齿寒的关系。如果一方的目标追求以牺牲对方的根本利益为代价，只能导致劳动关系的冲突和恶化，企业失去活力，劳动者下岗，最终造成两败俱伤。因此，只有构建和谐的劳动关系，才能实现劳动者和用人单位双方利益的最大化和均衡化，促进劳动关系的良性运行，劳动者的生存权和发展权才能得以保障。

再次，和谐社会应是一个安居乐业的社会，乐业的前提是就业，"民以就业为天"。失业率的高低不仅关乎社会的安全和稳定，往往也是一个国家、地区经济发展的晴雨表。高失业率往往意味着高犯罪率，高失业率往往意味着经济动荡。失业率始终牵动着政府的神经。只有着力构建和打造和谐的劳动关系，才能创造就业条件，扩大就业机会，促进经济和社会的全面和谐发展。

当前，我国劳动关系的现状不容乐观，不仅劳动者的合法权益肆意遭受侵害，劳动关系日益恶化的两种趋向尤其需要引起我们的警示。一是随着资本力量的壮大，资方采用诸如暴力的手段对抗劳动者维权，侵害劳动者人身权利的现象不断增多。2005 年 1 月 28 日《中国青年报》报道，在河南郑州，200 多名农民工追讨工资，欠薪方动用了 100 多名手持钢管、砍刀的男子砍杀民工，一时间鲜血飞溅，民工被打得四散躲闪。2005 年 9 月 4 日《黑龙江晨报》报道，哈尔滨街头一辆黑色轿车接连撞倒两人后疾驰而去，这不是一起简单的车祸，而是公司老板故意撞倒讨薪女工。二是劳动者的合法权益得不到有效保护，心理失衡，产生了反社会人格，采用暴力手段攻击社会。2005 年 9 月 4 日，宁夏民工王斌余在外打工拿不到工钱，反受老板欺负和殴打，盛怒之下，连杀四人，重伤一人。因此，扭转劳动关系日益恶化的局面，着力构建和谐的劳动关系，在我国显得尤为重要和迫切。

三、和谐劳动关系的构建

（一）完善"三方机制"

"三方机制"是指政府、工会组织、企业组织代表共同参与劳动关系协调的制度。国际劳工组织在 1976 年通过了《三方协商以促使实施国际劳工标准公约》和《三方协商以促使实施国际劳工标准建议书》，即国际劳工组织第 144 号公约和第 152 号建议书，正式确立了"三方机制"原则。三方机制是通过国家力量、资本的力量和劳动者的力量的有机组合，维系劳动关系的均衡状态。国家力量是政治统治力量，资本力量是经济力量，劳动者力量是一种社会力量。当前，我国劳动者的团体力量尚未发育成熟，还不足以与资本力量相抗衡，国家的力量就成为救济劳动者力量的重要手段。2004 年 11 月 1 日，国务院公布了《劳动保障监察条例》，进一步加大了劳动保障监察力度。劳动保障监察在劳动关系中为劳动者建立了一道国家力量的保障机制，充当着保护劳动者的"社会警察"。但是，由于劳动监察资源的有限性和劳动监察制度的弹性化，完全寄希望于通过国家力量的介入保障劳动关系的和谐发展，并不是一种优化的方案，目标也很难实现。而在劳资双方之间，资方有资本优势，而劳方可谓"人多"却不可谓"势众"，没有组织起来的劳动者依然是弱势群体。这种失衡状态不仅导致资方对劳方控制、盘剥的可能，政府及其有关部门也可能在经济目标、地方利益、部门利益的驱动下，自觉或不自觉地偏向资方。从长远看，发展和强化劳动者力量，使劳动者力量在和资本力量的博弈中，自动达成一种内在基本均衡状态，才是建立和谐劳动关系的长久之策。这就涉及劳动者力量代言人的工会定位问题。我国《工会法》第二条第二款规定："中华全国总工会及其各工会组织代表职工的利益，依法维护职工的合法权益。"第六条第一款规定"维护职工合法权益是工会的基本职责"。从理论上讲，工会组织就是劳动者力量的代言人。但是，在实践中，有些工会组织不仅不做劳动者利益的代言人，不为劳动者的利益鼓与呼，反而站在用人单位一边，和用人单位发出同一声音，甚至就是用人单位利益的代言人。究其原因，在于工会组织和用人单位之间存在着更多的利益关系，用人单位多制约和影响着工会干部的经济利益和政治利益，致使工会成为用人单位管理的一个科室和部门。中国劳动关系学院姜颖副教授撰文指出：我国的企业工会与企业还存在较多的依赖关系，工会组织的建立依赖于企业，工会主席的产生依赖于企业，工会干部的劳动关系依赖于企业，工会经费的拨缴依赖于企业①。正是这种工会和用人单位的依赖及混同关系，导致了劳动者力量在三方机制中的虚位，使失衡的劳动关系更加倾斜。在这种情形下，仅依靠国家的力量维持劳动关系的平衡实在勉为其难。因此，斩断工会与用人单位的利益纽带，实现工会的功能定位，是我国当前"三方机制"建设的核心。

（二）集体谈判

集体谈判是指用人单位工会或职工代表与用人单位代表就职工合法权益事项进行谈判，并签订集体合同的行为。通过集体谈判签订集体合同，是工人阶级为争取自由和维护权益而坚持斗争的产物。19世纪初，在英国一些行业，由雇主协会和工会双方成立的避免发生劳资争议的机构是集体谈判的雏形。集体谈判和集体合同制度在20世纪60年代后得到了迅速普及和发展，成为调节劳资关系的一项基本制度。国际劳工组织相继通过了《组织权利与集体谈判公约》（1948年）、《促进集体谈判公约》（1981年）等文件，推动集体谈判的进一步发展。集体

---

① 姜颖：《对集体合同形式化的反思》，载《2004北京工会论坛文集》，第17页。

谈判和集体合同制度的意义在于，其是维护劳动者合法权益的必要手段，是协调劳动关系的有效措施，是弥补劳动立法和劳动合同之不足的重要途径。在我国强制推行集体谈判和集体合同制度尤为必要。首先，我国劳动力严重供过于求，是否签订劳动合同以及劳动合同条款如何约定，分散的劳动者个人并没有多少与用人单位讨价还价的砝码。其次，我国劳动者中文盲半文盲的数量还很多，劳动者整体的文化素质较低，法律意识淡薄，强制每个劳动者都签订书面的劳动合同并不现实。此外，我国劳动者数量极为丰富，劳动行政监察机关对所有的劳动合同进行备案监督很不现实。因此，我国政府和劳动法学研究人员对集体谈判制度极为推崇，认为是成本低廉、成效显著的维护劳动关系和谐运行的措施之一。但是，对于集体谈判制度的效果，我们还不能抱有过于乐观的态度。第一，劳动部虽然于 1994 年出台了《集体合同规定》、2000 年发布了《工资集体协商试行办法》，但集体谈判和集体合同的立法层次较低，制约和影响了集体谈判和集体合同制度的推广。第二，在集体谈判制度构架中，由工会组织代表广大劳动者与用人单位进行协商谈判。如果工会和用人单位之间不能划清界限，工会不能真正作为劳动者力量的代言人，所谓的集体谈判制度就会流于形式，其保护劳动者利益的作用就难以凸显。第三，工会组织在同用人单位进行谈判过程中，如果用人单位拒绝谈判或者不诚实谈判，工会组织缺乏明确对抗雇主的措施和手段，集体谈判作用的发挥就会大打折扣。我国应尽快出台专门的《集体合同法》，对集体谈判和集体合同作出规范。

（三）大力推行社会保险，建立健全社会保障机制

我国虽然已经建立了城镇职工的养老保险、医疗保险、工伤保险、失业保险和生育保险的基本框架，但社会保险的覆盖面窄仍是一个比较突出的问题。社会对职工参加养老和医疗保险相对重视，医疗、失业和生育保险还难以顾及。灵活的就业人员和农村劳动者的社会保险还没有建立起来。如何使纸上的权利转化为劳动者现实的权利，是摆在我们面前的一项艰巨任务。我们在大力推行社会保险制度的同时，还要完善社会救助和社会福利制度。众所周知，市场经济的竞争和发展，必然使部分市场主体遭到淘汰，这种制度性贫困所带来的苦果决不能让被淘汰的市场主体独自品咽，需要社会向弱势群体伸出援助之手，给予他们制度性的关怀，以此彰显人权保障，确保社会稳定和安全。

（四）便宜的诉求成本

我国现在实行"先裁后审，一裁两审"的单轨制劳动争议处理模式。由于仲

裁前置程序的客观存在，实际上就形成了一套体制繁杂、期限冗长的劳动争议处理程序。按照规定，仲裁庭处理劳动争议应当从组成仲裁庭之日起60日内结案，案情复杂需要延期的，报仲裁委批准后可适当延长，但不得超过30日。而《民事诉讼法》规定，一审普通程序的审理期限是6个月，有特殊情况可以延长6个月；二审程序审理期限是3个月，特殊情况可以延长。依照上述规定，一起劳动争议案件经过一裁两审，在正常情况下也需要一年的时间。如果遇上特殊情况，可能要展开拉锯战，而且还没有计算法院的执行时间。试想，哪些劳动者能够支付起如此高昂的时间成本？此外，这种劳动争议的"一裁两审"制度几乎用尽了解决争议的手段，每个环节的延伸必然增加当事人解决争议的经济成本。特别是在我国社会保障体制尚不健全、劳动者就业压力巨大的情况下，劳动者的生存尚成问题，再去投入到拉锯式的仲裁、诉讼中，这绝不是一个理性人的选择。法律说到底是维权的工具，一旦这种维权的工具变得笨拙沉重，甚至成为镣铐，谁还敢奢望通过法律的路径去维护自己的合法权益呢？因此，我国应着力建立完善、社会化、多元化的劳动争议调解机制。劳动关系具有特殊性，它要求我们应淡化、减少对争议的刚性处理，因为成本较高的诉讼处理不利于劳动关系的和谐发展。在劳动争议处理的模式选择上，我国应制定一部统一的《劳动争议仲裁法》，修正一裁两审的争议处理制度，实施两裁终局的劳动争议处理模式[①]。

载《中国劳动关系学院学报》2005年第6期

---

① 常凯：《劳权论》，中国劳动社会保障出版社2004年版，第300页。

内部制衡是建设和发展和谐劳动关系的基础

【摘　要】劳动者通过团体力量与用人单位达成内部均衡，从而维系劳动关系的稳定运行。而我国工会多元功能定位成为了工会行使集体谈判权的掣肘；没有集体行动权提供支撑和保障，集体谈判就成了"谈判秀"。因此，在明确工会功能定位的同时，赋予工会一定的集体行动权，修补缺失的团结权是建设和发展和谐劳动关系的迫切要求。

【关键词】团结权；工会；集体谈判；集体行动；劳动关系

一、缘由与意义

对依赖于劳动者个体抗争而言，对依赖于政府为劳动者维权而言，劳动者通过团体的力量更有利于与用人单位达成力量的均衡，通过内部制衡，不仅可以有效保护劳动者的权益，而且可以不断调节劳动关系的运行状态，实现劳动关系主体双方权利义务的大体平衡，从而维系劳动关系的和谐稳定。

就劳动者个体抗争而言，劳动者通常是分散的、孤立的、无助的。"可以这样描写 1909 年的最高法院：它在处理铁路运输方面雇主与雇工的关系时，把这些当事人看成了为了卖一匹马而讨价还价的单个农民。现代的工业社会完全抛弃了这种方法。单个的雇工不能从政府或同伴们的集体行动中得到帮助，自工业革命以来，他们的孤立无援已成为普遍的事实。"[①] 而孤立无助的个体与用人单位抗争的结果，通常是以卵击石，且不说劳动者个体抗争所要付出的时间、精力、经济成本，以及抗争通常所附随的焦虑、失落甚至愤怒情绪，劳动者一旦诉诸法律，劳动者与用人单位之间缔结的劳动关系往往难以维续，一方终究要付出劳动关系彻底破裂的代价，而我国繁芜庞杂冗长的法律程序以及劳动者诉诸法律高昂的维权成本，也令普通劳动者望法兴叹。

而借助政府的力量，通过劳动监察等手段维护劳工权益也不是首选的制度良方，虽然这种方式对生活拮据的劳动者而言成本极其低廉。原因在于如果用人单位内部制衡的堤坝失守，庞大的维权事务事无巨细地推给国家和政府，行政资源的限制导致其不得不选择性执法，大量的维权事务被政府拒之门外或者无暇顾及。

---

① 伯纳德·施瓦茨：《美国法律史》，王军等译，法律出版社2011年版，第107页。

"对于几乎无穷多个因人、因地、因企业或工种而异的问题，国家即使要干预也无能为力——套用一句行话，就是政府和企业信息不对称，政府根本无法知道成千上万个企业内部究竟发生了什么，而这也正是老板和律师得以合谋规避法律的原因。既然如此，何不就让企业自己去解决这些本来属于它们自己的问题？"[①]

而政府不仅不是万能的，效率低下、权力寻租、目标错位等诟病也与政府如影随形，政府及其有关部门也可能在经济目标、地方利益、部门利益的驱动下，自觉或不自觉地偏向资方。

所以从长远看，发展和强化劳动者力量，使劳动者力量在和资本力量的博弈中，自动达成一种内在基本均衡状态，才是维护劳工权益的根本之策。"劳资关系并不是一般的供求关系，劳动力市场是天然不平等的；在劳动力供过于求的普遍情况下，资本总是强势，劳工总是弱势，因而立法有必要抑强扶弱，对劳工体现出适当倾斜。问题在于，什么样的倾斜？《行政诉讼法》也对公民原告体现出一定的倾斜，譬如让政府被告承担举证责任，但是行政诉讼的实践表明，这种有限的立法倾斜改变不了官民相对地位，因而也不能实现这部法律的初衷。同样，《劳动合同法》立法倾斜也改变不了资强劳弱的现状。因而要真正保障劳工权利，我们所需要的远不只是立法倾斜；我们更需要'制度倾斜'，也就是允许劳工有效组织起来，通过自己选举的代表自己利益的工会抗衡资本的力量，进而在制定企业规章制度和人事安排上发挥实质性作用。道理很简单：只有从根本上实现劳资力量的相对均衡，允许劳工通过组织维护自己的权利，劳工权益才能真正得到保障。"[②]

而要扭转劳动者的弱势地位，提升劳动者力量，就必须赋予他们通过团体力量来维护权益的权利。"19世纪60年代，美国全国劳工同盟会主席威廉·席维斯认为，从事工资劳动意味着，个人的生活是否幸福完全依赖于另一个拥有资本的人的决定和意志，而资本和劳动之间是对立的关系。1864年，他旗帜鲜明地表达了这种态度。他说，如果工人和资本家是平等的合作者，为什么他们不平分生产利润？为什么资本家拿走了整个面包，而只给工人留下一些面包渣？为什么资本家成为百万富翁，而工人却生活在匮乏和贫穷之中呢？难道这些能证明资本与劳工利益一致吗？不，先生，恰恰相反，它们只能说明，资本与劳动之间是对

---

① 张千帆：《自治还是管制——〈劳动合同法〉的模式之争》，转引自唐晋《大国法治》，华文出版社2009年版，第302页。
② 同前注。

立的关系——雇主急于得到利润，就会尽量降低工人的工资水平，而工人为了维护自身利益不受侵犯，则努力维持工资水平。为改善自己的命运，建立自己的工会组织，动用组织力量与资本家斗争，在美国进入'镀金时代'后，成为势不可当的潮流。"[1] 可以说，团结权是劳动者力量的源泉，它能够使分散和孤立的劳动者团结起来，以形成统一的劳动者力量，与强大的资方进行对峙和抗衡，从而形成一道防范资方任意侵害劳动者权益的巨大屏障。

二、团结权与工会

团结权是指劳动者为了维护其劳动权益而成立相应的团体组织，并通过团体组织与资方进行博弈，从而维护其劳动权益的权利。"团结权有广义和狭义之分。广义的团结权是指劳动者成立工会，并通过工会进行集体谈判和劳动争议，以维护自己利益的权利，一般包括组织工会权、集体谈判权和集体行动权。狭义的团结权则专指组织工会权。"[2]

广义的团结权，其包括三个层次的权利：第一层次为结社权，这是团结权的基础性权利；第二层次为集体谈判权，通过集体谈判表达和实现利益诉求，这是团结权的核心内容；第三层次为集体行动权，它是实现劳动者利益诉求的有力保障。没有广大劳动者的结社权，团结权就无从谈起；没有集体谈判权，结社权就失去了任何意义；没有集体行动权，集体谈判就成了一场没有悬念的游戏。可见，这三个层次的团结权利相互依赖、互为支撑，形成了完整的团结权利谱系。

我国广大劳动者的结社权主要是指依法组织和参加工会的权利。我国《工会法》第二条明确规定："工会是职工自愿结合的工人阶级的群众组织。中华全国总工会及其各工会组织代表职工的利益，依法维护职工的合法权益。"第三条明确规定："在中国境内的企业、事业单位、机关中以工资收入为主要生活来源的体力劳动者和脑力劳动者，不分民族、种族、性别、职业、宗教信仰、教育程度，都有依法参加和组织工会的权利。任何组织和个人不得阻挠和限制。"由上，我国各级工会组织代表广大劳动者行使集体谈判权和集体行动权，各级工会组织是行使集体谈判权和集体行动权的权利主体。

---

① 周剑云：《美国劳资法律制度研究》，中共编译出版社2009年版，第32页。
② 常凯：《劳权论——当代中国劳动关系的法律调整研究》，中国劳动社会保障出版社2004年版，第220页。

三、工会多元功能定位成为工会行使集体谈判权的掣肘

我国《工会法》第四条规定："工会必须遵守和维护宪法，以宪法为根本的活动准则，以经济建设为中心，坚持社会主义道路、坚持人民民主专政、坚持中国共产党的领导、坚持马克思列宁主义毛泽东思想邓小平理论，坚持改革开放，依照工会章程独立自主地开展工作。"

我国《工会法》第五条规定："工会组织和教育职工依照宪法和法律的规定行使民主权利，发挥国家主人翁的作用，通过各种途径和形式，参与管理国家事务、管理经济和文化事业、管理社会事务；协助人民政府开展工作，维护工人阶级领导的、以工农联盟为基础的人民民主专政的社会主义国家政权。"

我国《工会法》第六条规定："维护职工合法权益是工会的基本职责。工会在维护全国人民总体利益的同时，代表和维护职工的合法权益。工会通过平等协商和集体合同制度，协调劳动关系，维护企业职工劳动权益。工会依照法律规定通过职工代表大会或者其他形式，组织职工参与本单位的民主决策、民主管理和民主监督。"

从上述法律规定看，我国工会组织虽然扮演着维护职工合法权益这一劳动者力量代言人的角色，但其同时也背负着"以经济建设为中心，协助人民政府开展工作，维护全国人民总体利益"等沉甸甸的社会责任。"维护职工合法权益"往往是具体的微观的，而"以经济建设为中心，协助人民政府开展工作，维护全国人民利益"却是恢宏的宏观命题，当工会组织通过集体谈判维护职工合法权益时，会不会越过"以经济建设为中心，协助人民政府开展工作，维护全国人民利益"这一雷池？维护职工权益是不是与"以经济建设为中心，协助人民政府开展工作，维护全国人民利益"具有永远的一致性或者并不完全一致？我国各级工会组织在维护职工合法权益方面本不"长袖善舞"，而其羸弱身躯上的三块巨石无疑成了其维护广大职工权益的掣肘，各级工会组织在具体维护职工权益时只能"缩手缩脚"，难以有大的作为。

四、没有集体行动权提供支撑和保障，集体谈判就成了"谈判秀"

我国《工会法》第十九条至第三十四条明确规定了工会的权利及其担负的义务，如第二十条规定：工会帮助、指导职工与企业以及实行企业化管理的事业单位签订劳动合同。工会代表职工与企业以及实行企业化管理的事业单位进行平等

协商，签订集体合同。集体合同草案应当提交职工代表大会或者全体职工讨论通过。工会签订集体合同，上级工会应当给予支持和帮助。企业违反集体合同，侵犯职工劳动权益的，工会可以依法要求企业承担责任；因履行集体合同发生争议，经协商解决不成的，工会可以向劳动争议仲裁机构提请仲裁，仲裁机构不予受理或者对仲裁裁决不服的，可以向人民法院提起诉讼。如第二十一条规定：企业、事业单位处分职工，工会认为不适当的，有权提出意见。企业单方面解除职工劳动合同时，应当事先将理由通知工会，工会认为企业违反法律、法规和有关合同，要求重新研究处理时，企业应当研究工会的意见，并将处理结果书面通知工会。职工认为企业侵犯其劳动权益而申请劳动争议仲裁或者向人民法院提起诉讼的，工会应当给予支持和帮助。如第二十二条规定：企业、事业单位违反劳动法律、法规规定，有下列侵犯职工劳动权益情形，工会应当代表职工与企业、事业单位交涉，要求企业、事业单位采取措施予以改正；企业、事业单位应当予以研究处理，并向工会作出答复；企业、事业单位拒不改正的，工会可以请求当地人民政府依法作出处理。

上述规定无不体现了工会法对广大劳动者的关心和关怀。但问题在于，如果法律不能赋予工会集体行动权，没有"牙齿"的集体谈判还有多少实质意义？因为在牵涉劳动者与用人单位利益时，工会代表劳动者要求涨工资、要求增加福利待遇、要求改善劳动条件等，不断追求利益最大化的用人单位在没有谈判压力的情况下岂会轻易就范？而按照《工会法》的规定，如果用人单位对工会的声音置若罔闻，工会可以帮助职工申请劳动仲裁或提起诉讼，有时也可以以工会名义直接申请仲裁或提起诉讼，还可以向当地人民政府反映，请求依法处理。如果按照这一维权轨迹演进，集体谈判不成只能让劳动者通过申请劳动仲裁或提起诉讼去个别维权，或寻求政府帮助，这意味着通过团体力量维护劳动者权益的大门被关闭，劳动者通过团体力量与用人单位进行博弈以达成劳动关系内部平衡这一制度设计丧失了其应有的意义。

实际上，劳动者利用团体力量与用人单位抗衡的内在机理体现为，如果用人单位肆意侵害劳动者的合法权益，无视广大劳动者的合理诉求，劳动者可以团结起来以停工、怠工等手段，促使用人单位反省，促使用人单位真诚回应劳动者的呼声，在劳动者无须通过仲裁或诉讼，也无须求助于政府的情况下，在双方之间找到妥协之道，达成劳动关系的内部平衡，以更好携手前行。

然而，我国《工会法》第二十七条规定："企业、事业单位发生停工、怠工事件，工会应当代表职工同企业、事业单位或者有关方面协商，反映职工的意见和要求并提出解决意见。对于职工的合理要求，企业、事业单位应当予以解决。工会协助企业、事业单位做好工作，尽快恢复生产、工作秩序。"在发生停工、怠工事件时，作为劳动者联系纽带和劳动者利益代言人的工会，本应积极说服用人单位听取职工的意见和要求，而法律这时又要求工会转换立场，协助用人单位做好（职工）工作，尽快恢复生产、工作秩序。工会角色的矛盾及集体行动权的丧失，可能最终导致职工集体谈判功亏一篑。

五、工会变革与团结权修复

变革工会应修改现行工会法律规范，工会必须在劳动者与用人单位的博弈和对峙中展示力量并发挥作用。否则，劳动关系内部的制衡体系难以形成，劳动关系的均衡状态难以形成，建设和发展和谐劳动关系就成了"水中月"和"镜中花"。

首先，工会的角色定位要清晰。维护职工合法权益是工会的天然使命，也是工会的第一要务，这是工会组织产生和存在的合法性基础。如果要求工会以经济建设为中心，协助政府开展工作，则偏离了工会的运行轨道。工会是广大劳动者的自治组织，自治性是其生命力所在。而我国工会的官僚性在滋长，官僚习气在蔓延，服务广大劳动者的宗旨在淡化。要发挥工会作用，就必须溯本清源，让工会真正从职工中来，到职工中去，斩断工会与用人单位的利益纽带，改变其科层意义上的官僚框架。

其次，应武装工会"牙齿"，明确赋予工会集体行动权，为其维护广大劳动者合法权益提供广阔的舞台。如不赋予工会集体行动权，集体谈判权就没有了保障，维护劳动者权益就成了一句空话，结社权就失去了意义。我国工会的懒散和惰性时日已久，制度设计是主要原因。修复劳动者团结权就要赋予工会强有力的集体谈判以及进一步行动权，明确工会应履行的具体义务及相应责任，不作为、不履责就要被劳动者问责追责。当然，为了防范工会滥用集体行动权，在赋予集体行动权的同时，也可对集体行动权进行适当的限制和制约。

河北省劳动法学研究会 2016 年年会论文

京津构建和谐劳动关系的经验及对河北的启示

李培智　　李丽敏

【摘　要】构建京津冀和谐劳动关系是京津冀区域一体化协同发展进程的必然要求。北京和天津通过制定相关规范性文件以及制度创新，引导和促使劳动关系在和谐稳定的轨道上运行。河北应借鉴京津经验，运用法治思维和法治方法，运用创新思维和创新方法，推动河北和谐劳动关系建设不断迈上新台阶。

【关键词】京津冀和谐劳动关系；经验；启示

党的十八大报告从改善民生和创新管理等多维视角，明确指出要健全劳动标准体系和劳动关系协调机制，加强劳动保障监察和争议调解仲裁，构建和谐劳动关系。和谐劳动关系在全面建设小康社会中占据着无可替代的战略地位，是全面建成小康社会的重要基础和强力支撑。

近年来，随着京、津经济社会各项事业的快速发展，和谐劳动关系建设也取得了突出成就。河北毗邻京津，是京津冀地区一体化进程中的重要一极，借鉴京津经验助推河北和谐劳动关系建设，不仅是"经济强省、和谐河北"建设的重大举措，也是京津冀区域一体化发展进程在劳动关系方面的必然要求。本文将认真梳理京津地区构建和谐劳动关系的经验，从而为河北和谐劳动关系建设提供借鉴之道和有用之策。

一、构建京津冀和谐劳动关系的重要意义

（一）和谐劳动关系是构建和谐社会的重要基础

劳动关系作为生产关系的组成部分，是最基本、最重要的社会关系之一，从某种程度上说，劳动关系和谐，人民安居乐业，则社会和谐；劳动关系紊乱，就会动摇社会和谐的基础，社会则会失序。从这个层面看，劳动关系和谐与否往往是判断一个国家和地区社会是否和谐的晴雨表和风向标。京津冀人脉相通，山水相依，区位特殊，冀津又是北京的护城河和桥头堡，保持社会和谐稳定始终是京津冀地区重要的政治任务。当前，我国的劳动关系日益多元和复杂，诱发劳动关

系矛盾的触点增多，由劳动关系引发的矛盾纠纷处于高发期。只有切实维护广大职工的合法权益，大力发展和谐劳动关系，才能为京津冀地区的社会和谐稳定创造条件、奠定基础。

（二）和谐劳动关系是加快转变经济发展方式、实施创新驱动发展战略的内在要求

"创新"是北京精神和天津精神的核心要素。《北京市国民经济和社会发展第十二个五年规划纲要》强调全面实施"科技北京"战略，将北京打造成"国家创新中心"。为努力建设美丽天津，加快建成国际港口城市、北方经济中心和生态城市，根据《中共天津市委关于深入贯彻落实习近平总书记在津考察重要讲话精神加快建设美丽天津的决定》，中共天津市委、天津市人民政府 2013 年 8 月 7 日发布《美丽天津建设纲要》，其中将加快推进科技创新和产业转型作为建设美丽天津的基本路径。河北省委八届五次全委（扩大）会议提出了"解放思想、改革开放、创新驱动、科学发展"发展理念，在全省开展以"解放思想、改革开放、创新驱动、科学发展"为主题的大讨论活动。而转变经济发展方式，实施创新驱动发展战略，就是要改变传统粗放式的经济发展方式，改变以牺牲环境、牺牲劳动者权益为代价换取发展的模式，回到以不断提高人的素质来推动经济发展的轨道上来。而由"人力"推动发展到以"人智"推动发展，由"中国制造"向"中国智造"的转变，必然要求正确处理资本和劳动的关系，抑制资本的贪婪本性，尊重劳动，尊重劳动者的主体地位。京津冀只有大力发展和谐劳动关系，更加注重保障职工权益、利益分享和人文关怀，充分激发和调动广大职工的劳动热情和创造活力，才能不断优化经济结构、加快转变发展方式，真正实现科学发展、协同发展。

（三）构建和谐劳动关系是拉动内需、扩大消费的有效途径

投资、出口和内需是拉动经济发展的三驾马车，而出口受国际市场需求及贸易保护主义的影响较大，经济的可持续性难以有效保障；而经济增长过多依靠投资拉动，消费特别是居民消费不足，不利于经济的良性循环和可持续增长，投资与消费失衡，这也是长期困扰我国经济发展的一个难题。而构建和谐劳动关系，一是保障劳动者的劳动报酬权等相关权利，加大劳动者在初次收入分配中的比重，切实提升劳动者的消费能力；二是保障劳动者的社会保险权等相关权利，解除劳动者在年老、患病、失业、生育、住房等方面的后顾之忧，从而提振劳动者的消费信心；三是保障劳动者的休息休假等相关权利，让劳动者在教育、健身、休闲、旅游、购物等方面拥有更多消费时间，提高其生活质量和幸福指数。因此，构建和谐劳动关系在拓宽京津冀内需市场、释放京津冀地区消费潜力的同时，能够进一步衍生和放大乘数效应，成为京津冀经济社会发展的不竭动力，从而推动京津冀地区经济社会一体化进程。

二、京津地区构建和谐劳动关系的经验与做法

（一）研究制定相关规范性文件，引导和促使劳动关系在和谐稳定的轨道上运行

劳动关系作为最基本、最重要的社会关系之一，内涵丰富，牵涉面广，日益呈现多元、复杂甚至模糊之特征。构建和谐劳动关系，可谓工程庞杂，既需要做好宏观的顶层设计，又需要精微细致的制度支撑，还需不断对现行制度的缺陷和不足进行修补填充。可以说，和谐劳动关系建设是一项永无止境的伟大事业。

（1）天津市委、市政府及天津市人力资源与社会保障局等部门自 2008 年以来，结合本地区实际情况，积极探索，不断总结，先后出台了多项促进和谐劳动关系建设的规范性文件，使和谐劳动关系的建设有法可依有章可循。

天津2008年以来颁发的规范性文件（节选）

时间	文件	颁布单位
2008.01	《关于做好工资集体协议审查工作的通知》	津劳社办发〔2008〕13 号
2008.02	《天津市企业实行综合计算工时工作制和不定时工作制行政许可规定》	津劳社局发〔2008〕24 号
2008.03	《关于职工加班工资有关问题的通知》	津劳社局发〔2008〕50 号
2008.05	《关于建立工资集体协商指导信息定期发布制度的通知》	津劳社局发〔2008〕104 号
2008.06	《天津市用人单位与大龄职工订立无固定期限劳动合同的社会保险补贴办法》	津劳社局发〔2008〕137 号
2008.06	《劳动保障"三步式"执法实施办法》	津劳社局发〔2008〕132 号
2009.03	《关于简化集体合同审查程序有关问题的通知》	津劳社局发〔2009〕48 号
2009.03	《关于开展创建劳动关系和谐园区工作的通知》	津劳社局函〔2009〕105 号
2009.06	《关于职工和从业人员参加社会保险有关问题的通知》	津人社局发〔2009〕16 号
2009.06	《天津市实施集体合同制度规划纲要》	市人力资源社会保障局、市总工会、市国资、市企业联合会／企业家协会、市工商联
2010.03	《关于劳动合同订立、履行、变更、解除和终止等有关问题的通知》	津人社局发〔2010〕12 号

续表

2010.02	《关于构建和谐劳动关系的若干意见》	市委、市政府
2010.08	《关于开展促进企业发展、职工增收与劳动关系和谐活动的工作方案》	市政府
2010.09	《天津市企业职工工资集体协商条例》	市人民代表大会常务委员会
2011.06	《关于完善职工基本养老保险制度的若干意见》	津人社局发〔2011〕50号
2011.09	《天津市劳务派遣管理办法》	津人社局发〔2011〕76号
2012.03	《关于加强职工连续工龄审定管理有关问题的通知》	津人社局发〔2012〕19号
2012.04	《关于进一步推进促进企业发展、职工增收与劳动关系和谐调研活动的通知》	津人社局发〔2012〕28号
2012.05	《关于完善失业人员申领自谋职业补助费和剩余失业保险金有关问题的通知》	津人社局发〔2012〕30号
2012.05	《关于进一步推动区域性行业性工资集体协商的指导意见》	津人社局发〔2012〕33号
2012.07	《天津市用人单位劳动监察守法信用等级评价标准（试行）》	津人社局发〔2012〕40号
2012.07	《天津市用人单位劳动监察守法信用等级管理办法（试行）》	津人社局发〔2012〕39号
2012.12	《关于天津市统一城乡居民和农籍职工基本养老保险制度的通知》	津人社局发〔2012〕71号
2013.01	《天津市城镇企业职工退休管理暂行办法》	津人社局发〔2013〕2号
2013.04	《天津市贯彻落实劳动合同法若干规定》	津人社局发〔2013〕24号
2013.05	《关于机关事业单位解除聘用合同或辞职辞退人员参加职工养老保险有关问题的通知》	津人社局发〔2013〕32号
2013.05	《天津市基层劳动关系协调员管理办法（试行）》	津人社局发〔2013〕36号
2013.05	《市人力社保局关于试行企业高温津贴制度的通知》	津人社局发〔2013〕37号
2013.06	《关于参保艾滋病患者医疗保险待遇等有关问题的通知》	津人社局发〔2013〕38号
2013.06	《市人力社保局、市编办、市财政局关于加强劳动人事争议处理效能建设的意见》	津人社局发〔2013〕43号
2013.06	《关于促进农籍职工参加社会保险若干规定》	津人社局发〔2013〕40号

（2）北京市高度重视和谐劳动关系建设，自2009年来颁布了许多规范性文件，对企业形成了强大的牵引力、推动力和约束力，促使企业和谐劳动关系建设在法治轨道上有序运行。

北京市2009年以来颁发的规范性文件（节选）

时间	文件	颁布单位
2009.06	《关于建立市劳动争议调解联动机制工作的意见》	市总工会、市人力保障局、市司法局
2009.07	《关于进一步完善企业职工生育保险有关问题的通知》	京人社办发〔2009〕54号
2009.07	《关于进一步加强劳动争议调解组织建设的工作意见》	京人社仲发〔2009〕135号

时间	文件	颁布单位
2009.09	《北京市工伤康复管理办法（试行）》、《北京市工伤职工康复费用结算管理办法（试行）》	京人社工发〔2009〕142号
2009.12	《街道、乡镇协调劳动关系三方会议职责》	京人社劳发〔2009〕185号
2009.12	《关于进一步加强社会保险稽核工作的通知	京社保发〔2009〕71号
2009.12	《北京市对企业遵守劳动保障法律法规规章情况出证管理暂行办法》	京人社监发〔2009〕195号
2010.05	《关于进一步做好维护乙肝表面抗原携带者入学和就业权利工作有关问题的通知》	京人社就发〔2010〕99
2010.04	《促进就业资金监督管理办法（试行）》	京人社就发〔2010〕110号
2010.10	《关于做好领取社会保险（障）长期待遇人员资格认证工作有关问题的通知》	京社保发〔2010〕45号
2010.11	《关于基本养老保险补缴有关问题的业务操作办法》	京社保发〔2010〕48号
2010.12	《关于做好职业培训补贴资金管理有关工作的通知》	京人社能发〔2010〕267号
2010.12	《关于新《工伤保险条例》实施后有关工伤保险待遇问题的通知》	京人社工发〔2010〕314号
2011.06	《关于规范人力资源服务行政许可工作的通知》	京人社市场发〔2011〕177号
2011.06	《关于对用人单位遵守劳动用工和社会保险法律法规情况开展专项执法大检查的通知》	京人社监发〔2011〕185号
2011.06	《关于促进劳动关系和谐稳定的意见》	市委市政府
2011.12	《北京市国家机关和参照国家公务员法管理的事业单位、社会团体参加工伤保险办法》	京人社工发〔2011〕332号
2011.12	《北京市工伤认定办法》	京人社工发〔2011〕378号
2011.12	《北京市工伤保险待遇核定支付办法》	京人社工发〔2011〕377
2011.12	《北京市实施〈工伤保险条例〉若干规定》	北京市人民政府令第242号
2013.06	《关于加强和规范劳动人事争议调解协议仲裁审查确认工作的通知》	京人社仲发〔2013〕170号

（二）明确和谐劳动关系的标准，不断探索具有推广价值的劳动关系工作模式和体制机制

1. 北京市明确和谐劳动关系企业的"五无"标准

近年来，北京市深入开展创建和谐劳动关系企业和工业园区活动，并明确了和谐劳动关系的标准，即劳动关系和谐企业，必须保证做到"无未签劳动合同、无欠缴社会保险、无拖欠职工工资、无尖锐利益矛盾和冲突、无重大职工伤害事件"。这"五无"标准是对和谐企业的基本要求。北京市协调劳动关系三方及相关部门围绕"五无"要求，共同研究和进一步细化创建标准，严格评审程序，为各类企业开展创建活动提供统一、规范的依据。

2. 天津市不断探索具有推广价值的劳动关系工作模式和体制机制

2012 年 11 月，国家人力资源和社会保障部将滨海新区确定为全国首个构建和谐劳动关系综合试验区。滨海新区按照"规范有序、公正合理、互利共赢、和谐稳定"的要求，全力打造"1310 工程"，即以加强和创新社会管理，构建和谐劳动关系为"一条主线"；健全组织责任体系、政策规范体系和评价考核体系"三个体系"；建立完善外来人口公共服务保障机制、企业劳动用工规范管理机制、集体协商与企业民主管理机制、职工权益救济机制、职工素质提升机制、协调劳动关系三方机制、人文关怀机制、劳动关系双方主体责任激励约束机制、劳动关系预警机制、劳动关系突发事件应急处置机制等"十大机制"，不断创造出可实施、可复制、可推广的有益经验。近年来，滨海新区出台了《促进企业构建和谐劳动关系奖励办法》，对构建和谐成绩突出的企业，分别给予 10 万元、5 万元、2 万元的奖励；还颁布了《鼓励企业开展工资集体协商的暂行规定》，对开展工资集体协商并为一线职工增长工资的企业，由区财政按工资增长额的 15% 予以奖励，并下发了《构建和谐劳动关系指引》，和谐劳动关系建设有序推进。

（三）设置"专职基层劳动关系协调员"，为和谐劳动关系建设提供了人力资源支撑

为加强基层劳动关系协调员队伍建设，规范劳动关系协调员的使用和管理，推进基层劳动关系协调工作有序开展，天津市街、乡、镇劳动保障服务中心设立专职劳动关系协调员，协助市和区县人力社保部门从事基层劳动关系事务管理工作。协调员宣传劳动保障法律、法规和政策，提供政策咨询服务，指导用人单位健全劳动用工等规章制度，反映用人单位和劳动者的诉求、意见和建议；建立辖区用人单位基础台账，实现动态管理；协助区县了解督促用人单位开展用工备案、签订劳动合同和集体合同，引导开展集体协商，创建和谐劳动关系，完成查找薪酬调查样本等，督促企业按时上报数据；掌握用人单位劳动人事争议调解委员会建设情况，对尚未建立调解委员用人单位出现的劳动争议进行调解；了解用人单位劳动保障违法行为，及时向区县劳动监察部门报告重大劳资纠纷矛盾隐患和群体性事件以及举报线索，协助查处违法案件等。

（四）不断创新监督管理措施，引导和促使企业自觉遵守劳动法律规范

1. 北京市人力资源和社会保障行政部门依法对企业遵守劳动保障法律、法规和规章情况予以出证，促使企业自觉遵守劳动法律规范

出证是指人力资源和社会保障行政部门依据企业的申请对该单位遵守劳动保

障法律、法规和规章情况以书面形式所作的专门说明或者证明。企业或其主要负责人参加市级以上先进单位或先进个人评选（表彰）需要出具证明的；企业上市需要出具证明的；企业向社会融资发行债券需要出具证明的；企业到外地投标需要出具证明的；其他依据有关规定需要申请出证的，企业可以向人力资源和社会保障行政部门申请出证。人力资源和社会保障行政部门对企业遵守劳动保障法律、法规和规章情况的出证审查，企业未按出证要求提供有关材料的；根据有关规定的要求，企业在申请出证的特定时期内有劳动保障违法行为记录，且受到人力资源和社会保障行政部门行政处罚、行政处理的；出证审查中发现企业存在劳动保障违法行为且不能在较短时间内予以纠正，需依法做进一步处理的；企业在申请出证的过程中发生涉及劳动保障方面群体性突发事件，因企业原因问题尚未得到妥善解决的，人力资源和社会保障行政部门应不予出证。

2. 天津市建立用人单位劳动监察守法信用等级评价制度，形成独具天津特色的监督管理方式

为全面贯彻实施人力社保法律法规，增强用人单位守法诚信的社会责任感，形成守信激励和失信惩戒机制，促进劳动关系的和谐稳定，依据用人单位三年内是否存在违反人力社保法律法规的行为，将用人单位劳动监察守法信用等级分为 A、B、C、D 四个等级，并由劳动监察机构实施动态管理，根据情况调整相应等级。对于评定为守法信用 C 级、D 级的用人单位，将日常巡查和专项检查相结合，劳动监察机构重点实施劳动监察管理。人力社保部门可以通报相关部门，建议取消企业和主要负责人参加劳动关系和谐企业，"五一劳动奖状"、模范集体及"五一劳动奖章"、劳动模范、优秀企业家等评先资格。

（五）不断创新柔性解决劳动争议的绿色调解机制，防止和减轻劳动关系摩擦引发的震荡

1. 北京市建立六方联动调解机制，构筑劳动争议社会化大调解格局

2009 年 6 月，针对劳动争议案件大幅攀升的状况，北京市总工会牵头，与市人力社保局、司法局建立了劳动争议调解"二方联动"机制，形成了"政府指导，工会牵头，各方联动，重在调解，促进和谐"的工作格局。2010 年，市信访办、市高级人民法院和市企联加入联动机制，形成了劳动争议调解"六方联动"机制。

北京市总工会依托各级工会组织，已经在市和区县两级职工服务（帮扶）中心建立劳动争议调解中心；在街道乡镇建立工会服务站与司法所、社保所联动的劳动争议调解组织；在集团控股公司和大型企业建立劳动争议调解委员会；在基

层企业建立劳动关系协调员制度；还与市人力社保局、市建委、市公安局建立了"农民工维权四方联动"机制。这些机制的建立，形成了横向到边、纵向到底的全覆盖劳动争议调解和劳动法律监督组织网络。同时，为解决工会法律专业力量不足的问题，北京总工会以购买服务的方式聘请了21家律师事务所近400名律师，并培训了1.5万名基层工会干部，从事法律政策咨询和劳动争议调解。自2009年以来，"六方联动"机制在社会上的影响力逐步扩大。据统计，北京市各级劳动争议调解中心共受理劳动争议案件65173件，结案59128件，调解成功43848件，成功率达74.2%，涉及金额3.62亿元[①]。

2. 天津市构建企业内外联动的基层劳动争议调解网络

2012年起，天津市将劳动争议调解纳入人民调解范围，在全市街、乡镇普遍设立劳动争议调解窗口，企业普遍建立劳动争议调解组织，形成企业内外联动的基层劳动争议调解网络。截至2012年8月，天津建立基层调解组织近两万家，调解劳动争议1.1万件，调解成功率达83%[②]。

三、京津经验对河北的启示

（一）运用法治思维和法治方式推动河北和谐劳动关系建设

法治思维和法治方式就是要树立"规则意识"和"法律理念"。运用法治思维和法治方式就是要不断提高深化改革、推动发展、化解矛盾、维护稳定的法治创新能力，即不断树立"立法"意识，不断提高"立法"水平。法律从来不是高不可攀、供人膜拜的神龛，而是来源于纷繁社会生活，深深植根于现实土壤，指引行为、解决纠纷、构建秩序的工具。由于我国地域辽阔，地区经济发展不平衡，而法律固有的原则性和滞后性，又给法律之适用徒添很多不确定性，这不仅给地区立"法"、部门立"法"带来了很大空间，也凸显了地区立"法"、部门立"法"的必要性以及不可或缺性。

近年来，我国劳动立法步伐不断加快。但是随着我国市场经济的发展，劳动关系固有的复杂性、多元性、动态性和地域性的特点日益凸显，劳动法的滞后性也不断显现，这也为地方劳动立法或出台相关规范性文件留下了极大空间。可以

---

① 郭强：《北京工会领衔完善劳动争议社会化调解格局》，载《工人日报》，2012年8月13日。

② 崔立新：《天津劳动人事争议调解仲裁新特点》，载《中国统计》2012年第10期。

说，立法水平的高低，某种程度上代表了一个地区执政水平的高低。北京、天津结合本地实际，陆续制定了一系列地方性规范性文件，使和谐劳动关系建设有法可依，推动和谐劳动关系建设在法治的轨道上运行。而河北虽然也适时出台了一些规范性文件，但无论数量与质量均不能与京津相媲美。河北要充分借鉴京津经验，积极开展地方立"法"，使和谐劳动关系建设更有针对性、更具操作性。

（二）运用创新思维和创新方法推动河北和谐劳动关系建设

创新思维，就是要克服墨守成规思想，打破固有思维限制，以市场思维和市场机制、开放思维和开放方法，分析河北劳动关系建设过程中出现的新矛盾、新问题，积极探索和谋划推进河北和谐劳动关系建设的新路子、新方法；创新方法，就是要克服慵懒惰性，不断提高工作的主动性和积极性，积极发现问题，敢于直面问题，认真研究分析问题，善于解决问题。天津实行的"专职基层劳动关系协调员"制度，北京市对企业遵守劳动保障法律、法规和规章情况实行的出证制度，天津市对用人单位开展的劳动监察守法信用等级分级制度，北京市开展的"六方联动"劳动争议调解制度，天津市在全市街、乡镇普遍设立劳动争议调解制度，无不体现了在构建和谐劳动关系方面的制度创新。正是通过制度创新从而找到走出现实困境的蹊径，进而打开了和谐劳动关系建设的新局面。河北应充分借鉴京津经验，认真研究河北问题，集思广益打开河北思路，不断创新河北方法，开创河北和谐劳动关系建设新局面。

（三）整合政府资源，汇聚社会力量，推动河北和谐劳动关系建设

以北京市为例，北京市建立了北京市总工会牵头，与市人力社保局、司法局、市信访办、市高级人民法院和市企联"六方联动"的劳动争议调解机制，在街道乡镇建立工会服务站与司法所、社保所联动的劳动争议调解组织，在集团控股公司和大型企业建立劳动争议调解委员会，在基层企业建立劳动关系协调员制度，北京市总工会还与市人力社保局、市建委、市公安局建立了"农民工维权四方联动"机制，可见，和谐劳动关系建设是一个庞杂的系统工程，非凭借任何一个部门或组织之力所能支撑的，需要广泛凝聚各界力量，有效整合多种社会资源，才能使和谐劳动关系建设落到实处。河北应充分借鉴京津经验，整合政府部门资源，发挥工会作用，借助企业等社会各界力量，推动河北和谐劳动关系建设不断迈上新台阶。

载《河北工业大学学报（社会科学版）》2013 年第 3 期

建设工程领域劳动关系迷局与立法改进①

【摘　要】在我国建设工程领域，非法转包和违法分包的情形普遍存在，违法用工现象极为严重，建筑质量堪忧。特别是在建设工程层层转包或层层分包，甚至将工程承包给个人的情形下，建设工人的劳动关系变得模糊不清，特别是《劳动合同法》九十四条的规定，虽然强化了对劳动者的保护，但使本就模糊不清的劳动关系变得更为复杂。立法只有明确建设工人的雇主，并规定非法转包和违法分包方与雇主承担连带用工责任，方可切实保护劳动者的合法权益。

【关键词】建设工程；劳动关系；立法改进

一、建设工程领域违法施工的情形及法律规定

近年来，塌桥事故不断，楼歪歪触目惊心，豆腐渣工程层出不穷。仅桥梁垮塌，2011 年 7 月 21 日《羊城晚报》报道，内地 9 天内发生 4 座桥梁垮塌、1 座桥梁倾斜事故。2011 年 8 月 10 日《中国青年报》报道，2011 年 8 月 8 日下午，海南省万宁市正在加固的太阳河大桥发生坍塌事故，造成 2 人死亡，2 人轻伤，伤亡人员均为正在施工作业的工人。据报道，该项目未经招投标，万宁公路分局即确定景德镇市东方公路桥梁建设有限公司（下称景德镇公司）为施工单位。而据受伤的焦敬红告诉《中国青年报》记者，自己虽然是水泥工，但没有这一建筑职业技能类证书，两个遇难的工友也没有建筑职业技能类证书。焦敬红称，不知道施工单位是景德镇公司，让他来做水泥工的林姓包工头也不是景德镇那家公司的，自己平常做工时都没有戴安全头盔。

另据报道，东北一重要铁路工程出现"骗子承包厨子施工"的问题。吉林省白山市的靖宇县和抚松县境内一段总价值23亿元的铁路工程，被分包给一家"冒牌"公司。项目的施工工头为做过厨师、"完全不懂建桥"的包工头。消息中称，曾做过厨师、开过饭店的农民工吕天博对建桥一窍不通，然而，2010 年 7 月，吕天博却签订了一份"施工合同"。据介绍，吕天博参与修建的铁路位于吉林省

---

① 本课题为2010年度河北省社会科学基金项目"劳动法基本理论问题研究"（HB10HFX092）的阶段性成果。

白山市的靖宇县和抚松县境内，线路全长 74.1 公里。项目施工中，本应浇筑混凝土的桥墩，但在工程监理的眼皮底下，却偷工减料投入大量石块，造成巨大的安全隐患①。

从以上案例不难看出，非法转包和违法分包的情形在我国建筑领域普遍存在，严重违反了我国《建筑法》等相关法律规定，扰乱了建设市场秩序，导致建设领域安全事故频发，建设工程质量堪忧。

转包是指承包人在承包建设工程后，又将该工程转让给第三人，转让人退出承包关系，受让人取代转让人成为承包合同的另一方当事人。我国《建筑法》等法律规范对从事建筑活动的建筑施工企业、勘察单位、设计单位和工程监理单位的从业资格有严格的市场准入规定（《建筑法》第十二条、十三条），对从事建筑活动的专业技术人员也有执业资格证书的要求和限制（《建筑法》第十四条）。所以，如果放任建筑市场转包行为，法律对建筑主体准入的门槛限制就会受到冲击，建筑市场秩序就会混乱。因此，我国法律明确规定禁止转包。我国《建筑法》第二十八条规定，禁止承包单位将其承包的全部建筑工程转包给他人，禁止承包单位将其承包的全部建筑工程肢解以后以分包的名义分别转包给他人。

分包是指经发包人认可或同意，从事建设工程的总承包人将其中的部分工程发包给具有相应资质的单位，总承包人并不退出承包关系，其与分包人就分包人所承包的工程向发包人承担连带责任。考虑到建设工程的复杂程度及规模大小不一，以及施工、勘察、设计、监理各有其技术和人员要求及条件限制，我国法律许可分包，但又对分包做了诸多规制，以规范建设市场秩序。我国《建筑法》第二十四条规定，提倡对建筑工程实行总承包，不得将应当由一个承包单位完成的建筑工程肢解成若干部分发包给几个承包单位。我国《建筑法》第二十九条规定，建筑工程总承包单位按照总承包合同的约定对建设单位负责；分包单位按照分包合同的约定对总承包单位负责。总承包单位和分包单位就分包工程对建设单位承担连带责任。禁止总承包单位将工程分包给不具备相应资质条件的单位。禁止分包单位将其承包的工程再分包。我国《合同法》第二百七十一条规定，总承包人或者勘察、设计、施工承包人经发包人同意，可以将自己承包的部分工作交由第三人完成。第三人就其完成的工作成果与总承包人或者勘察、设计、施工承包人向发包人承担连带责任。承包人不得将其承包的全部建设工程转包给第三人或者

---

① 韩旭：《东北一重要铁路工程出现"骗子承包厨子施工"》，载《京华时报》，2011年10月22日。

将其承包的全部建设工程肢解以后以分包的名义分别转包给第三人。禁止承包人将工程分包给不具备相应资质条件的单位。禁止分包单位将其承包的工程再分包。建设工程主体结构的施工必须由承包人自行完成。

可见，转包与分包的区别在于：第一，主体不同。转包合同的当事人为发包人与受让人，原承包合同的承包人退出承包关系，转包合同的受让人取代转让人成为原承包合同的一方当事人；分包合同的当事人为总承包人与分包人，分包人在原承包合同中仅处于第三人的位置。第二，内容不同。转包仅指承包合同的主体变更，原承包合同的内容不变，转包合同的受让人取代转包人履行原承包合同的约定；而分包合同独立于原承包合同，其内容由总承包人与分包人直接约定。第三，法律规制不同。转包行为为法律所禁止，所以建设领域的所有转包行为均为非法；而分包分为合法的分包和违法的分包两种，合法的分包行为为法律所认可，违法的分包行为为法律所禁止。违法分包主要包括以下几种情形：建筑工程总承包单位将承包工程中的部分工程分包给不具有相应资质条件的单位；建设工程总承包合同中未约定分包，也未经建设单位认可，建筑工程总承包单位将承包工程中的部分工程分包给其他单位；建设施工总承包单位将建筑工程主体结构的施工分包给其他单位；分包单位将其承包的工程再分包。

二、建设工程领域的违法用工情形及法律规定

从上述案例可见，景德镇公司为合同施工单位，但其将工程转包或者违法分包给了其他施工单位，其他施工单位又将部分工程分包给了林姓包工头，林姓包工头联系焦敬红等工人进行了施工。可见，合同施工单位及转包（或违法分包）单位并未直接招用施工工人，也未签订劳动合同，更谈不上对施工工人的培训和管理。而正如媒体所报道的，焦敬红等工人不仅不知道雇用他的施工单位的基本情况，甚至连雇用他的施工单位的名称都不清楚，劳动关系的主体双方被割裂开来，劳动关系严重扭曲。与其说万宁大桥的坍塌是违规施工，毋宁说是违法用工——坍塌的劳动关系最终导致了大桥的坍塌。

首先，在劳动关系的缔结环节，既无招聘录用程序，也未签订书面劳动合同，导致本应清晰的劳动关系模糊化，严重违反了我国劳动法的相关规定。我国《劳动合同法》第八条规定，用人单位招用劳动者时，应当如实告知劳动者工作内容、工作条件、工作地点、职业危害、安全生产状况、劳动报酬，以及劳动者要求了

解的其他情况；用人单位有权了解劳动者与劳动合同直接相关的基本情况，劳动者应当如实说明。《劳动合同法》第十条规定，建立劳动关系，应当订立书面劳动合同。该法第十二条规定了劳动合同的种类，第十七条规定了劳动合同的内容等。从本案案情可以看出，真正的用人单位"隐身"了，而林姓包工头扮演了用人单位的影子角色，法律不厌其烦规定的"用人单位向劳动者履行如实告知义务"因用人单位的迷失只能成为一句空话，而劳动合同这一证明和维系劳动关系运转的重要媒介也不过成了"水中月"和"镜中花"。

其次，在劳动关系的运转环节，用人单位的迷失和劳动关系的模糊直接导致用人单位劳动法上的义务被规避，而劳动法赋予劳动者的诸多权利，如休息休假权（《劳动法》第三十六条至四十五条）、劳动报酬权（《劳动法》第四十六条至五十一条）、劳动安全卫生权（《劳动法》第五十二条至五十七条规定）、职业培训权（《劳动法》第六十六条至六十九条）、社会保险和福利权（第七十条至七十六条），甚至劳动争议权等，也因劳动关系链条中"用人单位"的迷失而变得模糊不清，进而导致劳动者"权利迷失"，劳动者维权之路因劳动关系迷局而更加曲折。正如一枚硬币的两面，用人单位的迷失和劳动关系的模糊也导致其难以对员工进行劳动培训和劳动管理，只能从劳动过程控制转向劳动成果控制。建设工程的安全在于细节，建设工程的质量在于过程控制。如果建设工程忽略了对劳动者的建筑职业技能资格要求和劳动技能培训、劳动安全培训以及对劳动过程的管理和控制，无异于釜底抽薪，建设工程的质量保证也就成了一句空话。

在劳动关系的终止环节，因劳动关系的模糊，导致我国《劳动合同法》第三十六条至五十条关于劳动合同解除、终止以及经济补偿金的相关规定也成了"花瓶"条款，立法者对建立稳定劳动关系的期待，从建设用工领域来看是落空了。

三、建设工程领域劳动关系之法律规定及存在的问题

原劳动与社会保障部《关于确立劳动关系有关事项的通知》（下称《通知》）第四条规定，建筑施工、矿山企业等用人单位将工程（业务）或经营权发包给不具备用工主体资格的组织或自然人，对该组织或自然人招用的劳动者，由具备用工主体资格的发包方承担用工主体责任。原劳动保障部和建设部联合下发的《建设领域农民工工资支付管理暂行办法》第七条规定，企业应将工资直接发给农民工本人，严禁发放给"包工头或其他不具备用工主体资格的组织和个人"。

问题一，如建筑施工、矿山企业等用人单位将工程（业务）或经营权发包给不具备用工主体资格自然人（该自然人俗称为"包工头"），"包工头"招用劳动者时，由具备用工主体资格的发包方承担用工主体责任，这是否意味着劳动者与包工头并未建立劳动关系，而与具备用工主体资格的发包方建立劳动关系？对此，理论与实务均存在着不同看法。

韩春阳与西安久强实业发展有限公司（下称久强公司）劳动争议案中[①]，久强公司将安装轻质隔墙工程承包给无施工资格的彭巨才，彭巨才招用韩春阳等人施工。2007 年 4 月，韩春阳在工地做轻质隔墙，操作过程中，射钉枪突然走火，打在韩春阳左手掌心，其被诊断为左手第三掌骨粉碎性骨折。后韩春阳提起劳动仲裁，2008 年 12 月，户县劳动争议仲裁委员会作出户劳仲案字〔2008〕11 号裁决书，裁决久强公司支付韩春阳医疗费、停工留薪期工资等费用。久强公司不服该裁决诉至法院，一审法院驳回了久强公司的诉求。久强公司不服判决，向西安市中级人民法院提起上诉。二审认为，韩春阳与久强公司不存在劳动关系，但根据劳动和社会保障部《关于确认劳动关系有关事项的通知》第四条"建筑施工、矿山企业等用人单位将工程（业务）或经营权发包给不具备用工主体资格的组织或自然人，对该组织或自然人招用的劳动者，由具备用工主体资格的发包方承担用工主体责任"的规定，韩春阳受伤造成的损失，应由久强公司承担，原审法院以工伤论理的理由不当，应予纠正。上诉人主张与被上诉人双方不存在劳动关系的理由成立，没有劳动关系并不能免除其承担用工主体的法律责任，因此上诉人主张不承担被上诉人韩春阳受伤赔偿责任的理由不能成立。

在焦某与河北某公司劳动争议一案中[②]，2007 年 9 月，农民工焦某经某维修队的毕某介绍到河北一家公司安装阀门及配套法兰，毕某和焦某约定，每安装一个阀门及配套法兰付工钱 80 元，并约定完工后经试压无漏水给付工资。2007 年 10 月，焦某安装工程完工，找到该公司要求支付工资，然而该公司称已将钱全部支付给中间人毕某，焦某认为应由公司支付他的工资。该公司认为，自己与某维修队签订了《供暖管网阀门更换维修协议》，将单位供暖管网阀门更换、维修工程承包给他们，工程完结后，已将工程款支付给维修队，安装阀门和配套法兰虽是焦某干的活，但他与公司无劳动关系。无奈，焦某向石家庄市劳动争议仲裁

---

① http://sxhxfy.chinacourt.org/public/detail.php？id=952011.10.8 户县人民法院网。
② http://wenku.baidu.com/view/7e905737f111f18583d05a2c.html《劳动合同法实施条例》解读（一）：用人单位的分支机构是否具有用工主体资格？，2008 年 10 月 20 日。

委员会申请仲裁。2008年8月，石家庄市劳动争议仲裁委员会作出裁决：该公司虽主张某维修队有个体工商户营业执照具备用工主体资格，但未能提供工商行政管理机关为其颁发的个体工商户营业执照予以证明。因此，认定某维修队无个体工商户营业执照，不具备用工主体资格，依据《关于确立劳动关系有关事项的通知》第四条"建筑施工、矿山企业等用工单位将工程（业务）或经营权发包给不具备用工主体资格的组织或自然人，对该组织或自然人招用的劳动者，由具备用工主体资格的发包方承担用工主体责任"这一规定，河北某公司承担主体用工责任，焦某和公司存在劳动关系。虽然公司已付工程款，但未提供中间人毕某和打收条的毕某为同一自然人的证据及发票不是原件，其证据不足以证明付款事实。最终裁决河北某公司支付焦某劳动报酬。

不仅实务中对劳动者与具备用工主体资格的发包方能否建立劳动关系认定迥异，理论上也存在着"否定说"和"肯定说"。"否定说"如述，在刘某与某建筑企业劳动争议 案中，刘某经老乡介绍到烟台某建筑工程工地跟随包工头马某做泥瓦工，马某以未从建筑方拿到工程款为由迟迟不支付工资，问刘某是否与建筑企业建立劳动关系，能否向建筑企业主张工资报酬？作者认为，刘某是在包工头马某的带领下短期做工，未与建筑企业签订任何形式的用工合同，在工作时间和工作方式上也不受建筑企业的制度约束，因此刘某与建筑企业之间不构成劳动关系。《通知》规定具备用工主体资格的发包方承担用工主体责任，既是为了以明确责任的方式限制企业违法分包，同时也是为了更好地保护受害农民工的权利，据此规定来推定双方存在劳动关系缺少法律支撑[1]。而"肯定说"认为，对于不具备用工主体资格的个人承包经营者违法招用劳动者给劳动者造成损害的，劳动者要求确认与具备用工主体资格的发包方存在劳动关系的，可以确认劳动者与具备用工主体资格的发包方视同存在劳动关系。

笔者认为，建筑施工、矿山企业等用人单位将工程（业务）或经营权发包给不具备用工主体资格的自然人，该自然人招用劳动者时，由具备用工主体资格的发包方承担用工主体责任，这意味着劳动者与具备用工主体资格的发包方存在劳动关系。理由在于，第一，《劳动合同法》规定，用工是建立劳动关系的标志，用工主体自然意味着是作为劳动关系的一方主体而存在着。理论与实务中的否定说，是对劳动关系理论的机械和僵化理解，是以静止的眼光呆板地看问题。第二，

---

[1] 孙会：《建设领域违法分包情形下农民工的权利如何救济》，载《中国劳动》2011年第6期。

所谓用工主体责任，既包括订立、履行、变更和解除劳动合同的系列责任，也包括支付劳动者的劳动报酬、保障劳动者的休息休假、保障劳动者的劳动安全与卫生、为劳动者缴纳社会保险等用工责任，而这些责任等同于劳动关系中用人单位的责任，可以说建立劳动关系是直接承担用工责任的前提和基础。而否定说完全将用工责任和劳动关系割裂开来，理论上颇显牵强。第三，否定说在司法实践中引起了极大混乱，不仅影响了法律规范的权威性，也使《通知》的意义大打折扣。法律的意义不仅在于对过往事情作出判断，更在于引导和规范人们的行为，对未来作出规划。如果确认劳动者与具备用工主体资格的发包方不存在劳动关系，则势必导致一些建筑企业将工程承包给"包工头"，由"包工头"再招用劳动者，劳动关系如此轻易被架空，劳动关系之异化也就在所难免了。

问题二，如建筑施工、矿山企业等用人单位将工程（业务）或经营权发包给不具备用工主体资格的组织，对该组织招用的劳动者，由具备用工主体资格的发包方承担用工主体责任。何谓"不具备用工主体资格的组织"，有较大争论。

依据我国《劳动合同法》第二条及《劳动合同法实施条例》第三条等规定，只有依法成立的企业、个体经济组织、民办非企业单位、国家机关、事业单位和社会团体等组织，才享有法律赋予的用人权利能力，才具有用工主体资格。因此，未依法成立的组织，包括无营业执照或者未经依法登记、备案的组织，被依法吊销营业执照或者被撤销登记、备案的组织以及单位的科室、部门等因其主体的违法性而不具备用人权利能力，因而不具备用工主体资格。

但是，上述用工主体资格只是宽泛意义上的用工主体资格。由于我国行业差别大，不同行业对市场主体的准入门槛有着不同的要求，对进入该领域的用人单位的用工主体资格有着不同的限制。仍以建筑行业为例，我国《建筑法》对从事建筑活动的建筑施工企业应当具备的条件作了明确规定，并根据其拥有的注册资本、专业技术人员、技术装备和已完成的建筑工程业绩等资质条件，将其划分为不同的资质等级，经资质审查合格，取得相应等级的资质证书后，方可在其资质等级许可的范围内从事建筑活动。从事建筑活动的专业技术人员，应当依法取得相应的执业资格证书，并在执业资格证书许可的范围内从事建筑活动。可见，我国法律对从事建筑活动的建筑施工企业的业务范围和用工主体资格是作了诸多限制的。

因此，在建筑行业，如果发包单位或者分包单位将全部或部分建筑工程发包或分包给超出其经营范围或不具有承包相应工程资质的用人单位，即使该用人单位属依法成立的组织，仍属于"不具备用工主体资格"的组织，应认定发包或分包单位与该用人单位招用的劳动者成立劳动关系。只有对不具备用工主体资格的组织作严格解释，《通知》第四条规定才能发挥其积极作用，才可以避免劳动关系的虚化，有效防止发包组织通过违法分包转嫁用工责任和用工风险，维系劳动关系的完整和统一。

四、《劳动合同法》第九十四条规定之理解与改进

《劳动合同法》第九十四条（下称九十四条）明确规定，个人承包经营违反本法规定招用劳动者，给劳动者造成损害的，发包的组织与个人承包经营者承担连带赔偿责任。

该规定的积极意义在于，如个人承包经营者行使用工主体之权利，而无须直接承担用工主体之责任；而发包方并不直接行使用用工主体的权利，却仍应承担法律上的用工主体责任，用工权利和用工责任的割裂，管理责任和法律责任的错位，最终可能会导致不具备用工主体资格的组织或个人放松管理或怠于履行义务，诱发工伤事故以及其他侵害劳动者劳动权益事件的发生。因此，《劳动合同法》九十四条之规定强化了个人承包经营者违法用工的责任，个人承包经营者不能将其用工责任再一推了之，这就要求个人承包经营者在用工过程中，必须加强管理，防止出现用工事故，防止给劳动者造成任何损害。而由发包方承担连带责任，既考虑到个人承包经营者承担责任的能力等因素，为劳动者权利维护增加了一道安全屏障，同时也对当前诸多行业将业务承包给个人经营的无序蔓延予以规范和限制。因为将业务发包给个人经营，不仅不能规避其用工责任，反而由于其对用工失去控制可能导致用工事故的发生和用工责任的增加。可见，发包组织和个人承包经营者对劳动者承担连带责任的规定可以解决责任和权利、管理和责任的割裂问题，这正是九十四条规定的进步之所在。

但是，九十四条规定也给劳动关系理论与司法实践带来了一些问题。仅就建筑行业而言，九十四条规定发包组织承担连带责任，《通知》第四条规定发包组织承担用工主体责任。这两种责任的区别在于：其一，从内容上看，连带责任是损害赔偿责任，而用工责任不限于损害赔偿责任，劳动法所规定的用人单位的义务都属于用工责任。其二，从责任主体看，对劳动者权益保护而言，连带责任中有两个责任主体，发包组织是第二责任主体，发包组织承担赔偿责任后，可以依

法向个人承包经营者予以追偿，个人承包经营者承担第一责任和最终责任；而用工责任只有唯一责任主体，发包组织承担全部责任。其三，从劳动关系属性看，发包组织承担连带责任，那么，发包组织与劳动者是否建立劳动关系莫衷一是，未置可否；而发包组织承担用工责任，显然认定发包组织与劳动者建立了劳动关系。可见，九十四条在彰显积极意义的同时，也使劳动者本就模糊的劳动关系变得更加复杂和不确定，对劳动者权利的保护也产生了一定的负面影响，因为劳动者的劳动权利是依附于劳动关系而存在的，当劳动者的劳动关系飘摇不定的时候，劳动法赋予劳动者的劳动权利因失去了劳动关系的强力支撑而仅仅成为"纸上的权利"和"空洞的权利"，正所谓"皮之不存，毛将焉附"。另外，九十四条中的连带责任仅限损害赔偿，一方面损害赔偿的范围小于劳动法赋予劳动者的权利范围，另一方面损害赔偿的请求也只能是造成损害后的事后追偿，这些不仅使劳动者的权利空间逼仄和狭小，在寻求救济的时间和方式上也使其置于不利地位。

通过以上分析可以看出，对于个人承包经营者招用劳动者的，发包组织承担对劳动者的雇主责任，更有利于保护劳动者的合法权益。因此九十四条亟须改进之处在于，要明确发包组织的雇主责任，在明确发包组织承担雇主责任的基础上，应充分考虑该劳动关系的特殊性，即发包组织与劳动者有劳动关系，但雇佣和使用、管理之责主要由个人承包经营者行使，可以将该劳动关系按照间接劳动关系来看待。那么，在劳动过程中对劳动者造成损害的，如直接雇佣、使用和管理劳动者的个人承包经营者有过错时，发包组织在对劳动者承担雇主责任后，可依据承包协议及公平原则，向个人承包者进行适当追偿。这样，既可以使模糊的劳动关系清晰化，切实保护劳动者的合法权益，同时也能解决用工过程中责任和权利、管理和责任的割裂问题。

五、建筑用工领域劳动关系立法建议

建设工程领域是多层次外包用工的"重灾区"，层层违法分包较为普遍，劳动关系乱象更为严重，建筑工程质量事故层出不穷。因此，作为社会关系的调整器，劳动法理应对建筑领域的用工作出更为严格的规范，使建筑领域的劳动关系在法律的轨道上运行，从而通过规范用工促进规范施工，确保建筑工程质量经得起时间和历史的考验。

首先，针对建筑领域违法发包、非法转包、违法分包现象，立法应明确雇主，让"隐身"的雇主浮出水面，让模糊的劳动关系清晰化。因此，笔者建议，如果发包单位或者分包单位将全部或部分建筑工程发包或分包给超出其经营范围或不具有承包相应工程资质的组织或者自然人的，违法发包或分包单位直接承担雇主责任。

其次，针对建筑领域违法发包、非法转包、违法分包现象，立法应强化责任，让违法的市场主体对劳动者承担责任，加大其法律风险，增加其违法成本，才能遏制因违法发包、转包和分包而殃及劳动者的情形蔓延。我国《建筑法》第六十七条规定，承包单位将承包的工程转包的，或者违反本法规定进行分包的，责令改正，没收违法所得，并处罚款，可以责令停业整顿，降低资质等级；情节严重的，吊销资质证书。承包单位有前款规定的违法行为的，对因转包工程或者违法分包的工程不符合规定的质量标准造成的损失，与接受转包或者分包的单位承担连带赔偿责任。因此，笔者建议，建筑用工劳动立法，可借鉴建筑质量保障立法，即使承包单位经工商登记并具有承包相应工程的资质，如果该发包、转包或分包违反我国法律的禁止性规定（《建筑法》第二十四条、二十九条，《合同法》二百七十一条等），在雇主承担相应责任的基础上，也应由违法发包、转包和分包单位与雇主承担连带责任。

载《河北法学》2013 年第 8 期

大学生实习劳动关系认定探微

【摘　要】实习生与实习单位如果构成了从属劳动，当属劳动关系。是否构成从属劳动，可以参照独立性与依赖性、替代性与辅助性、有偿性与无偿性标准予以判断。大学生实习劳动关系难以被标准劳动关系所包容，应在劳动立法中对主体双方的权利义务作出专门规定。

【关键词】大学生；劳动关系；认定

随着我国教育体制的改革，高等教育由精英教育向大众教育转轨，在校大学生数量迅猛增长，就业压力增大。象牙塔中的"天之骄子"在学习理论知识的同时，还需参加实习、参与实践，方能适应市场需求。在崭新的时代背景下，大学生这一数量庞大的特殊群体，其在实习过程中能否与用人单位建立劳动关系，就成了不能回避的法律问题。

其实，关于在校大学生能否与用人单位建立劳动关系，劳动部在《关于贯彻执行中华人民共和国劳动法若干问题的意见》第十二条中规定："在校生利用业余时间勤工助学，不视为就业，未建立劳动关系，可以不签订劳动合同。"可见，从实然状态看，我国劳动法律规范对大学生与用人单位建立劳动关系是否定的。法律的生命源于生活，我们应深入生活的核心，从应然角度对法律进行阐释，才能使法律不断焕发青春和活力，永葆其生命力。

一、实训、实习与见习

实训，一般是指学校按照人才培养的规格要求，对学生职业技术应用能力进行训练的教学活动。实训的目的就是通过采取有效的措施，坚持理论与实务结合，构建体验式、仿真性和模拟教学的综合实训体系，要求学生在掌握基本理论和基本技能的基础上，具有一定程度的实践能力。

实习是把学到的理论知识，拿到实际工作中去运用和检验，以锻炼工作能力[①]。可见，实习是指学生在校期间，到实习单位的具体岗位上参与实践工作的

---

① 中国社会科学院语言研究所词典编辑室：《现代汉语词典》，商务印书馆1999年版，第1146页。

过程，其目的是强化理论与实际结合的能力，通过实际锻炼获工作经验。

见习制度原是指国家对大学毕业生分配派遣到用人单位的一种实习、考核制度。教育部、国家计委和国家人事局 1981 年制定的《高等学校毕业生调配派遣办法》第二十五条规定："毕业生到达工作岗位后，实行一年见习的制度。见习期满后，经所在单位考核合格的转正定级。考核不合格的，可延长见习期半年到一年，延长见习期仍不合格的，按定级工资标准低一级待遇。"《关于建立高校毕业生就业见习制度的通知》（国人部发〔2006〕17 号）要求政府有关部门帮助回到原籍、尚未就业的高校毕业生提升就业能力，促进供需见面，尽快实现就业，建立高校毕业生就业见习制度。各地要鼓励并有计划地组织当地未就业高校毕业生参加就业见习，帮助未就业高校毕业生通过就业见习扩展就业机会。见习期限一般为 6 个月，最长不超过 1 年。可见，就业见习制度的含义随着就业政策和形势的变化而不断变化，见习主体不仅包括已就业的毕业生，而且包括未就业的毕业生。

综上，实习不同于实训，实训仍然是一种教学活动，重心在"学"，而实习是一种实践活动，重心在"用"。实训和实习均针对在校大学生而言，而见习主体直接指向已经就业或者未就业的毕业生。由于实训是一种教学活动，当不存在劳动关系认定的分歧；而见习生已不具备在校大学生的身份，自不属于本文研讨之范围。本文仅就实习生与实习单位是否形成劳动关系做一探讨。

二、实习生与实习单位之间法律关系的不同观点及评析

实习是指大学生在符合学校专业培养目标要求和遵守教学计划的前提下，由学校组织或通过自己联系到实习单位进行实际锻炼。本文所指实习生为年满 16 周岁的本、专科生（包括高职生）、中专生和研究生。实习生与实习单位之间的法律关系，主要有以下几种观点：

一是附带劳动关系说，认为学生与实习单位之间的关系主要是教育管理与被管理的关系，同时兼有一定的劳动关系。学校与实习单位之间是建立在委托合同基础上的委托法律关系。学校与实习单位签订的实习协议性质上属于委托合同。实习单位通过实习协议接受学校的教学委托，从而获得对学生的教育管理权利，所以学生与实习单位是一种教育管理与被管理的关系。同时学生通过向实习单位提供劳动来获得实际经验和实际技能，又具有一定的劳动关系。因

此学生与实习单位的基础关系应该是教育管理与被管理关系，在此基础上附带一定的劳动关系[①]。

二是教育管理关系和事实劳动关系双重说，认为实践中大学生实习的表现形式是复杂的，不同实习方式所形成的法律关系性质也不同。就带薪实习（即在校大学生在正常教学之外进行实习并能够获得一定报酬）而言，带薪实习生与实习单位的法律关系具有教育管理关系和事实劳动关系的双重性[②]。

三是教育管理关系说，认为实习生在实习期间与学校是教育管理关系，学校与实习单位之间是实习合同关系，学生与实习单位之间是以实习合同为依托的教育管理关系。其理由在于：一方面，在校生参加实习是为了积累实践经验，不是以实习劳动作为自己谋生的手段，虽然有的实习单位在实习中发给实习生一定数额的费用，但是这种费用只是一种补偿性的报酬而不是劳动关系意义上的工资。实习生在实习期间虽然要服从实习单位的实习管理，但是对实习单位并不具有依附性。因此，学生在实习期间与用人单位建立的不是劳动关系，在身份认定上实习生并不是劳动者。另一方面，学生与实习单位的关系同样也不是劳务提供者与劳务接受者之间的劳务合同关系。首先，劳务关系之所以为劳务关系，其前提是一方必须是劳动者。全日制在校学生不具有《劳动法》层面上的劳动者身份，不能成为劳动法律关系的主体，他们和学校之间的关系是教育管理关系，不应是雇佣合同或劳动合同关系。其次，学生在实习单位实习主要是为了让自己获得更多的实际工作经验和技能，虽然在实习过程中为实习单位提供了一定的劳动，但那也只是进行实际学习的一种必需手段。另外，学生在实习期间原则上拿不到任何报酬，相反学生或所在学校还要向实习单位交纳实习费用，这不符合劳务关系的要求，应是一种有偿服务的法律关系性质[③]。

四是劳动关系说，认为实习生与实习单位的关系本质上是劳动关系。其理由为：第一，从劳动关系的概念看，劳动关系是指劳动者与用人单位之间为实现劳动过程而发生的劳动力与生产资料相结合的社会关系。在我国，劳动者泛指年满16周岁，具有劳动能力的公民，参加实习的大学生年满16周岁，具有劳动能力，显然属于劳动者的范畴；第二，从劳动关系的特点看，劳动关系具有不同于民事

① 崔玉隆：《大学生实习相关法律问题的探讨》，载《法制与社会》2008年第5期。
② 张勇：《大学生的实习权益保障及制度构建》，载《教育评论》2007年第6期。
③ 曹培东、李文亚：《论大学生法律关系的多重性——以大学生实习期间受到意外伤害展开》，载《煤炭高等教育》2006年第6期。

关系的特殊性，主要有双方主体特定、兼具平等性和隶属性、兼具财产性和人身性等特征。实习生与实习单位之间的关系也具有这三方面的特征：实习生作为实习单位的组织双方主体特定；在劳动关系的确立中，实习生与实习单位之间均有选择的自由，一旦达成协议，两者之间又具有指挥与服从的隶属性；在实习过程中，实习生向实习单位让渡自己劳动力的使用权，实现劳动力与生产资料的结合，并从创造财富中获得一部分报酬，具有财产性特征。同时，劳动力依附于实习生本人，又具有不可转让的人身属性。因此，实习生与实习单位之间的关系在本质上是一种劳动关系[①]。

以上观点从各自的视角阐述了实习生与实习单位之间的法律关系，各有一定道理，但又存在一定的问题。

第一种"附带劳动关系说"将大学生与实习单位之间的法律关系视为教育管理关系，并在教育管理关系基础上再披上一层劳动关系的外衣，将两种不同的法律关系混同纠缠在一起，不仅权利义务难以明晰，法律适用也多困惑，在法理上尤显法律关系之错乱。而实际上，该观点既未充分考虑大学生实习方式的多样性及复杂性，也未认真考量劳动关系之法律概念及其本质特征，而直接认定学生与实习单位在教育管理关系上附带劳动关系，颇为武断和随意。

第二种"教育管理关系和事实劳动关系双重说"考虑到了大学生实习的多样性和复杂性，所以仅就带薪实习之法律关系进行了阐述，认为带薪实习生与实习单位的法律关系具有教育管理关系和事实劳动关系的双重性。仅就带薪实习而言，该学说虽然与"附带劳动关系说"的表述不同，但其与"附带劳动关系说"的本质并无区别，其缺陷也大体一致。

第三种"教育管理关系说"的问题在于：第一，其将劳动法之"劳动关系"与民法之"劳务关系"这两个概念混同在一起，学理及法理之妥当性令人生疑。第二，其认为"实习单位给了实习生一定数额的费用，却不是工资；实习生要服从实习单位的管理，却不具有依附性"。说理浅尝辄止，恐难令人信服。第三，其"全日制在校学生不具有《劳动法》层面上的劳动者身份，不能成为劳动法律关系的主体"之阐述，将现行法律规范作为论断依据，从实然状态进行探讨，陷入了逻辑上的误区。第四，其认为"学生在实习期间原则上拿不到任何报酬，相反学生或所在学校还要向实习单位交纳实习费用，这不符合劳务关系的要求"，

---

① 叶剑华：《试论大学生实习期间的权益保障》，载《九江学院学报》2008年第4期。

我国确实存在特定行业的实习生向实习单位交纳实习费用的现象，但这仅是实习中的特例，并不能由此得出实习生与实习单位一概不能建立劳动关系或劳务关系的结论。

第四种"劳动关系说"的缺陷在于未充分考虑大学生实习方式的多样性及复杂性，以偏概全。第一，其认为"在我国，劳动者泛指年满16周岁，具有劳动能力的公民。参加实习的大学生年满16周岁，具有劳动能力，显然属于劳动者的范畴"，但是年满16周岁的大学生提供劳动并不意味着全部属于劳动法意义上的劳动，劳动法意义上的劳动具有特定的内涵，所以不能以社会意义上的劳动概念取代劳动法意义上的劳动概念。第二，其认为实习生与实习单位两者之间具有指挥与服从的隶属性、财产性以及不可转让的人身属性，由此得出实习生与实习单位之间在本质上是一种劳动关系的结论。问题是，有些大学生在实习单位实习属于松散型的实习，实习的参与度、紧张度主要取决于实习大学生实习的态度以及主动参与的积极性，实习单位对实习生的要求不高，指挥与服从的隶属性弱化；有些实习生主要是观摩学习或者做一些辅助性的工作，并未真正实现劳动力与生产资料的结合，从而为实习单位创造财富。并且，有些行业的特定实习生还要向实习单位交纳实习费用，从而获得实际劳动技能。可见，该学说将不同实习方式的"碎片"拼凑在一起而得出实习生与实习单位之间的关系具有"劳动关系属性"的结论，既站不住脚，更经不住推敲。

三、实习生劳动关系认定的原则

在认定大学生与实习单位的法律关系问题上，应该具体问题具体分析，做到"量体裁衣"，量"大学生实习形态"之体裁其"法律关系"之衣，切忌"刻舟求剑""一刀切"。也就是说，在实习生劳动关系认定问题上，应坚持以下原则：既不能随意扩大，盲目认定；也不能墨守成规，粗暴排除。一方面，如果不考虑实习生具体的实习方式、实习要求和实习内容，随意将实习生与实习单位之间的关系强行按照劳动关系对待，将实习社会关系全部纳入劳动法调整，无疑会加大实习单位的经济成本，极大地挫伤实习单位接纳实习生的积极性，不仅起不到保护实习生的作用，反而适得其反，出现大学生"实习难"的局面。

另一方面，在实行大学生自主择业的市场化改革之后，人们仍囿于对大学生实习的传统认识，将大学生完全拒之于劳动关系门外，其不合理性日益凸显。因为，从实习方式、实习内容、实习管理等方面看，如果实习生与实习单位的员工并无二致，实习生要听从指挥，服从管理，将自身劳动力与实习单位的生产资料相结合，为实习单位创造财富，仅因为实习生具备大学生身份，劳动法就不予保护和调整，不仅与劳动法的宗旨相悖，也易导致实习单位滋生以实习为名的廉价用工。"我国目前实践中一概否认在校学生劳动者身份的做法值得反思。如果在校生不仅仅只是实习，而是事实上取代了雇主的常规性雇员，在校生遵守雇主的规章制度，工作的期限较长，且雇主支付了相当的工资，则不宜一概否认在校生的劳动者身份，必须将其纳入劳动法的保护范围。"[①]因此，劳动法理应与时俱进，将符合劳动关系本质属性的实习社会关系纳入劳动法调整范畴，给实习生支撑起一片绿荫，这是劳动法的使命使然、生命力所在。

四、实习生劳动关系认定的标准

实习生与实习单位能否建立劳动关系，唯一的判断标准就是其间是否形成了"从属劳动"。因为"从属劳动"是劳动关系的本质特征，实习生在实习单位实习时形成了"从属劳动"，而我国劳动法根据经济社会进程及其他因素综合考量，如没有充分理由将"实习生"从劳动法调整领域中排除，则当按照劳动关系看待。就实习而言，判断是否构成从属劳动，在通常遵循"组织从属性、人格从属性"等标准予以综合考量外，还可以参照以下标准作出判断：

一是独立性与依赖性标准。如果实习生在实习单位经过短暂的学习和培训后，基本上能够独立完成工作当属从属劳动；如果实习生仅仅是观摩学习，或者其工作是赖于实习单位完成的，未为实习单位提供独立的劳动和劳动成果，一般不宜认定为从属劳动。在实务中，通常技术和能力要求越高的工作，实习生对实习单位的依赖性越强。

二是替代性与辅助性标准。如果实习生实际替代了实习单位员工从事劳动当属从属劳动；如果实习单位仍需安排其员工从事相应岗位工作，实习生仅仅做一些辅助性的工作，一般不宜认定为劳动关系。在实务中，顶岗实习一般替代了实习单位员工从事劳动，当属从属劳动。教育部、财政部颁布的《关于〈中等职业学校学生实习管理办法的通知〉》规定，中等职业学校三年级学生要到生产服务

---

① 谢增毅：《劳动关系的内涵及雇员和雇主身份之认定》，载《比较法研究》2009年第6期。

一线参加顶岗实习。企业使用在校实习生顶岗工作，可能在相当一段时期内都会成为一种常见现象。

三是有偿性与无偿性标准。虽然有偿和无偿并不是直接判断是否构成从属劳动的标准，但如果实习单位根据实习生提供劳动的时间或劳动成果，给付实习生一定数额的劳动报酬，通常可以推定形成了从属劳动。当然，有偿性与无偿性仅是判断能否构成从属劳动的附属标准，并不能因实习生未获取报酬从而得出不构成从属劳动的结论。

总之，由于大学生身份特殊，大学生实习形成的劳动关系也不同于标准劳动关系，难以被标准劳动关系所包容，因此应根据大学生的具体状况，在劳动立法中对形成劳动关系的主体双方的权利义务作出专门规定。

载《河北学刊》2011 年第 1 期

劳动法视角下的老龄劳动者劳动关系研究

【摘　要】老龄劳动者是指离、退休人员或超过法定退休年龄而继续为用人单位提供劳动的劳动者，老龄劳动者具有劳动权利能力和劳动行为能力，能够成为劳动关系的适格主体，用人单位聘用老龄劳动者应视为双方缔结了劳动关系。

【关键词】老龄劳动者；劳动关系；研究

一、问题的提出

在我国劳动法中，并没有"老龄劳动者"这个称谓，文中所称老龄劳动者是指离、退休人员或超过法定退休年龄而继续为用人单位提供劳动，与用人单位建立劳动关系的劳动者。《国务院关于安置老弱病残干部暂行办法》（1978年5月24日第五届全国人民代表大会常务委员会第二次会议原则批准）第四条规定："党政机关、群众团体、企业、事业单位的干部，符合下列条件之一的，都可以退休。（一）男年满六十周岁，女年满五十五周岁，参加革命工作年限满十年的；（二）男年满五十周岁，女年满四十五周岁，参加革命工作年限满十年，经过医院证明完全丧失工作能力的；（三）因工致残，经过医院证明完全丧失工作能力的。"《国务院关于老干部离职休养制度的几项规定》（国发〔1982〕62号）规定："1949年9月30日前参加中国共产党领导的革命战争，脱产享受供给制待遇和从事地下革命工作的老干部，男年满六十周岁，女年满五十五周岁，可以离职休养。"《国务院关于工人退休、退职的暂行办法》（1978年5月24日第五届全国人民代表大会常务委员会第二次会议原则批准）第一条明确规定："全民所有制企业、事业单位和党政机关、群众团体的工人，符合下列条件之一的，应该退休：（一）男年满六十周岁，女年满五十周岁，连续工龄满十年的；（二）从事井下、高空、高温、特别繁重体力劳动或者其他有害身体健康的工作，男年满五十五周岁，女年满四十五周岁，连续工龄满十年的；（三）男年满五十周岁，女年满四十五周岁，连续工龄满十年，由医院证明，并经劳动鉴定委员会确认，完全丧失劳动能力的；（四）因工致残，由医院证明并经劳动鉴定委员会确认，完全丧失劳动能力的。"原劳动和社会保障部规定（劳社厅函〔2001〕125号），国家法定的企业职工退休年龄是指国家法律规定的正常退休年龄，即男年满六十周岁，女工人年满五十周岁，女干部年满五十五周岁。综上，笔者认为老龄劳动者具体包括以下情形：一是办理了离退休手续并开始享受社会保险待遇的离退休人员，退而不休，又被原用人单位或者其他用人单位所聘用的；二是虽达到了法定退休年龄（通常指男年满六十周岁，女工人年满五十周岁，女干部年满五十五周岁），但未办理离退休手续，未能享受社会保险待遇的劳动者。

那么，老龄劳动者被用人单位所雇佣，二者建立的是劳动关系还是劳务关系，一直是个争论不休的话题，主要有两种观点：一是劳动关系论，其认为我国没有任何一部法律法规规定退休人员不能与用人单位建立劳动关系，退休是法定的劳动者的权利，而不是劳动者参加劳动的限制。劳动者退休后开始享受基本养老保险等社会保险待遇，其参加劳动仍可建立劳动关系，享受劳动法上的权利义务，如发生工伤事故时享有工伤保险待遇。但在处理某些具体的劳动权利义务时，应与一般的劳动者有所区别，如退休人员无须承担缴纳社会保险费等义务[1]。代表性的规范文件如《上海市劳动和社会保障局关于特殊劳动关系有关问题的通知》。二是劳务关系论，其认为"退休人员，尽管其失去了作为劳动法律意义上的劳动就业的劳动能力，但是并不等于就此丧失了一个公民被宪法承认的劳动能力，更不表示其失去了实际生活中的劳动能力。这些劳动的概念是具有完全不同的内涵的劳动，不能混为一谈。所以，退休人员被雇佣的劳动，只能是建立劳务关系的劳动，因为其已经不具有订立劳动合同的主体资格，这种劳务关系受民法法律的调整和保护。"[2]代表性较强的规范文件如北京市劳动争议仲裁委员会《关于劳动争议处理工作若干问题的意见》（京仲委字〔2002〕1号）。

那么，老龄劳动者与用人单位能否建立劳动关系，从应然的角度来分析，笔者认为，主体双方是否适格不是判断劳动关系是否成立的要素，只要劳动者与用工主体之间构成了从属劳动，而劳动法又没有明确将其从适用范围中予以排除，则应认定二者构成了劳动关系，劳动法应予以调整和保护。笔者对此已作了详

---

[1] 袁纪芸：《退休者的劳动权利问题探讨》，四川大学2006年硕士学位论文。

[2] 邢瑞莱：《商榷：退休人员是否是最低工资的适用主体》，载《中国劳动》2007年第3期。

细阐述，不再赘述①。也就是说，即使劳动者或用人主体不适格，也不能否定两者之间的劳动关系属性。该劳动关系中的劳动者可以作"合格劳动者与不合格劳动者"的区分②，该劳动关系也可以作"合法劳动关系与不合法劳动关系"的区分③，无论如何区分，均以将其间关系视为劳动关系为前提。所以，从应然状态看，探讨老龄劳动者是否具备劳动权利能力和劳动行为能力，是否能够成为劳动关系的适格主体实无必要。但是，从实然状态看，《关于确立劳动关系有关事项的通知》（2005年5月25日劳动和社会保障部发布）将"用人单位和劳动者符合法律、法规规定的主体资格"作为劳动关系成立的首要要素。所以，老龄劳动者是否具有劳动权利能力和劳动行为能力，能否成为劳动关系的一方主体，即主体是否适格，就不得不成为本文探讨的一个重点。

二、老龄劳动者能够成为劳动关系的适格主体，老龄劳动者聘用应视为双方缔结了劳动关系

首先，劳动权利能力是指公民依法能够享有劳动权利和承担劳动义务的资格，劳动行为能力是指公民依法能够以自己的行为行使劳动权利和履行劳动义务的资格。公民只有具备相应的劳动权利能力和劳动行为能力，才能成为劳动者大军中的一员，才能与用人单位缔结劳动关系，实现劳动权利。我国《劳动法》第十五条规定：禁止用人单位招用未满16周岁的未成年人。《劳动法》第九十四条相应规定了用人单位非法招用未满16周岁未成年人应承担的法律责任。可见，我国《劳动法》只规定了劳动权利能力和劳动行为能力的起始年龄，并没有规定劳动权利能力和劳动行为能力的终止年龄。

但是，国务院《关于工人退休、退职的暂行办法》中规定男、女职工的退休年龄是不是从法律层面规定了劳动者劳动权利能力和劳动行为能力的终止？笔者认为，虽然我国行政法规规定了劳动者的退休年龄，但退休年龄标志着劳动者退休后可以享受相应退休待遇，是国家和社会对达到一定年龄的职工的福

① 李培志：《我国劳动关系理论与实务的再思考》，载《中国劳动关系学院学报》2008年第2期。
② 侯玲玲、王全兴：《劳动法上劳动者概念之研究》，载《云南大学学报法学版》2006年第1期。
③ 李培志：《我国劳动关系理论与实务的再思考》，载《中国劳动关系学院学报》2008年第2期。

利，而不是限制其继续工作的条件，也不能认为是劳动权利能力和劳动行为能力完全丧失的年龄界限。我国《宪法》规定："中华人民共和国公民在年老、疾病或者丧失劳动能力的情况下，有从国家和社会获得物质帮助的权利。"我国《老年人权益保障法》规定六十周岁以上的公民属于老年人，国家建立养老保险制和多种形式的医疗保险制度，保障老年人的基本生活与基本医疗需要。可见，国家设立退休年龄的初衷是保障老年人的权利，并以社会保险制度保障公民退休后享有基本的养老和医疗社会保险待遇。所以，公民达到退休年龄后享受社会保险等退休待遇，并不意味着因此丧失劳动权利能力。何况，作为一个发展中国家，我国经济发展水平不高，公民从国家和社会获得物质帮助的权利受到我国综合经济实力的限制，并不是所有达到法定退休年龄的劳动者均可以享受社会保险待遇。根据法律和行政法规的规定，我国劳动者开始依法享受基本养老保险待遇的条件大致有两个：一是劳动者已退休；二是个人缴费年限累计满 15 年或者个人视同缴费年限累计满 15 年。在现阶段，还有大量的劳动者缴费年限累计不满 15 年，其即使达到法定退休年龄，也不能享受基本养老保险待遇。如果以法定退休年龄为界，劳动者的劳动权利能力戛然而止，那么未能享受社会保险待遇的劳动者凭借自己的劳动而获得生存的权利就等于被剥夺，这显然与宪法以及劳动法的立法宗旨、价值目标是背道而驰的。王全兴教授认为，按我国现行劳动法规的规定，达到退休年龄的公民，只应推定为限制劳动行为能力人，仍允许其从事不妨碍老年人身体健康的劳动。而综观我国劳动法，不仅没有禁止用人单位雇佣老龄劳动者的规定，而且劳动部的一系列规定都明示用人单位可以雇佣离退休人员或超过法定退休年龄的劳动者。劳动部《关于实行劳动合同制度若干问题的意见》（劳部发〔1996〕354 号）第十三条规定：已享受养老保险的离退休人员被再次聘用时，用人单位应与其签订书面协议，明确聘用期内的工作内容、报酬、医疗、劳动保护待遇等权利义务。如果说该规定中"聘用协议"的性质还不清晰的话，劳动部办公厅《关于实行劳动合同制度若干问题的请示的复函》（劳部发〔1997〕88 号）的规定终究还是将"聘用协议"的争议纳入劳动争议解决的轨道。劳动部办公厅《关于实行劳动合同制度若干问题的请示的复函》（劳部发〔1997〕88 号）第二条规定：离退休人员与用人单位应当按照聘用协议的约定履行义务。离退休人员与用人单位发生争议，如果属于劳动争议仲裁委员会受案范围的，劳动争议仲裁委员会应予受理。可见，用人单位可以招用老龄劳动者为其员工，老龄劳动者也具备相应劳动权利能力和劳动行为能力，可以与用人单位缔结劳动关系。

然而，问题也许并不如此简单。如果说不能将"劳动者的法定退休年龄"理解为"劳动权利能力的终止"还可以理解的话，我国《劳动合同法实施条例》中关于劳动合同终止的规定使"退休年龄"与"劳动权利能力"的关系变得更加复杂。《劳动合同法》第四十四条第二项规定：劳动者开始依法享受基本养老保险待遇的，劳动合同终止。《劳动合同法实施条例》第二十一规定：劳动者达到法定退休年龄的，劳动合同终止。关于《劳动合同法》第四十四条第二项之规定，全国人大常委会法制工作委员会行政法室编著的《中华人民共和国劳动合同法解读》作了如下解释："按照现行有关基本养老保险的规定和实际做法，劳动者达到法定退休年龄是依法享受基本养老保险的前提，享受基本养老保险基本上可以涵盖达到法定退休年龄的情形。退休制度主要发生在国有企业中，面比较窄，而且现在退休情况比较复杂，有正常退休、提前退休、内退等。同时，不以年龄作为劳动权利行使的终止标准是国际通例。因此木条并没有以退休为劳动合同终止的情形之一。如果劳动者达到了退休年龄但并没有依法享受基本养老保险待遇的，除国家另有规定的外，其劳动合同并不终止。"① 但考虑到劳动者已达到法定退休年龄而不能依法享受基本养老保险待遇的情况很复杂，如果绝对要求已达到法定退休年龄而不能依法享受基本养老保险待遇的劳动者，用人单位一律不能终止劳动合同，用人单位将不得不一直与该劳动者履行劳动合同，直到劳动者死亡或用人单位注销，这对该用人单位是不公平的。所以，为了促进用人单位的正常生产经营，《劳动合同法实施条例》规定劳动者达到法定退休年龄时，小论是否能依法享受基本养老保险待遇，劳动合同均终止。《劳动合同法实施条例》借助《劳动合同法》第四十四条第六项关于有"法律、行政法规规定的其他情形"劳动合同终止的授权规定留下的空间，对《劳动合同法》第四十四条第二项之规定进行了变更，虽然从形式上看并无不妥，但由于该实施条例规定的内容直接与《劳动合同法》的规定相冲突，不能不说下位法与上位法相抵触，这也是劳动合同立法所留下的缺憾。无论是劳动者开始依法享受基本养老保险待遇，劳动合同终止的；还是劳动者达到法定退休年龄，劳动合同终止的，对劳动者和用人单位而言，这均是赋权性条款。笔者认为，对劳动者而言，生老病死是不可抗拒的自然规律；对用人单位而言，

---

① 全国人大常委会法制工作委员会行政法室：《中华人民共和国劳动合同法解读》，中国法制出版社2007年版，第148页。

劳动力的更新换代也是不可抗拒的自然规律。要构建劳动力市场的基本秩序，必然要对劳动合同的终止作一规定。一方面，辛勤工作了一生的劳动者终可以放下劳作，如果符合享受养老保险待遇的条件，可以借此开始领取养老保险金，安度晚年。另一方面，用人单位对不到期的劳动合同可以要求终止，无固定期限劳动合同随着劳动者达到法定退休年龄而到期，用人单位根据劳动力的使用周期不断调整劳动力的年龄结构，可以使用人单位永葆青春和活力。据此，劳动者达到法定退休年龄与劳动合同终止之间存在法律上的因果关系，但并不能因此得出劳动者劳动权利能力和劳动行为能力因此而终止的推论。因为，"劳动合同期满的，劳动合同终止"（《劳动合同法》第四十四条第一项之规定），同样是劳动合同终止，这跟劳动者劳动权利能力和劳动行为能力终止并没有必然的联系。

三、将老龄劳动者返聘视为劳务关系的错误原因透析

之所以将离退休人员的返聘视为劳务关系，是理论认识上的误区所致。传统理论认为，我国劳动力供过于求，就业压力巨大。如果允许退休人员与用人单位建立劳动关系，会使本就僧多粥少的劳动岗位更加紧缺，这对处在就业年龄范围内尚未就业的公民是不公平的。"国家有促进就业的责任，而促进就业需要国家宏观调控就业政策，尤其是对中国这样一个就业压力很大的国家来讲，国家一方面承担巨大的社会养老责任，一方面又要保护退休人员的劳动权、提供最低工资的保障，这显然是相矛盾的。国家必须权衡利益作出理性和公平的选择，否则就是社会公共利益分配上的不公平、不合理。"[①] 笔者认为，这种理论认识存在着一定的误区，理由有五：其一，上文已作分析，并不是所有达到法定退休年龄的人员均能享受基本养老保险待遇。对于达到法定退休年龄却难以享受基本社会保险待遇的人员，不得不继续以出卖劳动力为生，他们本应得到劳动法更多的呵护和关爱，而以保护弱势劳工利益为己任的劳动法却将其拒之门外，这有违基本的法律伦理和社会伦理，对他们而言，更为不公平。其二，即使将退休人员返聘的法律关系按照劳务关系看待，劳动法不予保护，也并不能因此抑制和减少退休人员的返聘，甚至会因为雇佣退休人员的成本低廉而刺

---

① 邢瑞莱：《商榷：退休人员是否是最低工资的适用主体》，载《中国劳动》2007年第3期。

激用人单位对退休人员的需求。其三，我国是一个劳动力资源大国，但并不是一个劳动力资源的强国。随着社会经济的发展，人口的平均寿命在延长，劳动能力不断提高。退休人员退而不休，继续发挥自己的光和热，奉献自己的聪明才智，对促进社会经济发展具有积极的意义。"要提高劳动生产率和保持社会经济可持续发展就离不开退休人员在劳动力市场的参与，离退休人员人力资源的开发和利用对于建设一个健康稳定的社会将具有越来越重大的战略意义。"[①]其四，劳动不仅具有维系生存的功能，还在社会参与、人生价值、获得尊重等方面具有无可替代的作用。在一个以人为本的社会里，同样要尊重老龄劳动者的人生选择。其五，在市场经济条件下，劳动岗位的多少不是固定的。一个退休人员占据一个劳动岗位，可能为社会创造出更多的劳动岗位。所以，在看待退休人员返聘这个问题上，必须以更加宽广的视野，以辩证、动态和发展的眼光予以分析。以韩国为例，为了确保高龄者的就业机会，1992年7月1日起韩国开始实施《高龄者雇用促进法》；2005年5月发布了《低生育、高龄社会基本法》，为引领高龄者雇用的立法政策的基本方向和理念准备了规范性的根据[②]。

将退休人员的返聘视为劳务关系，除了上述传统理论认识存在误区之外，还与我国劳动关系理论研究的滞后和薄弱也有着重要关系。我国的市场经济是从计划经济转轨而来的，学界和实务界往往习惯以计划经济体制下标准劳动关系的视角来看待所有的劳动关系，将与标准劳动关系模式不符的劳动关系一律视为劳务关系，全部装入劳务关系这个筐，市场经济下丰富的劳动关系理论被人为地"整齐划一"，实务操作也是简单的一刀切，离退休人员等特殊劳动者群体被排斥在劳动法大门外，"劳动者"的法律空间日益逼仄。"长期以来社会上将这些标准劳动关系以外的用工形态往往一概统称为劳务关系，或将其完全排除在法定劳动标准适用范围以外，或简单归入标准劳动关系，既不利于保障劳动者的合法权益，也不利于妥善处理劳动争议。""这种特殊劳动关系在现实中成了法律调整的真空，其根源在于我国劳动法的立法技术存在缺憾，不能对劳动者及劳动关系作出准确的界定。许多新型用工方式的出现，难以为劳动法及其理论中传统意义的劳

---

① 王皎皎：《离退休人员再就业及其法律保护问题研究》，载中国法学会社会法学研究会2007年年会论文集《和谐社会建设与社会法保障》，第726页。

② 李羲成：《韩国高龄劳动者雇用促进制度》，载《中国社会法学研究会2008年年会论文集》，第102页。

动者标准所解释。"① 所以，学界和实务界均须解放思想，拨乱反正，以广阔的视角和务实的精神正视劳动关系的复杂性和多样性，将与标准劳动关系模式不符的特殊劳动关系纳入劳动关系的轨道上来，从而不断推动劳动立法的进步。我国《劳动合同法》对劳务派遣、非全日制用工这两种特殊的劳动关系予以规范和调整，在一定程度上体现了立法的进步性。但在市场经济条件下，特殊的劳动关系远不止以上两种，我们还要根据我国劳动关系的现状，针对不同状态的劳动关系，有针对性地立法。如以领取基本养老保险待遇的退休人员为例，可以在缴纳社会保险方面有针对性地进行调整。

四、老龄劳动者聘用法律关系展望

老龄劳动者聘用法律关系的定性直接关系到劳动者能否受到劳动法的保护，能否适用劳动基准的规定，劳动者工作过程中受到伤害能否认定为工伤等，直接关系到劳动者的切身利益。因此，法律、行政法规对老龄劳动者返聘法律关系予以明确，当前显得尤为必要。

笔者认为，从应然状态看，老龄劳动者聘用法律关系无疑应定性为劳动关系，适用劳动法的调整。但是，法律规范从实然状态走向应然状态从来都是一个循序渐进的过程。"每一时代的社会经济结构形成现实基础，每一个历史时期的由法的设施和政治设施以及宗教的、哲学的和其他的观念形式所构成的全部上层建筑，归根到底都应由这个基础来说明。"② 因此，作为上层建筑的法律不断进行调整，以顺应经济基础的要求，则是不可阻挡的历史潮流。

"青山遮不住，毕竟东流去"，将用人单位雇佣退休人员的法律关系认定为劳动关系已不仅囿于理论上的探讨，2007年上海首例退休人员工伤认定案冲破传统劳动关系理论的束缚，首开了退休人员聘用劳动关系司法判例的先河。在该案例中，陈老师退休后受聘于上海商业会计学校，成为客座英语老师。她在校园走道上被迎面奔跑而来的一名学生撞倒在地，经医院诊断为左肱骨外科颈骨折。陈老师为退休人员，这次受伤到底算工伤还是民事侵权？ 2007年8月23日，上海市黄浦区人民法院就该案作出判决，根据陈老师是商业会计学校雇佣的退休人

---

① 刘畅、陈睿：《特殊劳动关系探讨：模糊的是否可以清晰》，载《中国劳动》2006年第7期。
② 中共中央马恩列斯著名编译局、教育部社会科学研究与马想政治工作司：《马克思主义经典著作选读》，人民出版社1999年版，第234页。

员的事实，认为陈老师与商业会计学校之间已形成了特殊劳动关系，工作时受伤属工伤。上海地方立法将用人单位雇佣退休人员界定为特殊劳动关系，相关执法部门和法院打破了认定工伤及劳动关系的传统劳动法理论，首次肯定了退休返聘人员工作时受伤属于工伤，无疑是"破冰之举"，对于完善和推动我国劳动法制建设及理论研究有着不同寻常的积极意义。

载《中国劳动关系学院学报》2009 年第 6 期

试论《劳动合同法》的实施效果及运行障碍

一、《劳动合同法》的实施效果分析

2008 年 1 月 1 日起《劳动合同法》开始实施，人们期待这部法律能够拯救劳动者沉陷的命运，终结我国廉价用工时代，寄望这部法律能够引导建立和谐稳定的劳动关系，使我国的劳动关系进入一个崭新的时代。但是，"良法不徒以自行"，任何一部法律的实施都难以立竿见影、一蹴而就。要实现这部法律的立法目的，切实维护广大劳动者的合法权益，引导劳动关系在良性轨道上运行，需要多种因素的积极互动。

（一）用人单位守法的自觉度

伴随着劳动合同法的实施，围绕这部法律产生的纷争不但没有停止，反而进一步升级，有为这部法律喝彩叫好声，有不解甚至误解声，也有抨击责难声，等等。廓清对劳动合同法的错误认识，拨开盘绕在劳动合同法上空的层层迷雾，使用人单位正确理解法律的条文及条文背后蕴含的含义，消除对这部法律的抵触情绪，提高其遵守法律的自觉度，是劳动合同法得以贯彻实施的基础。

首先，劳动合同立法不可能仅仅保护劳动者的利益，而无视用人单位的利益。因为用人单位特别是企业是经济社会的基本细胞和基本单元，是社会财富的创造者和生产力的推动者，是社会前进的动力和源泉。如果劳动立法因过度保护劳动者的利益，而导致企业的生存空间日益逼仄狭小，最终将企业逐出市场，劳动者当然因企业的衰退而纷纷下岗，最终伤及的是劳动者的利益；反过来讲，如果不对劳动者的基本权利予以保护，放任企业张扬市场主体的唯利本性，一方面企业由于对劳动力资源的耗竭性使用而不可能取得持久发展，另一方面这种失重的发展不仅背离了我国经济社会发展的基本宗旨，也会动摇我国社会安定和谐的根本基础。实际上，劳动者与用人单位是对立的，更是统一的，相互依赖，互为生存，是唇亡齿寒的关系。所以，我国劳动合同立法历时三年，历经全国人大常委会四次审议，对这部法律的制定是非常谨慎的，是以构建和谐劳动关系和实现劳动者、用人单位、政府和社会互利共赢为基本追求的。

当然，在劳动合同立法的具体制度设计上，用人单位还有很多误读。针对无固定期限劳动合同是"铁饭碗"和"终身制"的认识，我国《劳动合同法实施条例》不惜重复和沿袭劳动合同法,将用人单位可以解除劳动合同的 14 种情形罗列到一起,以澄清和回应关于无固定期限劳动合同是"铁饭碗"和"终身制"的误解。而实际上,无固定期限劳动合同不是铁饭碗和终身制,其深意在于克服市场用工主体的短视行为,通过构建稳定的劳动关系,实现双方利益的持续化、最大化。不单是无固定期限劳动合同,关于书面劳动合同的法律规定,关于劳动合同订立时用人单位禁止性义务的规定,关于劳动合同中一般不得约定违约金的规定,关于规章制度的规定,等等,不仅需要让用人单位了解这些法律规定,更要让用人单位理解立法的真正用意,才能慢慢消除其抵触情绪,由故意违法、被动守法转向自觉守法。

由于篇幅所限,更有当前宣传普及日益广泛,学界同仁妇孺皆知的原因,实在无须对劳动合同法内容的立法用意进行重复,仅再举一例,以充实内容。如劳动合同法第二十二条关于约定服务期的规定,很多用人单位认为可以约定服务期的条件不够宽泛,限制太严,对诸如用优厚的待遇和条件引进人才却不能与其签订服务期协议大为不解,笔者认为这也许正是立法匠心之所在,意在鼓励用人单位培养人才、留住人才,而不是竞相去挖他山之石,防止人才流动市场的失序。

(二)劳动者权利意识的觉醒度

市场用工主体的逐利本性,以及用人单位的良莠不齐,都警示我们,劳动合同法的实施运行显然不能完全寄望于用人单位的自觉守法,劳动合同法实施的良好效果某种程度上依赖于劳动者权利意识的觉醒程度。如果把用人单位的守法用工比作一个飞机机身的话,劳动者权利意识的觉醒度是带动飞机飞翔的重要一翼。

《劳动合同法》的实施过程,其实也是用人单位和劳动者角力的过程、博弈的过程。一方面,劳动者只有了解了法律赋予的权利,才有可能捍卫自己的权利;另一方面,了解法律赋权的劳动者敢于同用人单位的违法用工行为叫板,才能促使用人单位由无视劳动者的合法权益向尊重劳动者的合法权益转变。

(三)劳动保障监察的力度

单个的劳动者拿起法律的武器跟用人单位进行对峙和抗衡,对于分散的用人单位而言,毕竟还属于个例,其具有偶发性以及非常态性。而利用劳动者团体组织的力量来维护劳动者的合法权益,在我国的现阶段还不具有广泛的现实性。因此,作为广大公民"守夜人"的政府就义不容辞地担负起维护劳工权益的基本职责,国家的力量就成为救济劳动者权利的最重要力量。而劳动保障监察制度正是国家和政府为维护劳动者权益建立的一道重要屏障。如果把用人单位的守法比作一个飞机机身的话，劳动者权利意识的觉醒度是带动飞机飞翔的一翼，劳动保障监察则是带动飞机飞翔的另外一翼。

而实际上，无论是劳动者个人捍卫自身的权利，还是劳动保障的监督监察，用意都在于减少违法用工的用人单位从中获利的空间。外因影响内因，只有增加其违法用工的成本，才能使擅于算计的用人单位自觉抑制其侵害劳动者利益的内在冲动，资本的无度、贪婪才能有所节制、收敛。

二、《劳动合同法》的运行障碍

（一）我国社会保险制度存在的缺陷和不足是《劳动合同法》顺畅运行的隐性障碍

在《劳动合同法》实施以前，书面劳动合同签约率低是大家公认的事实。而用人单位拒绝与劳动者签订书面劳动合同的原因在于，一纸书面劳动合同是认定主体双方存续劳动关系的最直接证据。实践中，正因为一纸书面劳动合同的缺失，致使劳动关系的认定缺少了最直接的证据，导致劳动者陷入维权迷局。"劳动合同这一能够证明存在劳动关系的最重要证据的缺失，造成了农民工维权难、维权时间长，因为没有劳动合同，仅核实有无劳动关系，有的就要拖上一两年。"[1]针对书面合同签约率低的问题，《劳动合同法》第八十二条可谓重拳出击，采用高压手段促使用人单位积极与劳动者订立书面的劳动合同。

而实际上，一纸书面劳动合同不过对应一个劳动关系而已，用人单位对书面劳动合同的规避一定程度上体现了对劳动关系存续后果的恐惧，实际上就是对劳动关系附带法定义务的恐惧。在劳动关系附带的法定义务中，唯令用人单位大伤脑筋的大概就是社会保险了。因为一旦认定劳动关系存续，用人单位就必须履行劳动关系存续期间为劳动者缴纳社会保险的义务，而问题恰恰在于，按照现行的社会保险制度，用人单位需要缴纳的社会保险费用要占职工工资总额的30%以上，仅养老保险一项就要按照职工工资的20%予以缴纳（如果职工工资低于缴费基数的，要按照缴费基数缴纳）。当需要缴纳的社会保险费用远超过其目前的盈利，社会保险已成为很多中小企业的不能承受之重时，通过规避劳动关系，如不与劳动者签订书面劳动合同，不让劳动者掌握能够证明劳动关系存在的其他证据，以及改用劳务派遣用工等方式，进而规避社会保险就成

---

[1] 刘宏：《北京农民工欠薪案明显高于去年同期》，载《法制日报》，2008年7月18日。

为很多用人单位的不得已选择。

而很多劳动者特别是农民工对书面劳动合同的签订其实也缺乏足够的热情，一方面他们宁愿采用"用脚投票"的方式来保护自己的权利，也不愿意受到劳动合同的束缚；另一方面，可望而不可即的社会保险对他们也不过是画饼充饥、望梅止渴而已。"究竟是什么原因导致餐饮员工不愿意签劳动合同呢？记者调查发现，为了自由只是表面原因，深究下去，问题出在保险上。根据目前的规定，员工签订合同后需要购买养老、医疗、失业、工伤、生育这几项险种，养老保险虽然可以转移到新单位继续参保，但目前在城市办理的养老保险是无法转移到农村的。另外，根据现行的保险政策规定，外来人员要在同一个城市缴费满 15 年，方可办理退休手续按月领取养老金，可餐饮服务行业本身就是一个流动性很强的行业，有多少人能在一个城市干满 15 年？"[①]

而劳动者拒绝同用人单位签订书面劳动合同，用人单位需不需要承担《劳动合同法》第八十二条规定的法律后果？《劳动合同法实施条例》第五、六条予以了明确，如果劳动者不与用人单位订立书面劳动合同的，用人单位只能终止用工，别无选择。在特定地区、特定行业的劳动力资源非常短缺的情况下，因劳动者不与用人单位订立书面劳动合同，而用人单位只能作出终止用工的抉择，恐难推行，因用人单位未及时终止用工而要其承担两倍工资等惩罚性后果，也有失公正。

要扭转书面劳动合同推行过程中的一系列障碍，重构我国的社会保险制度显得尤为必要。一方面，要打破社会保险制度的地区分割，使保险账户可以跨地区转移，让社会保险制度切实惠及每一个劳动者；另一方面，应考虑社会经济的发展现状，考虑用人单位的合理诉求，强化国家和政府承担社会保险的责任，适当降低用人单位缴纳社会保险费的比例，移除阻挡劳动合同法顺畅运行的隐性障碍。

（二）《劳动合同法》中的部分条款极为模糊和抽象，成为影响《劳动合同法》实施的潜在障碍

前文提到，一部不足百条的《劳动合同法》缘何掀起如此巨大的冲击波，一个重要原因在于该法的规定具体、细致，责任条款清晰，可操作性强，一定程度上扭转了《劳动法》过于原则、抽象、空洞的弊端，用人单位规避法律的空间越来越小，用人单位由原来消极违法，对《劳动法》视而不见，必须转向积极主动适应《劳动合同法》。

---

① 霍仕明、张国强：《劳动合同法在餐饮行业受冷遇》，载《法制日报》，2008年7月18日。

但是，《劳动合同法》中仍有些原则、抽象、空洞的条款，因不具有操作性，导致其难以实施，成了观赏性的条款。如《劳动合同法》第十四条中的"连续"应如何解释，第二十二条中的"专业技术培训"作何理解，第六十三条中的"同工同酬"如何把握，第六十六条中的"临时性、辅助性或者替代性"如何界定等，众说纷纭，人们翘首期待的《劳动合同法实施条例》对以上概念也没有进一步解释，一定程度上影响了劳动合同法的深入贯彻实施。建议劳动行政部门通过制定行政规章对以上概念予以阐释，从立法层面推动劳动合同法的顺畅运行。

（三）学习和运用《劳动合同法》知识的不对称是导致劳动合同法无法顺畅运行的直接障碍

《劳动合同法》颁布实施后，全社会掀起了学习该部法律的热潮，这对劳动合同法的宣传和实施具有很好的推动作用。但是，在喧嚣的学习背后，存在着劳动者和用人单位学习和运用《劳动合同法》知识的严重不对称性。首先，在学习该部法律方面，形成了以下反差：劳动合同法的宣讲有偿性的多，公益性的少；用人单位主动学习、反复学习，而劳动者只是被动学习，学习渠道少，一知半解。其次，在运用劳动合同法方面，一些用人单位学习劳动合同法后不是自觉地贯彻和落实，而是运用其地位和知识优势，千方百计规避劳动合同法；而劳动者即使了解一些劳动合同法内容，由于对《劳动争议调解仲裁法》和《劳动保障监察条例》等相关法律法规不熟悉，对维权的手段和维权的便捷路径知之不多，如何使劳动者的权利从纸上到现实还有着一定的障碍。

正是因为用人单位和劳动者在学习和运用《劳动合同法》方面存在不对称性，一些用人单位根本无视劳动合同法，依然肆无忌惮，我行我素；一些用人单位虽然对劳动合同法心存畏惧，但不是积极实施，而是观望徘徊；也有一些用人单位玩弄一些雕虫小技，刻意规避劳动合同法。所以，为了推动劳动合同法的贯彻实施，应从以下方面加强劳动合同法的宣传和普及：一方面，应拟定劳动合同法及其他劳动法律规范的宣传提纲、宣传内容，有计划、有步骤、分层次地对企、事业单位进行劳动合同法的培训，使之正确解读法律条文，正确理解条文背后的立法用意，切实提高用人单位遵守劳动法律规范的自觉性和积极性。另一方面，通过拟定和实施劳动合同法的推广计划，强力实施劳动合同法普及的系统工程，让基层最广大的劳动者了解法律、学习法律。只有让劳动者了解法律赋予的权利，切实提高维权意识，才能促使用人单位由无视法律向尊重法律转变，由肆意侵害劳动者权利向尊重劳动者基本权利转变。

（四）劳动监察失之于"懒、散、软"，维护劳动者权益的重要屏障形同虚设

由于劳动监察人员数量偏少，劳动监察难以做到主动查处违法用工，仅劳动投诉案件，劳动监察就显得力不从心，只能有选择地进行查处，所以人们形象地将劳动监察称为"守株待兔"式执法。劳动监察这种被动式执法，也被概括为懒惰式执法。

我国劳动监察的事项范围宽泛，包括用人单位制定内部劳动保障规章制度的情况、用人单位与劳动者订立劳动合同的情况等九项内容，劳动监察与劳动仲裁事项还呈现交叉重合状态，"根据我国现有法律规定，工资支付、最低工资、加班、经济补偿金等问题构成了劳动者权利的主要内容，同时也是劳动监察和劳动仲裁的主要受理事项"[1]。劳动监察事项范围宽泛，且与劳动仲裁呈现交叉重合状态，带来的问题是劳动监察事项失之于"散"，模糊不清，劳动监察将本属于查处范围内的事项像皮球一样踢给劳动仲裁，监察责任一推了之。

劳动监察资源的有限性不仅使其面对庞大的违法用工进行查处显得力不从心，劳动监察往往还要顾及当地的投资环境等因素，在查处违法用工案件时，刚性不足，硬度不够。何况，面对监察部门的查处，没有用工主体自愿束手就擒，其总是动用各种力量与资源逃避查处。在资方强大的经济实力面前，如果缺少对劳动监察的监督和制约，劳动监察软化甚至异化也就不足为怪了。

所以，加强劳动监察，首先要充实劳动监察队伍，建立与当前劳动形势相适应的统一监察执法体系。同时要改变监察方式，一方面接受劳动者的日常投诉，查处用人单位的违法行为，另一方面还要积极地开展拉网式不间断劳动执法大检查，主动出击，主动查处，大大缩小违法用工企业的违法空间，提高其违法用工成本，让用人单位彻底摆脱侥幸心理，创造一个干净、良好的用工环境。

载《中国劳动》2006 年第 2 期

---

① 董保华：《劳动关系调整的社会化与国际化》，上海交通大学出版社2006年版，第270页。

《劳动合同法》应全力扭转劳动合同短期化趋势

我国计划经济向市场经济转型，用人单位（主要是企业主体）的经营内容需要随着市场需求的变化而不断调整，市场经济的激烈竞争也必然导致部分用工主体惨遭淘汰。可以说，部分劳动合同短期化是市场经济运行规律的结果，是我国体制转轨的衍生品，无法予以消弭。但是，随着用人单位用工自主权的进一步扩大，实践中也存在着用人单位为了规避法律义务，降低用工成本，使用劳动者的黄金年龄，不计后果掠夺性使用劳动力资源等非市场经济运行规律导致的劳动合同短期化现象。如何克服用人单位在劳动合同期限上的趋利性，有效防止用人单位签订短期化的投机合同，一定程度上需要通过制度予以矫正。劳动合同立法不能头疼医头、脚痛医脚，要树立一盘棋思想，全力扭转劳动合同短期化的趋势。这对于保护广大劳动者的合法权益、培养熟练劳动力队伍、促进劳动关系的和谐稳定、推动社会经济的可持续发展都有着非同寻常的意义。

一、重构我国劳动合同期限制度

劳动者虽然是用人单位最不可或缺的能动要素，是用人单位获得长期发展的强力支撑，但由于我国可替代劳动力资源非常丰富，总体上劳动力供远大于求，除了核心岗位外，用人单位可以轻易从市场上寻求到可以替代的劳动力资源，这是劳动合同短期化的潜在诱因。另外，我国可替代劳动力资源丰富，也导致广大劳动者在签订劳动合同时缺乏与用人单位的博弈和谈判能力，劳动合同期限多体现了用人单位的意志。我国现行劳动合同期限制度设计不够合理，导致劳动合同短期化呈愈演愈烈之势。

我国劳动合同分为有固定期限、无固定期限和以完成一定工作为期限三种形态。其中，有固定期限为定期劳动合同，合同期限届满，合同终止，合同效力归于消灭；无固定期限的劳动合同通常意义上可视为终身合同（相当于计划经济时期的固定工或长期工合同），非法定解除事由，用人单位不能解除劳动合同。当前，"单位人"的观念远没有消除，计划经济时期形成的单位办社会、单位就是保险箱、职工的生老病死都要依托于单位的陈旧观念还很有市场。刚刚打破计划经济体制枷锁的市场主体，对签订无固定期限劳动合同诚惶诚恐，避之不及。因此，掌握话语权的用人单位在劳动合同期限的选择上，多选择有固定期限的劳动合同。我国《劳动法》虽然规定劳动者在同一用人单位连续工作满10年以上，可以签订无固定期限劳动合同，但签订无固定期限劳动合同是以用人单位同意续订劳动合同为前提的，如果用人单位不同意，签订无固定期限劳动合同只能成了泡影。可见，我国虽然设置了无固定期限劳动合同，但由于其定位错误，约束软化，导致实践中无固定期限劳动合同越来越少，无固定期限劳动合同实际上被架空、被搁置、被虚化。

笔者建议我国劳动合同期限应分为有固定期限、无固定期限和以完成一定工作为期限三种。有固定期限劳动合同是用人单位和劳动者明确约定合同终止时间的劳动合同，是以用人单位和劳动者信息充分为前提，以恪守劳动合同约定和推崇劳动合同实际履行，确保劳动合同双方当事人的预期利益和信赖利益得以实现的劳动合同。无固定期限劳动合同应恢复其不定期合同的本来面目，劳动合同期限的长短完全根据劳动合同履行过程中劳动关系的和谐状态而定。劳动力市场是信息不充分、不对称的市场，劳动合同的履行也是劳动者和用人单位双方不断碰撞和磨合的调适过程。无固定期限劳动合同旨在劳动关系发生摩擦碰撞时，为了防止劳动关系进一步恶化，而赋予当事人自由解除劳动合约的权利。如果把有固定期限合同比作一段婚姻的话，无固定期限劳动合同则是双方的"自由恋爱"过程。当然，为了防止用人单位"喜新厌旧"，滥用解除权，可以通过支付经济补偿金的方式，增加用人单位的试新成本。以完成一定工作为期限的劳动合同，是指用人单位与劳动者约定以某项工作的完成为合同终止条件的劳动合同。

当无固定期限劳动合同恢复其不定期合同的本来面目后，有固定期限劳动合同将承载更多的社会功能。笔者认为，有固定期限劳动合同应分为短期合同和长期合同两种形态，以折射和承载纷繁复杂的劳动关系，从而将社会法的理念深深植根于有固定期限的劳动合同之中。短期合同是指用人单位和劳动者约定合同终止时间不超过10年的劳动合同。对合同期限进行限制的目的在于，如果用人单位和劳动者签订的合同期限过长，而合同到期后，由于劳动者年龄增大，职业竞争能力降低，就业机会会越来越少。在对短期合同期限进行限制的同时，增设长期劳动合同很有必要。长期劳动合同相当于终身雇佣合同，长期合同一旦签订，非法定事由，用人单位不得解除。基于用人单位对于可替代劳动力资源自愿签订长期劳动合同的可能性微乎其微的考虑，《劳动合同法》应明确规定，劳动者在同一用人单位工作累计满十年以上，并要求签订长期劳动合同的，用人单位应同劳动者签订长期劳动合同（但劳动岗位不适宜签订长期劳动合同的除外）。用人单位与劳动者签订 10 年期以上劳动合同的，视为签订了长期劳动合同。增设"长期劳动合同"的合理性在于，劳动者和用人单位历经十年磨合和调适，劳动关系应当也能够进入一个稳定期。同时，长期劳动合同制度还可以有效扭转用人单位"用新不用旧，使用劳动者的黄金年龄，最后将 40 岁、50 岁人员推向社会"的局面。人们担心增设"长期劳动合同"是否会导致劳动者在同一用人单位工作接近 10 年时，用人单位刻意辞退职工或不再续签合同。应该说任何制度都不完美，增设"长期劳动合同"制度，不排除上述情形的出现。但在一般情况下，新就业的劳动者在同一用人单位工作接近 10 年，已成为熟练劳动力，无论身体还是知识技能都正处于黄金期，这时劳动者要求和用人单位签订长期劳动合同，具有可行性和必要性。

二、利用经济杠杆抑制劳动合同短期化

我国劳动合同立法应规定劳动合同终止也要支付经济补偿金，但用人单位续签劳动合同的，可少支付经济补偿。劳动合同存续的期限越长，经济补偿金的数额可以适当降低。笔者认为，我国劳动合同立法利用经济杠杆抑制合同短期化很有必要。第一，利用经济杠杆进行积极的调控和引导，既符合市场用工主体追求自身利益最大化的行为准则，又可以避免国家对用人单位用工自主权的过度干预和侵扰。第二，经济补偿金的功能在于，当劳动关系解体时，用人单位应对劳动者作出的劳动贡献予以合理补偿。合同终止和合同解除虽然形式不同，但在经济补偿金的性质上并无二致。第三，虽然合同自然终止支付经济补偿金，并不符合民法的精神理念，但劳动合同毕竟独立于民事合同，属于社会法调整的范畴。在当前社会转型、劳动合同短期化愈演愈烈的情况下，规定合同终止也要支付经济补偿金，进一步体现了劳动法的社会法的特色。第四，法律是调整社会关系的工具，设置劳动合同终止补偿金制度，可以有针对性地压缩用人单位签订短期劳动合同的获利空间，充分发挥法律的工具性作用。第五，虽然合同终止支付经济补偿金，一定程度上会加重用人单位的用工成本，但在当前劳动力价格低廉、"血汗工厂"泛滥的情况下，规定合同终止支付经济补偿金，不仅有利于保护劳动者的合法权益，也有利于促使用人单位由单纯依赖劳动力成本优势向通过自主创新获取竞争优势的方向转化。

三、劳动者擅自解除劳动合同应承担违约责任

我国《劳动法》规定，不管是有固定期限、无固定期限还是以完成一定工作为期限的劳动合同，劳动者只要提前30日以书面形式通知用人单位，劳动合同即告解除。并且，劳动者解除劳动合同，提前终止劳动合同效力，无须承担任何违约责任（约定服务期的除外）。可见，无论签订劳动合同的期限有多长，用人单位都不能锁定劳动者，劳动者违约也不用付出任何代价，致使用人单位对合同期限的预期难以确定，用人单位对劳动合同期限的期待利益严重受损，劳动合同期限对劳动者形同虚设，极大挫伤了用人单位签订长期劳动合同的积极性。

可见，法律基于对劳动力自由流动的褒扬而作出的过度倾斜保护，最终使劳动者利益受损，合同短期化就是明证。因此，我国《劳动合同法》应增设劳动者违约责任制度。对于有固定期限的劳动合同，劳动者在没有法定抗辩事由的情况下，擅自解除劳动合同，要承担一定的违约责任。由于无固定期限劳动合同属于不定期劳动合同，劳动者解除劳动合同无须承担违约责任。在任何情况下，用人单位都不能强迫劳动者提供劳动，劳动者享有充分完整的人身自由，是现代文明社会的基本特征。因此劳动者承担违约责任的形式只能是承担违约金。违约金的数额可以约定，但为了防止用人单位利用自己的强势地位侵害劳动者利益，法律应对违约金的最高数额进行限定，一般根据尚未履行的劳动合同期限而定，一年支付不超过一个月工资的违约金，以最多不超过12个月为宜。

总之，克服劳动合同短期化，是我国《劳动合同法》承载的一项重要功能。对我国现行的劳动合同制度进行简单的修补是不够的，只有透过合同短期化的表象，立足实际，构建一套科学合理的劳动合同期限制度，充分发挥劳动合同制度的指引和导向功能，才能最大程度地扭转劳动合同短期化的趋势。

载《中国劳动》2005年第4期

劳动合同效力认定价值取向

劳动合同的效力，是劳动合同的核心问题，体现着劳动合同的本质属性。我国《劳动法》关于无效劳动合同，仅仅设计了两个条款，并极为原则和抽象，以致在实践中，大量的劳动合同究竟是否有效，常常混淆不清。笔者试从学理和逻辑的视角，就无效劳动合同的主要争议发表一管之见。

劳动合同效力认定的价值取向在于，尽可能地维护劳动合同的效力，尽可能地维护劳动关系的稳定。

关于无效劳动合同，我国《劳动法》第十八条和第九十七条予以了规范。以规范的条文看，《劳动法》对生效劳动合同的要求很高，掌握的尺度较为严格，其条文背后蕴藏着的立法者的价值取向在于强调劳动合同的严肃性，进一步增强劳动关系双方主体的劳动法制观念，促进劳动合同制度的不断规范，从而达到保护劳动关系双方当事人利益以及建立规范和谐劳动关系之宗旨。然而，由于立法者过多考虑了法律的引导功能，法律调整过于超前，而对我国劳动力市场的现状重视不够，以致在对无效劳动合同的认定和判断上，显得有些武断和不够谨慎，其产生的结果与立法宗旨难免背道而驰。

众所周知，劳动合同是劳动者和用人单位之间就劳动权利和劳动义务达成的协议，是劳动者和用人单位之间缔结劳动关系的唯一合法形式。劳动合同一旦被确认无效，即意味着劳动合同从订立时起就不具有法律效力。也就是说，虽然劳动者为用人单位提供了劳动，用人单位已经接受了劳动者提供的劳动，但这种劳动力资源的提供和使用都是非法的。虽然实践中无效劳动合同按照事实劳动关系来处理，但也仅仅是针对合同已经履行的部分，对于尚未履行部分，劳动者和用人单位将完全恢复到合同订立之前的自由状态，双方都无须受到已经签订的劳动合同的拘束和羁绊。可见，劳动合同的无效，导致劳动关系的彻底破裂。

因此，认定合同无效，不应是我们积极追求的法律后果，而只能是迫不得已的被动选择。由于我国劳动力资源严重过剩，劳动者就业压力巨大，因此，签订不签订书面的劳动合同，签订一个什么内容的劳动合同，劳动者多数情况下并不掌握主动权。对用人单位而言："一个模式，是签订劳动合同，承受极高的法律成本；一个是不签订劳动合同，就会归为无效劳动合同，有着极低的法律成本，当这种选择权在于用人单位时，企业会作出何种选择是不言而喻的"（冯彦君，1999)，致使实践中存在大量的不符合劳动法要求的劳动合同。可见，在劳动合同效力的认定上过于严格，动辄否认劳动合同的效力，并不利于对劳动关系的保护，不利于保护劳动者的合法权益，不利于维护社会的整体利益。从世界各国看，很少有国家正面提出无效劳动合同"的概念。

笔者认为，劳动合同效力认定的价值取向在于，尽可能地维护劳动合同的效力，尽可能地维护劳动关系的稳定。除非认定合同有效，不利于保护劳动者的合法权益，不利于维护社会的整体利益。比如说，童工和用人单位签订了书面的劳动合同，如果认定劳动合同有效的话，不仅会影响童工身体的正常发育，也可能导致整个民族体质的下降。在这种情况下，认定合同无效比肯定合同的效力更加合理。

我国《劳动法》第十八条规定，下列劳动合同无效：（一）违反法律、行政法规的劳动合同；（二）采取欺诈、威胁等手段订立的劳动合同。无效的劳动合同从订立的时候起，就没有法律约束力。确认劳动合同部分无效的，如果不影响其余部分的效力，其余部分仍然有效。劳动合同的无效，由劳动争议仲裁委员会或者人民法院确认。以下将以该条款为线索进行讨论。

讨论一：违反法律、行政法规的劳动合同，在解释上应包括主体不合格、内容不合法、形式不合法三种无效原因。

劳动合同的主体与合同效力的关系。作为签订劳动合同的双方当事人，他们是否具备主体资格，是决定劳动合同法律效力的首要条件和前提。劳动者和用人单位只要有一方不具备合法的主体资格，即可导致劳动合同无效的法律后果。从理论上分析，这种观点似乎是经得起推敲的，但是从社会实践的视角来衡量，却存在诸多问题。

作为劳动者一方，只有年满 16 周岁，才具有劳动权利能力和劳动行为能力。若用人单位同一个不满 16 周岁的未成年人签订了劳动合同，且在双方产生争议或劳动保障行政部门查处时，劳动者早已具备了劳动权利能力和劳动行为能力。如果按照劳动合同无效处理，劳动者和用人单位都将恢复到合同订立前的自由状态，用人单位如果不愿意和该劳动者重新签订劳动合同的话，劳动者可能要因此承受失业的风险。劳动关系具有人身关系和财产关系的双重属性，劳动合同一旦认定无效，受损害的往往是劳动者一方。因此，笔者认为，在劳动关系双方产生争议或劳动保障行政部门查处时，如果劳动者尚不具备劳动权利能力和劳动行为能力，应断然否认合同的效力，停止劳动合同的履行；如果劳动者已经具备了相应的劳动权利能力和劳动行为能力，再停止合同的履行已没有实际意义，应按照合同有效处理。劳动保障行政部门可依法对签订劳动合同时有过错的一方作出行政处罚，予以制裁。

作为用人单位一方，必须具有用人权利能力和用人行为能力，才有资格和劳动者签订劳动合同。而用人单位的用人权利能力和用人行为能力的产生时间又通常晚于法人、非法人组织以及个体工商户民事权利能力和民事行为能力的产生时间。那么，必须要等到用人单位具有用人权利能力和用人行为能力后，再行落实签订劳动合同事宜，是不符合市场效率原则的。如果用人单位签订劳动合同时尚不具备用人权利能力和用人行为能力，而在双方履行劳动合同时，用人单位已然具备了上述能力，再以签订合同时用人单位不具备主体资格为由否认合同的效力，实无必要。即使双方产生争议或劳动保障行政部门查处时，用人单位仍不具有用人权利能力和用人行为能力，从保护劳动者权益及维护劳动关系稳定的原则出发，也不宜一定认为无效，而要根据具体情况而定。如果用人单位被勒令关停的，则认定合同无效；如果要求用人单位补办相关手续的，则应承认劳动合同的效力。当然，劳动保障行政部门可以对用人单位的过错行为进行行政处罚。此外，关于用人单位的职能部门如企业的车间、医院的科室、大学的院系等，和劳动者签订的劳动合同，是否也应以用人单位主体不合格为由来否认合同的效力呢？实践中，如果按照无效劳动合同处理，就可能出现用人单位故意要求其职能部门与劳动者签订劳动合同，用人单位又可随意以合同无效为由，回避应承担的法律责任，不履行合同义务，这对保护劳动者的权益和维护劳动关系的稳定都是不利的。笔者认为，作为用人单位的职能部门与劳动者签订的劳动合同，由于用人单位和其职能部门存在隶属关系，可推定为经过了用人单位的授权，劳动合同因此是有效的。只有如此，才能防范用人单位在签订劳动合同时设置的陷阱，真正地维护劳动者的合法权益，使脆弱的劳动关系变得较为稳固。

劳动合同的内容与劳动合同效力的关系。按照劳动法的要求，劳动合同内容不得违反法律、行政法规的规定，即因劳动合同内容而无效包括合同缺少法定必备内容或者合同内容违法两种情况。

关于劳动合同的法定必备内容欠缺应否认定合同无效？我国《劳动法》第十九条规定，劳动合同应具备劳动合同期限、工作内容等七个方面的必备条款。既然法律明确说明是必备条款，那么劳动合同欠缺了任一必备条款，从严格意义上来讲，劳动合同都应认定无效。但是，如果对劳动合同的必备条款要求过严的话，就会造成实践中大多的劳动合同都无效的后果。一方面，劳动者和用人单位的整体劳动法律观念还比较淡薄，对劳动合同法定必备条款的认识还比较模糊。另一方面，由于工作内容不同，如劳动保护条款等可能对劳动合同的双方并不重要，对其进行约定和规范可能并不急迫；同时，在签订劳动合同时，要求双方就用人单位的劳动纪律等进行协商和谈判，也显得勉为其难；劳动报酬的支付也不可能是一成不变的。因此，所谓法定必备条款，只是一个规范劳动合同的范本而已，作用在于引导大家如何订立劳动合同。对于欠缺法定必备条款的劳动合同，由其双方进行协商补正就可以了，不能协商补正的，可以按照集体合同的约定或者法律法规的规定来进行推定，不宜直接按照无效劳动合同处理。

关于劳动合同的内容违法，首先要区分是劳动合同的某条款无效，还是劳动合同无效。我国《劳动法》第十八条关于劳动合同无效还是劳动合同部分无效的分类存在着逻辑上的混乱。《劳动法》第十八条第一款规定，违反了法律、行政法规以及采取欺诈、威胁等手段订立的劳动合同无效。在确立了上述劳动合同无效的大前提下，又在该条第三款指出，确认劳动合同无效的，如果不影响其余部分的效力，其余部分仍然有效。这不能不使人陡生疑问，在已经确定了劳动合同无效下，怎么能够得出一个合同部分无效的结论？一个部分无效、部分有效的劳动合同，究竟算是一个生效的劳动合同，还是一个无效的劳动合同呢？因此，笔者认为，首先应认定违背法律、行政法规的劳动合同条款无效，如果该条款的无效不影响劳动合同其余条款效力的，应认定劳动合同部分有效。作如此的区分，既符合基本的逻辑常识，也容易判断劳动合同的效力。

劳动合同的形式与劳动合同效力的关系。我国《劳动法》规定，劳动合同应当以书面形式订立。因此，如果劳动关系双方只是口头约定了劳动权利义务的具体内容，则这种口头协议不具有法律效力。此外，以录音形式订立的劳动合同，也因未采取法定的书面形式而归于无效。立法者之所以强烈要求劳动合同采用书面形式，原因在于劳动合同的内容一般比较复杂，口头形式不易将合同内容固定下来，一旦产生纠纷，口头合同不易举证，同时也不利于劳动保障行政部门的检查和管理。但是，在实践中存在着大量的口头劳动合同是不争的事实，并且签订哪种形式劳动合同的决定权，更多时候是掌握在用人单位一方。随着我国用工制度的不断改革，劳动者提供劳动的形式愈加灵活，季节性、临时性、短期以及钟点工等劳动用工形式不断出现，口头劳动合同灵活、简便的特点正适合了这类劳动用工形式的需要。

讨论二：采取欺诈、威胁等手段订立的劳动合同为无效合同，主要是考虑订立劳动合同的手段和方式是非法的，违背了订立合同时应遵循的平等自愿、协商一致的原则，侵害了另一方当事人的利益。

如果双方当事人采取欺诈、威胁等手段订立的劳动合同损害了国家利益，合同自当无效。法律不区分所产生的后果，一律认定此种劳动合同无效，未免有失偏颇。其一，订立劳动合同时，一方虽然采取了欺诈、威胁等手段，但未必一定侵害了对方的利益。每个人是自己利益得失的最佳判断者，法律无法具体衡量每个人的利益得失。其二，劳动合同双方的利益得失不是一个静态的概念，而是一个不断变动的过程。在订立合同时，受到欺诈、威胁一方当事人的利益可能遭受了侵害，但在合同履行过程中，受害人一方可能转换成了受益人。因此，应该借鉴我国《合同法》的规定，对该条款进行修正：采取欺诈、威胁等手段订立的劳动合同为可撤销合同，受欺诈、威胁一方可在合同订立后的 1 年内，向劳动争议仲裁机构请求撤销。损害国家利益的除外。

讨论三：劳动合同无效的确认机关。

为了维护劳动合同的严肃性，我国《劳动法》规定劳动合同的无效，由劳动争议仲裁委员会或者人民法院确认。按照我国劳动争议处理的现行体制，劳动合同的无效，应当首先由劳动争议仲裁委员会确认，在当事人不服而依法提起诉讼的情况下，才由人民法院确认。问题是，劳动争议仲裁委员会和人民法院对劳动合同效力的认定是被动的，只有双方产生争议提起劳动仲裁或提起诉讼的情况下，才能依法裁决或判决。那么，对于一个明显违反法律法规，侵害国家利益或一方当事人利益的劳动合同，若没有任何一方向劳动争议仲裁委员会提起仲裁，这个无效的劳动合同是不是该一直生效下去呢？因此，笔者认为，应赋予劳动保障行政部门对无效劳动合同的确认权。我国设立劳动保障行政部门的目的就在于保护劳动者的合法权益，维护和发展和谐稳定的劳动关系，促进社会主义劳动力市场的健康有序运行。如果劳动保障行政部门连无效劳动合同的确认权都没有，法律赋予劳动保障行政部门的监督检查权就成了一句空话，其保护劳动者合法权益以及维护劳动力市场秩序的职责就难以落实。当然，劳动合同当事人对劳动保障行政部门认定合同无效不服的，可依法提起行政复议或行政诉讼，劳动合同当事人的权利是可以得到法律保障的。

载《中国劳动》2005 年第 4 期

我国劳动合同效力制度的审视与重构

——以《劳动合同法》为中心

【摘　要】劳动合同的效力问题，不仅是劳动合同的核心，也在整个劳动法律体系中占据着重要地位。《劳动合同法》关于劳动合同效力的规定，还存在着诸多不足，应对我国劳动合同效力制度进行通盘、系统的梳理与审视，缝合漏洞，弥补缺陷，革故鼎新。

【关键词】劳动合同；效力；审视；重构

劳动合同的效力问题，不仅是劳动合同的核心，也在整个劳动法律体系中占据着重要地位。虽然 2007 年 6 月 29 日第十届全国人民代表大会常务委员会第二十八次会议通过的《中华人民共和国劳动合同法》（下称《劳动合同法》）经过了反复酝酿、讨论、修改，可谓亮点纷呈，但关于劳动合同效力的规定仍嫌单薄。我们应对我国劳动合同效力制度进行通盘、系统的梳理与审视，缝合漏洞，弥补缺陷，革故鼎新。拙文将以《劳动合同法》为中心，以劳动合同效力认定的基本原则为逻辑起点和理论支撑，就我国劳动合同效力制度的建构发表一管之见。

一、劳动合同效力认定应秉持的基本原则

劳动合同效力认定的基本原则，是构建劳动合同效力制度的理论基石，只有确立正确的认定原则，并遵循原则的指引，才能制定科学的法律规范，建构合理的劳动合同效力制度，促进劳动关系的和谐运行。

（一）尽可能维护劳动合同有效性原则

首先，劳动合同是劳动者和用人单位之间就劳动权利和劳动义务达成的协议，是劳动者和用人单位之间缔结劳动关系的唯一合法形式。劳动合同一旦被确认无效，即意味着劳动合同从订立时起就不具有法律效力。也就是说，虽然劳动者为用人单位提供了劳动，用人单位已经接受了劳动者提供的劳动，但这种劳动力资源的提供和使用都是非法的。虽然实践中无效劳动合同按照事实劳动关系来处理，但也仅仅是针对合同已经履行的部分。对于尚未履行部分，劳动者和用人单位将

完全恢复到合同订立之前的自由状态，双方都无须受到已经签订的劳动合同的拘束和羁绊。可见，劳动合同的无效，导致劳动关系的彻底破裂。

其次，劳动关系是劳动者和用人单位在劳动过程中发生的社会关系，是劳动力和生产资料相互结合过程中产生的社会关系。劳动不仅创造了人类，也是人类生存和发展的基础，是人类社会不断向前发展的巨大推动力量。正如马克思所说："不论生产的社会形式如何，劳动者和生产资料始终是生产的因素。"[①] 但是，劳动者和生产资料如果都保留在静态上，劳动关系只能是一种可能存在的关系。马克思在指出劳动者和生产资料是社会生产的两个要素之后，又说："但是，两者在彼此分离的情况下只在可能性上是生产因素。凡是要进行生产，就必须使他们结合起来。"[②] 可见，劳动关系是劳动力和生产资料的一个动态的结合过程，只有确立劳动关系的存在，大力促进劳动力和生产资料的结合，才能创造出更多的社会财富，推动人类社会的持续发展。

再次，劳动权是宪法赋予公民的基本权利，其在本质上为公民的生存权，是公民的一种基本人权。劳动权是指劳动者因劳动而产生或与劳动有密切联系的一切权利的总称，主要包括就业权、获得劳动报酬权、享有劳动保护权、获得职业培训权、享受社会保险与福利权、结社权、谈判权、发生争议后获得法律救济权等。毫无疑问，在上述各项权利中，就业权处于基础与核心的地位。因为公民只有实现了就业权，他才具有劳动者的身份，才能参与到劳动法中，并因此享有上述其他各项基于劳动者身份、置身于劳动关系之中才能行使的权利。同时，也只有实现了就业权，才能为其实现其他政治、民主权利提供现实前提条件。可以说，就业权作为全部劳动权利的逻辑起点，其重要性是不言而喻的。那么，劳动合同效力的确认和判断与劳动者的就业权紧密相连，一旦劳动合同被确认无效，劳动权所依附的劳动关系就不复存在，支撑劳动就业权的基柱就轰然倒塌。

其实，从世界各国看，很少有国家正面提出"无效劳动合同"的概念，他们对全部无效劳动合同的认定持谨慎态度。我国台湾学者史尚宽认为："原则上排除对于过去无效之主张，不得不认事实已成立之劳动关系视同有效。"[③] 王泽鉴认为："倘若劳动关系业已进行，尤其是在劳务给付之后，始发现劳动契约具有

---

① 《马克思恩格斯全集》第24，卷转引自董保华：《劳动法论》，世界图书出版公司1999年版。

② 同前注。

③ 董保华：《劳动法论》，世界图书出版公司1999年版。

瑕疵时，亦不能径适用无效撤销规定，令既已发生之关系，自始归于消灭，非特使问题难以处理，在甚多情形对于劳工之保护，亦嫌不周。"①

因此，在确认和处理劳动合同效力问题上，需要我们认真地进行利益考量，尽可能维护劳动合同的效力，尽可能维护劳动关系的稳定。除非认定合同有效，不利于保护劳动者的合法权益，有损于国家利益、社会公共利益或者他人利益。

（二）动态审视劳动合同效力的原则

首先，我国经济体制改革，是一个不断深化和演进的过程，计划经济时代单一的劳动关系日益呈现多元化的趋势，集体劳动关系和个体劳动关系、国内劳动关系和国际劳动关系、正规劳动关系和非正规劳动关系等不断凸现；劳动就业形式更加灵活，长期用工、季节工、临时用工以及钟点工等劳动用工形式多彩纷呈；劳动合同的形态各异，全职劳动合同和兼职劳动合同、城镇工劳动合同和农民工劳动合同、全日制和部分时间劳动合同、借用和派遣劳动合同等五花八门。在这个变革的时代，我们不应机械和呆板地来判断劳动合同的效力，必须用发展的观点来看待劳动合同的效力，也就是说，要为脱颖而出的劳动关系留下一定的发展空间。否则，新型的劳动关系以及灵活多样的就业形式就会被扼杀在摇篮之中。

其次，劳动合同从协商谈判，到合同的订立、合同的履行直至合同的解除或终止，是一个动态的不断变化的过程，劳动合同是继续性合同。劳动合同虽然体现了一种合意，但这种合意正如麦克尼尔所说："充其量只能发挥一种触发作用。"麦克尼尔认为："同意与计划的等式不可能是永远有效的。它的拟制性是巨大的；的确，如果我们考察一下复杂的、持续性的契约关系，我们就会同意充其量只能发挥一种触发作用，而把同意和复杂的计划全部等同起来绝对是愚蠢的。比如说，国际商用机器公司的一个新雇员，从被雇佣的一刻起（如果不是在此之前），就受制于许许多多有关他生活方面的计划。他只知道其中一些较为明显的计划，对于这些他是同意的；除此以外他或者盲目相信，或者全然不知。依据同意实现之规范，我们只能说他受这些明显的计划的约束，并且他触发了一种涉及其他方面的关系。如果我们再往下说，他也受那些他自己并不知道事实上也不可能知道的计划的约束，那我们就必须从计划执行规范或其他地方去寻找理由，而绝不可能在同意中找到这样的理由。"② 可见，劳动关系的动态发展使劳动关系的状态根本无法用劳动合同来证明，在瞬息万变的市

① 王泽鉴：《民法学说与判例研究（第1册）》，中国政法大学出版社1998年版。
② [美]麦克尼尔：《新社会契约论》，中国政法大学出版社1994年版。

场经济下，劳动岗位和工作任务不可能是固定的，劳动纪律和劳动规则也是不断进行调整的，劳动报酬也应是水涨船高的。期望通过签订一个完美的合同，一劳永逸地来解决合同履行过程中的所有问题，是不切合实际的。"让劳动合同负载过重的内容，实际上对于高度附和化的劳动合同而言，劳动合同设定得越多，离双方当事人所预期（而不是用人单位一方当事人所预期）的越远。"①

劳动合同的动态化要求立法者在认定劳动合同效力时，应打破惯常地从合同订立时这个静止的点来看待合同效力的思维定式，用全面、联系和发展的观点进行分析，将劳动合同的效力置于一个动态的背景下去审视。

其实，就民事合同而言，早改变了单从合同订立时这个静止的点来看待合同效力的固有模式。我国《合同法》第四十七条、第四十八条、第五十一条关于效力待定合同的规定，《最高人民法院关于适用〈中华人民共和国担保法〉若干问题的解释》（法释〔2000〕44号）第四十九条"以尚未办理权属证书的财产抵押的，在第一审法庭辩论终结前能够提供权利证书或者补办登记手续的，可以认定抵押有效"之规定，无疑都体现了动态审视劳动合同效力的价值取向，这些都为劳动合同效力认定制度的设计提供了值得借鉴的样本。

（三）立足我国劳动力市场现状的原则

我国是一个劳动力资源大国，劳动力资源丰富，劳动就业压力巨大。2006年9月18日《燕赵都市报》报道，在美国访问的劳动和社会保障部部长田成平指出，中国人口多，底子薄，就业压力大和社会能够提供的岗位之间，在今后相当长的时期，都是一个突出的矛盾。今后几年，中国城镇每年需要就业的人口都将超过2400万人，而新增的就业岗位加上自然减员也只有1100万个。在农村，现有劳动力49700万人，除去已经转移就业的2亿多人，以及农村需要务农的18000万人，尚有1亿人左右的富余劳动力。在巨大的就业压力面前，劳动者与用人单位就劳动合同进行谈判的条件还不成熟，签订劳动合同的话语权仍掌握在用人单位一方。此外，我国劳动力整体素质还比较低，劳动技能单一，文盲半文盲劳动力还大量存在，劳动者法律意识比较淡薄。在对劳动合同效力的判断上，立法主旨既要强调法律的引导功能，又要立足于我国劳动力市场的现状。如果立法过于强调法律的导向价值，而对我国劳动力市场现状认识不清的话，就会造成现实中大量的劳动关系无法得到有效合理的调整，广大劳

---

① 张红：《中国劳动合同效力评价机制：反思与重构》，载《劳动法实施十周年理论研讨会暨中国劳动法学研究会年会论文集》。

动者的合法权益无法得到有效保护，偏离实际轨道的立法最终会陷入浪漫主义的旋涡。

二、《劳动合同法》关于劳动合同效力认定的进步与不足

《劳动合同法》第二十六条至二十八条分别规定了劳动合同无效和部分无效以及合同无效的法律后果。

《劳动合同法》关于劳动合同效力的认定与现行《劳动法》相比，其进步性体现在以下方面：第一，关于劳动合同的无效，我国《劳动法》仅仅设计了一个条文，除规定采取欺诈、威胁等手段订立的劳动合同无效外，还认为违反法律、行政法规的劳动合同无效。其中，"违反法律、行政法规的劳动合同无效"的规定过于笼统、开放和抽象，以至于在实践中，大量的劳动合同究竟是有效还是无效，常常纠缠不清。《劳动合同法》明确列举了劳动合同无效或者部分无效的三种情形，内容比较明确具体，增强了可操作性。第二，从"违反法律、行政法规的劳动合同无效"到"违反法律、行政法规强制性规定的劳动合同无效或者部分无效"，彰显了立法者在把握合同效力尺度上的松动，某种程度上扭转了现行劳动法评价合同效力的武断和粗暴。第三，"对劳动合同的无效和部分无效有争议的，由劳动争议仲裁机构或者人民法院确认"比较我国《劳动法》第十八条规定的"劳动合同的无效，由劳动争议仲裁委员会或者人民法院确认"可以看出，《劳动合同法》的规定更为严谨，趋于理性。第四，《劳动合同法》考量了劳动合同的特殊属性，明确规定劳动合同无效，劳动者已付出劳动的，用人单位应当向劳动者支付劳动报酬。比较《劳动法》劳动合同自始无效的规定，显然有利于保护劳动者的利益。

《劳动合同法》的不足在于，没有对重大误解和显失公平的劳动合同效力作出规定，没有规定劳动合同可予以撤销、可予以变更的情形，对欺诈、胁迫或者乘人之危，使对方在违背真实意思的情况下订立或者变更劳动合同的，直接认定劳动合同无效或者部分无效，仍沿袭了劳动法只区分劳动合同有效和无效的二元格局，对劳动合同效力的判断仍嫌机械呆板，刚性有余，弹性不够。

三、采取欺诈、胁迫等手段订立劳动合同的效力分析

《劳动合同法》规定以欺诈、胁迫的手段或者乘人之危，使对方在违背真实

意思的情况下订立或者变更劳动合同的，劳动合同无效或者部分无效。其不足体现在：采取欺诈、胁迫等手段订立的劳动合同可以分为两类，一是一方以欺诈、胁迫等手段订立的劳动合同损害了国家利益、社会公共利益或者他人合法权益的，这一类合同由于损害了国家、社会和他人利益而归于无效，属于绝对无效的劳动合同。另一类是采取欺诈、威胁等手段订立的劳动合同，并不对国家、社会和他人的利益直接构成损害。对于这一类劳动合同，《劳动合同法》仍沿袭了我国劳动法的规定，不区分采取欺诈、威胁等手段订立劳动合同所产生的后果，一律认定劳动合同无效，是一种典型的过于绝对化的劳动合同效力评价机制。它的弊端在于，这种强行性的法律规定没有给劳动合同的双方当事人以意思自治的方式来挽救瑕疵劳动合同的机会和可能，从而使这种强行性法律规定呈现出刚性有余而柔性不足的弊端[①]。综上，凡采取欺诈、胁迫等手段订立的劳动合同，除损害国家利益、社会公共利益或他人合法权益外，受损害方有权请求劳动争议仲裁机构或者人民法院予以变更或者撤销。劳动合同效力制度作如此变革的依据主要在于以下几个方面。

首先，我国劳动法将采取欺诈、胁迫等手段订立的劳动合同视为无效，沿袭了我国《民法通则》的规定，与《民法通则》第五十八条之规定的内涵及立法精神是一脉相承的。在当时计划经济仍占主导地位的立法思想指导下，将采取欺诈、胁迫等手段订立的劳动合同规定为无效劳动合同是无可厚非的。法律每一小步的进步都是建立在经济基础强烈要求的基础上的。随着社会主义市场经济体制的逐步建立，私法自治的法治理念开始盛行，国家本位主义思想在市场经济条件下的生存空间日益狭仄。我国民事立法顺应了这种潮流，1999年制定的《合同法》适时修正了《民法通则》中关于无效合同的规定，认为采取欺诈、胁迫等手段订立的合同，除损害国家利益社会利益和他人利益外，为可撤销、可变更的合同。"这种立法导向凸显了国家本位主义思想在民事立法领域的逐渐消减和退出的趋势。"[②] 虽然劳动法是公法与私法相融合而产生的，是兼有公法和私法性质的法律部门，"但从劳动法的发展历史和劳动关系的本质特征来看，劳动法当属公私兼顾、以私为主的法律。劳动关系自主化、合同化是私法性质的主要体现，制定劳动基准和强行规范则是公法性质的集中展现。尽管公法规范和私法规范在劳动

---

① 张红：《中国劳动合同效力评价机制：反思与重构》，载《劳动法实施十周年理论研讨会暨中国劳动法学研究会年会论文集》。
② 同前注。

立法中互相交融，有时很难进行截然明确的划分，但就整体而言，合同化是第一位的，公法规范对合同关系的渗透程度必须以维护合同双方真实意思表示的法律效力为前提，只有当这种合意行为有可能损害到双方利益关系的均衡格局或危及国家利益、社会公共利益时，法律才通过预设劳动基准和强行规范进行必要的干预。"[①] 也就是说，劳动合同虽然会受到劳动基准和强行规范以及集体合同的干预和限制，但在劳动基准和强行规范以及集体合同之外，仍然为劳动合同双方当事人的意思自治留下了广阔的空间，劳动合同本质上仍然具有一般合同的本质属性。而继续保留采取欺诈、威胁等手段订立的合同为无效劳动合同的规定，显然与我国《合同法》关于合同效力的规定相悖离，也与现代法治精神要求消减国家本位主义思想在私法领域中的影响之要求不相符。

其次，采取欺诈、威胁等手段订立的劳动合同，是明显违背法律规定的，是有瑕疵的劳动合同，是一种病态的劳动契约。如果劳动合同直接损害了国家利益或社会公序，劳动合同当然无效。但是，如果劳动合同并不直接损害国家利益或社会公序，而是因其违法性可能造成合同相对方的私益侵害，以至对社会秩序构成间接侵害，而认定合同无效，依据并不充分。这种对社会公共利益的间接侵害，比起违反强行性规定，以合法形式掩盖非法目的，直接违反国家利益或社会公共利益等劳动合同造成的侵害，显然是间接的和轻微的。当合同当事人一方的私益受到侵害，自身的利益应当自己负责，是否撤销和变更劳动合同，应当由受害人一方自己进行决策。"我们在当事人可以实现意思自治的瑕疵劳动合同领域，仍然要为双方当事人留下足够的自治空间，国家没有必要也不可能越俎代庖去充当万能的保护人，法律应该相信当事人有维护自身权益的能力，以免出现国家主动代替双方当事人来订立或消灭劳动合同的情形，导致国家权力不当干涉当事人的意思自治。"[②] 何况，私益是否受到侵害，外人一般难以判断，法律也无法具体衡量每个人的利益得失。并且，劳动合同双方的利益得失不是一个静态的概念，而是一个不断变动的过程。在订立合同时，受到欺诈、威胁一方当事人的利益可能遭受了侵害，但在合同履行过程中，受害人一方可能转换成了受益人。比如，某技工隐瞒自己的学历，和深圳某公司签订了劳动合同，但在合同开始履行后不

---

① 许建宇：《关于劳动法若干基本理论问题的探讨》，载《人大复印报刊资料·经济法学、劳动法学卷》2000年第9期。

② 张红：《中国劳动合同效力评价机制：反思与重构》，载《劳动法实施十周年理论研讨会暨中国劳动法学研究会年会论文集》。

久，该公司技工的需求量大增，而社会上技工人才又严重短缺。在这种情况下，认定他们之间签订的劳动合同无效，并不符合用人单位一方的利益。由上，由受欺诈人或者被胁迫人根据自身利益全盘考虑是否撤销劳动合同，是否对病态的劳动契约进行修正，是否维护劳动合同的效力，才能最有效地使受欺诈人或受胁迫人的利益得到尊重和保护。

四、我国劳动合同效力制度的条款设计

理论探讨是发散的，可以尽情在自由王国里飞翔驰骋。而将理论认识凝练为法律条文，却又相当困难。因为立法语言不仅要求简练、严谨，逻辑性强，信息包容量大，还要求掌握一定的立法技巧。而笔者囿于水平所限，所做的劳动合同效力制度的条款设计，只能算是对本文的一个概括和总结。

第一条：有下列情形之一的，劳动合同无效或者部分无效：

（一）以欺诈、胁迫等手段订立劳动合同，损害国家利益、社会公共利益或者第三人利益的；

（二）劳动合同的内容违反法律、行政法规的强制性规定，违反社会公序良俗的；

（三）用人单位免除自己的责任、排除劳动者的权利的；

（四）法律、行政法规规定的劳动合同无效的其他情形。对劳动合同的无效或者部分无效有争议的，由劳动争议仲裁机构或者人民法院确认。

第二条：劳动合同部分条款无效，不影响其他部分效力的，其他部分仍然有效。

第三条：劳动合同被确认无效，劳动者已付出劳动的，用人单位应当向劳动者支付劳动报酬，缴纳社会保险待遇。劳动报酬的数额，根据劳动者的过错程度，参照劳动合同的约定以及本单位相同或者近似岗位劳动者的劳动报酬，按照有利于劳动者的原则确定。

第四条：对存在重大误解的劳动合同或者显失公平的劳动合同，用人单位和劳动者均有权请求劳动争议仲裁机构、人民法院予以变更或撤销；一方以欺诈、胁迫等手段，使对方当事人在违背真实意思的情况下订立的劳动合同，受损害方有权请求劳动争议仲裁机构或者人民法院予以变更或撤销；用人单位乘人之危，使劳动者在违背真实意思的情况下订立劳动合同，劳动者有权请求劳动争议仲裁

机构或者人民法院予以变更或撤销。

第五条：具有撤销请求权的用人单位或者劳动者自知道或者应当知道劳动合同撤销事由之日起 1 年内没有行使撤销请求权的，该撤销请求权消灭。

用人单位或者劳动者因不可抗力或者其他障碍不能行使撤销请求权的，撤销请求权时效中止。自中止时效的原因消除之日起，撤销请求权时效期间继续计算。

载《河北法学》2008 年第 2 期

我国无效劳动合同制度的立法原则

【摘　要】无效劳动合同的立法严谨而又切合实际，不但能够保护劳动关系双方当事人的利益，也能够促进我国劳动关系的稳定、和谐、健康发展。如果无效劳动合同的法律规范滞后于社会现实或法律调整过于超前，其产生的结果可能与立法宗旨背道而驰，不仅劳动关系双方当事人的利益会遭受损害，也会影响我国劳动力市场的健康有序运行以及和谐社会的建设。确立无效劳动合同立法的基本原则，是无效劳动合同立法的基本前提。

【关键词】无效劳动合同；立法；立法原则

我国《劳动法》第十八条规定，下列劳动合同无效：（一）违反法律、行政法规的劳动合同；（二）采取欺诈、威胁等手段订立的劳动合同。无效的劳动合同，从订立的时候起，就没有法律约束力。确认劳动合同部分无效的，如果不影响其余部分的效力，其余部分仍然有效。劳动合同的无效，由劳动争议仲裁委员会或者人民法院确认。可以看出，我国《劳动法》关于无效劳动合同的规定存在诸多问题。第一，我国《劳动法》关于无效劳动合同，仅仅设计了一个条文，并极为原则和抽象。以至于在实践中，大量的劳动合同究竟是有效还是无效，常常纠缠不清。这不仅造成了劳动合同理论的混乱，也导致了现实中大量的劳动关系无法得到有效合理的调整，广大劳动者的合法权益无法得到有效保护，甚至阻碍了我国劳动力市场的健康有序运行。第二，从规范的条文看，劳动法对生效劳动合同的要求很高，掌握的尺度较为严格，导致实践中大量的劳动合同归于无效。这种过于强调法律的引导功能，而无视我国劳动市场现状的立法，明显偏离了实际轨道，陷入了浪漫主义的泥沼。第三，我国劳动关系纷繁复杂，不断呈现柔性化、多样化、动态化、分层化等特点。这种折射劳动关系特征的劳动合同因此也内容各异，形态万千。在对无效劳动合同的认定上，这种简单的、一刀切的规定，不仅会使劳动关系双方当事人的利益遭受损害，也会影响我国劳动力市场的健康有序运行，阻碍我国市场经济的发展以及和谐社会的建设。因此，以《劳动合同法》的制定为契机，对我国劳动合同法律效力制度进行通盘的、系统的梳理与重构就显得尤为迫切。而其中，确立无效劳动合同制度的立法原则是构建我国无效劳动合同制度的基石，只有确立正确的立法原则，并遵循立法原则的指引，制定科学的法律规范，才能有效矫正我国现行无效劳动合同制度的缺陷。因此，笔者不惜笔墨，对我国无效劳动合同制度的立法原则进行一番分析，以求对我国《劳动合同法》的制定能够有微许裨益。

一、立足国情原则

从《劳动法》十八条和十九条的条文看，我国劳动法对生效劳动合同的要求很高，掌握的尺度较为严格。其条文背后蕴藏着的立法者的价值取向在于强调劳动合同的严肃性，进一步增强劳动关系双方主体的劳动法制观念，促进劳动合同制度的不断规范，从而达到保护劳动关系双方当事人利益以及建立规范和谐劳动关系之宗旨。但是，我国是一个劳动力资源大国，劳动力资源丰富，劳动就业压力巨大。劳动和社会保障部部长郑斯林在 2004 年两会期间指出，就城镇而言，最近几年，每年大约需要为 2400 万人安排工作，包括 800 万的失业人员，600万的下岗人员，以及每年新增劳动力 1000 万。同时，我国现有 3.3 亿农村农业劳动力，其中剩余劳动力约占 1/2，大约 1.6 亿 1.7 亿人，其中流向城镇谋生的一般保持在 1.2 亿人 ①。在巨大的就业压力面前，劳动者与用人单位就劳动合同进行谈判的条件还不成熟，签订劳动合同的话语权仍掌握在用人单位手中。此外，我国劳动力整体素质还比较低，劳动技能单一，文盲半文盲劳动力还大量存在，劳动者法律意识比较淡薄。在对劳动合同效力的判断上，立法主旨既要强调法律的引导功能，又要立足于我国劳动力市场的现状。如果立法过于强调法律的导向价值，而对我国劳动力市场现状认识不清的话，就会造成现实中大量的劳动关系无法得到有效合理的调整，广大劳动者的合法权益无法得到有效保护，偏离实际轨道的立法最终会陷入浪漫主义的旋涡。

二、尽可能维护劳动合同有效性原则

众所周知，劳动合同是劳动者和用人单位之间就劳动权利和劳动义务达成的协议，是劳动者和用人单位之间缔结劳动关系的唯一合法形式。劳动合同一旦被确认无效，即意味着劳动合同从订立时起就不具有法律效力。也就是说，虽然劳动者为用人单位提供了劳动，用人单位已经接受了劳动者提供的劳动，但这种劳

① 王晶：《人口流动对城市收入分配的影响》，载《中国劳动》2004 年第 9 期。

动力资源的提供和使用都是非法的。虽然实践中无效劳动合同按照事实劳动关系来处理，但也仅仅是针对合同已经履行的部分。对于尚未履行部分，劳动者和用人单位将完全恢复到合同订立之前的自由状态，双方都无须受到已经签订的劳动合同的拘束和羁绊。可见，劳动合同的无效，导致劳动关系的彻底破裂。

因此，认定合同无效，不应是我们积极追求的法律后果，而只能是迫不得已的被动选择。首先，劳动关系是劳动者和用人单位在劳动过程中发生的社会关系，是劳动力和生产资料相互结合过程中产生的社会关系。劳动不仅创造了人类，也是人类生存和发展的基础，是人类社会不断向前发展的巨大推动力量。正如马克思所说："不论生产的社会形式如何，劳动者和生产资料始终是生产的因素。"① 但是，劳动者和生产资料如果都保留在静态上，劳动关系只能是一种可能存在的关系。马克思在指出劳动者和生产资料是社会生产的两个要素之后，又说："但是，两者在彼此分离的情况下只在可能性上是生产因素。凡是要进行生产，就必须使他们结合起来。"② 可见，劳动关系是劳动力和生产资料的一个动态的结合过程，只有确立劳动关系的存在，大力促进劳动力和生产资料的结合，才能创造出更多的社会财富，推动人类社会的持续发展。其次，劳动权是宪法赋予公民的一项基本权利，是劳动者实现生存权和发展权的重要保障。劳动权包括工作权、获得劳动报酬权、职业安全权、社会保障权等，这些权利都具有一个共同的功能，即使劳动者的生命和生活得到保障。劳动者不仅能够健康地生存，而且能够有保障地生活，这是劳动权的生存理念③。再次，当前，我国处于计划体制向市场经济的转轨期，劳动关系双方的劳动法制观念还比较淡薄，对规范劳动合同的认识也比较模糊，要求他们签订一个没有任何瑕疵的劳动合同，明显具有理想主义的色彩，并不切合实际。最后，由于我国劳动力资源严重过剩，劳动者就业压力巨大，因此，签订不签订书面的劳动合同，签订一个什么内容的劳动合同，劳动者多数情况下并不掌握主动权。针对用人单位而言，"一个模式，是签订劳动合同，承受极高的法律成本；一个是不签订劳动合同，就会归为无效劳动合同，有着极低的法律成本，当这种选择权在

---

① 《马克思恩格斯全集》第24卷，第44页，转引自董保华：《劳动法论》，世界图书出版公司1999年版，第46页。

② 同前注。

③ 冯彦君：《劳动法学》，吉林大学出版社1999年版，第57页。

于用人单位时，企业会作出何种选择是不言而喻的"[①]，致使实践中存在大量的不符合劳动法要求的劳动合同。可见，在劳动合同效力的认定上过于严格，动辄否认劳动合同的效力，并不利于对劳动关系的保护，不利于保护劳动者的合法权益，不利于维护社会的整体利益。

从世界各国看，很少有国家正面提出"无效劳动合同"的概念，他们对全部无效劳动合同的认定持谨慎态度。我国台湾学者史尚宽认为："原则上排除对于过去无效之主张，不得不认事实已成立之劳动关系视同有效。"[②] 王泽鉴认为："倘若劳动关系业已进行，尤其是在劳务给付之后，始发现劳动契约具有瑕疵时，亦不能径适用无效撤销规定，令既已发生之关系，自始归于消灭，非特使问题难以处理，在甚多情形对于劳工之保护，亦嫌不周。"[③] 总之，劳动合同效力认定的价值取向在于，尽可能地维护劳动合同的效力，尽可能地维护劳动关系的稳定。除非认定合同有效，不利于保护劳动者的合法权益，有损于国家利益或者社会公共利益。也就是说，无效劳动合同的判断标准要尽可能的宽松，不宜简单地否定劳动合同的效力。

三、动态审视劳动合同效力原则

动态审视劳动合同的效力，就是指立法者在框定劳动合同的效力时，不能用孤立和静止的观点来看待问题，而应该用全面、联系和发展的眼光去进行分析和审视。

首先，我国经济体制的改革，是一个由计划经济向准市场经济，由准市场经济向市场经济逐渐过渡和演进的过程，计划经济时代单一的劳动关系日益呈现多元化的趋势，集体劳动关系和个体劳动关系、国内劳动关系和国际劳动关系、正规劳动关系和非正规劳动关系等不断凸现；劳动就业形式更加灵活，长期用工、季节工、临时用工以及钟点工等劳动用工形式多彩纷呈；劳动合同的形态各异，全职劳动合同和兼职劳动合同、城镇工劳动合同和农民工劳动合同、全日制和部分时间劳动合同、借用和派遣劳动合同等五花八门。在这个变革的时代，我们不应机械和呆板地来判断劳动合同的效力，必须用发展的观点来看待劳动合同的效

---

① 董保华：《劳动法论》，世界图书出版公1999年版，第200页、第197页。
② 同前注。
③ 王泽鉴：《民法学说与判例研究》第1册，中国政法大学出版社1998年版，第120页。

力，也就是说，要为脱颖而出的劳动关系留下一定的发展空间。否则，新型的劳动关系以及灵活多样的就业形式就会被扼杀在摇篮之中。

其次，劳动合同从协商谈判，到合同的订立、合同的履行直至合同的解除或终止，是一个动态的不断变化的过程，劳动合同是继续性合同。劳动合同的动态化要求立法者在审视劳动合同的效力时，应打破惯常地从合同订立时这个静止的点来看待合同效力的思维定式，必须将劳动合同的效力置于一个动态的背景下去审视。比如，一所筹备成立的民办学校和劳动者签订了为期两年的用工合同，合同签订后的一个星期，这所民办学校才取得办学资格许可证。那么，在合同签订时，用人单位不具备法定的用人权利能力，合同应该是无效的。但是，学校随即取得了用人权利能力，双方对各自履行相应的义务也并没有争议，那么非要认定这是一个无效劳动合同，又有什么意义呢？何况在审批是否能够取得办学资格时，教育行政部门要求这所民办学校必须有相应数量的教育人员。如果否定他们签订的劳动合同的效力，必须具有的教育人员又从何而来呢？所以说，只有根据劳动合同签订和履行的具体情况，动态地来审视劳动合同的效力，才能避免判断劳动合同效力时的武断和粗暴。

四、无效劳动合同规范适度具体原则

我国劳动关系纷繁复杂，而我国劳动法仅用两个条文对无效劳动合同予以规范，显然有些粗陋。这种过于原则和抽象的立法，在判断合同效力时，犹如钻进迷宫一般，往往令人莫衷一是。劳动法是最大众化的法律，应该让普通的劳动者读懂，能够帮助和指导劳动者和用人单位建立规范的劳动关系，能够使劳动关系双方主体对所签订劳动合同的后果有较为准确的预期和合理的判断。所以，无效劳动合同规范应具有可操作性，尽可能地具体和明确。

当然，将纷繁复杂的劳动关系列举穷尽是不现实的，也是立法技术难以企及的。无效劳动合同规范既要有原则性的规定，也要融合现实生活中具有代表性的具体情形。也就是说，无效劳动合同规范要体现适度具体原则。比如说，常见的用人单位的职能部门、科室和劳动者签订的劳动合同是否有效，无效劳动合同与事实劳动关系的关系，双重以及多重劳动关系的效力等都应作出明确的规定。

载《北京市工会干部学院学报》2006年第3期

劳动合同无效的法律后果

李培智　崔经国[①]

【摘　要】本文分析了有效劳动合同和无效劳动合同的区别和二者分别产生的法律后果，并分析了无效劳动合同形成的事实劳动关系有别于无效的民事合同，对处理无效劳动合同的法律后果提出了一些建议，为实践中劳动纠纷的及时解决提供了可行的借鉴途径。

【关键词】有效劳动合同；无效劳动合同；事实劳动关系；法律后果

劳动合同是劳资双方明确各自权利和义务的协议，而劳动关系是劳动者在劳动过程中与用人单位之间发生的社会关系。可以说，订立劳动合同是建立劳动关系的前提和条件，订立劳动合同的目的在于建立劳动关系，劳动关系是劳动合同双方主体各自履行合同义务所产生的后果，在现实生活中，即使劳资双方所订立的劳动合同无效，但若存在劳动者一方已经提供了劳动力资源，用人单位已经使用了劳动者提供的劳动的情形，他们之间一方提供劳动力一方使用劳动力所建立的社会关系仍然符合劳动关系的本质特征，不能因为他们之间所订立的劳动合同无效而否认他们之间存在劳动关系。

那么，我们遵循以上的逻辑，继续往下推理的话，签订一个有效的劳动合同和签订一个无效的劳动合同，同样可以建立劳动关系，法律后果上有什么区别呢？区别之一就在于，生效的劳动合同仅是一座桥梁，可以使劳资双方建立起劳动法律关系，而劳动合同无效，劳资双方就不能建立劳动法律关系。劳动法律关系是指劳动关系被劳动法规调整而形成的一种法律上的权利和义务关系。劳动法律关系的产生依赖于劳动法律行为，只有合法的行为即签订有效的劳动合同才能产生劳动法律关系。"劳动法律关系只能产生于劳动者和用人单位签订的有效劳动合同。劳动者和用人单位不签订劳动合同以及虽然签订劳动合同但为无效者，均不产生劳动法律关系。"[②]劳动法规定了人们的行为模式和相应的法律后果，实际

---

① 注：崔经国（1966—　）男，河北省张家口市万全县人，1995年毕业于中国政法大学，硕士，研究方向为经济法，现为石家庄铁路职业技术学院讲师。

② 王昌硕：《劳动法学》，北京：中国政法大学出版社1999年版，第69页。

上是为当事人设计了一个劳动关系的"标准格式"。当人们按照这种"标准格式"缔结劳动关系或者说当人们的行为符合了劳动法律规范的行为模式，所缔结的劳动关系便具备了法律关系的形式[①]。劳动关系上升为劳动法律关系的意义在于，当事人双方的行为被以权利义务的形式固定下来，要求当事人正确行使和履行，并以国家强制力予以保障。劳动法律秩序就是各种劳动法律关系的总和，劳动力市场的秩序就是靠建立劳动法律关系来维系的。

很显然，劳资双方签订了一个无效劳动合同，由于不符合劳动法规定的建立劳动关系的"标准格式"，它们之间所缔结的劳动关系不具备法律关系的形式，而不能上升为劳动法律关系。但是，不能忽视的事实是，劳动者一方已经按照合同约定提供了劳动，用人单位已经使用了劳动力资源，履行后的劳动合同虽无法律依据，但事实上存在着劳动关系，我们且称之为事实劳动关系。"就事实劳动关系的本质而言，与劳动关系并无本质差别，之所以形成事实劳动关系，它可能是由于不符合劳动合同的法定形式要件，或者是订立劳动合同有瑕疵，或者是主体不适格。"[②] 对此，王全兴教授也持同样的看法："事实劳动关系和劳动法律关系的区别在于，劳动法律关系是符合法定模式的劳动关系，事实劳动关系则完全或者部分不符合法定模式，尤其是缺乏劳动法律关系赖以确立的法律事实的有效要件，如未签订劳动合同或劳动合同无效等。"[③] 在涉及劳动合同无效的后果时，国外也有关于事实劳动关系的理论，如德国法认为，如果劳动合同被宣告无效的话，业已存在的劳动关系将被视为事实劳动关系[④]。综上分析，我们可以看出，无效劳动合同履行后，劳资双方之间视为建立了事实劳动关系，而事实劳动关系又具有不可逆转的特点。我们知道，劳动合同的作用仅在于触发劳动关系。在合同订立后尚未履行时，也就是说劳动关系尚未触发时，劳动合同可以停止执行，以避免劳动关系的发生，并通过追究过错方的责任，以保护无过错一方的当事人的利益。如果劳动合同已经履行，劳动关系已经实际启动，则不能简单地通过认定劳动合同无效来确认劳动关系无效。因此，无效劳动合同的法律后果比无效民事合同的法律后果复杂得多。一般来说，无效民事合同，涉及财

---

① 董保华：《劳动法论》，上海：世界图书出版公司1997年版，第178页。

② 林嘉：《劳动合同若干法律问题研究》，载《法学家》2003年6期。

③ 王全兴：《劳动法》，法律出版社1997年版，第86页。

④ Harald：《中德劳动合同法——劳资协定法之比较》，载《中德劳动与社会保障法：比较法文集》，第86页。

产关系的，在无效合同确立后，通过双方返还，使合同关系恢复到合同订立前的状态，并由过错方承担赔偿责任。而劳动合同确立的劳动关系兼有财产关系和人身关系的属性，劳动者已提供的劳动力是无法返还的，事实上的劳动关系也无法恢复到合同订立前的状态。如果劳动合同无效，事实劳动关系法律又不予保护，劳动者为用人单位提供的劳动就会成为"免费的午餐"。"用人单位与劳动者之间的劳动关系应受劳动法规和生效的劳动合同的调整，即劳动关系不仅受劳动合同的调整，更主要的是受我国劳动法规的调整。"[①] 因此，当事实劳动关系无法通过劳动合同得到有效保护的时候，只能依赖劳动法律法规对事实劳动关系的保护作出明确的规定。"事实劳动关系实际上也启动了法定的内容，尽管应由劳动合同约定内容处于不确定状态。这时用人单位与劳动者的相互关系虽未达到典型的法律关系的程度，但也是一种准法律关系，劳动法也应予以保护。"[②]

我国《劳动法》第十八条第二款规定："无效的劳动合同，从订立的时候起，就没有法律约束力。确认劳动合同部分无效，如果不影响其余部分的效力，其余部分仍然有效。"第九十七条规定："由于用人单位原因订立的无效劳动合同，对劳动者造成损害的，应当承担赔偿责任。"1995年劳动部颁布的《违反〈劳动法〉有关劳动合同规定的赔偿办法》规定，用人单位故意拖延不订立劳动合同，即招用后故意不按规定订立劳动合同以及劳动合同到期后故意不及时续订劳动合同的，对劳动者造成损害的应赔偿劳动者的损失。上述规定是我们处理无效合同的法律依据，但仍不够明确。由此本文对处理无效劳动合同的法律后果提出以下几个方面的建议，以便其作出清晰的规定。

（一）终止履行

无效劳动合同是国家抑制生效的合同，它自订立时就不发生法律效力，劳动合同尚未履行的，不得履行；对于已经履行的部分，只能按照事实劳动关系来处理。"劳动法律关系由法律保障其存续，事实劳动关系如果不能依法转化为劳动法律关系，就应当强制其终止，但事实劳动关系中利益仍然受劳动法保护。"[③] 可以说，对于正在履行的无效劳动合同，只有终止其履行，才能彰显规定合同无效之意义，

---

① 董保华：《劳动法论》，世界图书出版公司1997年版，第191页。
② 董保华：《劳动关系调整的法律机制》，上海交通大学出版社2000年版，第165页、第212页。
③ 王全兴：《劳动法》，法律出版社1997年版，第86页。

才能凸显法律价值及法律导向之功能。

（二）返还财产

劳动合同条款或劳动合同被确认无效后，劳资双方获取对方的财产即失去了法律之依托，基于无效条款或合同无效，一方有权请求对方返还合同订立之时或合同履行过程中获取己方的财物。如劳动者缴纳给用人单位的一定数额的押金，用人单位应予返还，劳动者使用用人单位的工具等也理应返还给用人单位，等等。

（三）支付报酬

虽然劳动合同无效，但劳动者已经提供了劳动力，而劳动力资源的提供，是无法恢复原状的。依据民法等价有偿、权利义务相一致的原则，从保护劳动者的利益出发，不管劳动者一方是否存在过错，对劳动者付出的劳动，均应由用人单位按照订立劳动合同时所约定的劳动报酬或参照本单位同期、同工种、同岗位的工资标准支付劳动报酬。至于采用哪种方式予以支付，笔者倾向于根据对劳动者有利的原则以及双方在订立无效劳动合同中的过错程度予以确定。

（四）赔偿损失

所谓赔偿损失，是指劳动合同被确认无效后，因无效劳动合同给一方当事人造成实际损失时，由有过错一方负责赔偿。也就是说要追究当事人的缔约责任，缔约责任是根据双方当事人原缔约过错来确定的。只要存在缔约过错，无论是用人单位还是劳动者，均应对自己的缔约过错承担相应责任。原劳动部发布的《违反〈劳动法〉有关合同规定的赔偿办法》规定，因用人单位的原因订立了无效劳动合同给劳动者造成损害的，用人单位应承担赔偿责任。赔偿标准为：造成劳动者工资收入损失的，按照劳动者本人应得工资收入支付给劳动者，并加付应得工资收入25％的赔偿费用；造成劳动者劳动保护待遇损失的，按国家规定补足劳动者的劳动保护津贴和用品；造成劳动者工伤医疗待遇损失的，除按照国家规定为劳动者提供工伤医疗待遇外，还应支付相当于医疗费用25％的赔偿费用；以及劳动合同约定的其他赔偿费用。最高人民法院《关于审理劳动争议案件适用法律若干问题的解释》第十四条第二款规定：根据《劳动法》第九十七条之规定，由于用人单位的原因订立的无效劳动合同，给劳动者造成损害的，应当比照违反和解除劳动合同经济补偿金的支付标准，赔偿劳动者因合同无效所造成的经济损失。在实践中的问题是，这些"纸上的权利"如何变成劳动者"现实的权利"，需要我们进一步思考。此外，如果由于劳动者的过错（如劳动者一方采取欺骗手段）与用人单位签订了无效的劳动合同，致使用人单位遭受损失的，无论是从遵循劳动合同订立原则角度看，还是从维护用人单位合法权益角度看，劳动者均应承担相应的法律责任，我国劳动法律法规应进一步予以明确。

　　综上所述，处理无效劳动合同的法律后果在实践中是一个非常重要的问题。解决好这一问题对用人单位和劳动者双方都有好处，尤其对于劳动者来说更是起着非常重要的作用。现在的劳动者尤其是民工基本上不懂法，所以对于他们这些弱势群体，明晰劳动关系并处理好劳动争议在实践中的用途是非常大的，也是深得人心的。由此无效劳动合同法律后果的解决途径是非常关键的。

　　　　　　　载《天津市工会管理干部学院学报》2005 年第 2 期

我国劳动基准实施中存在的问题及对策探析

【摘　要】我国劳动基准实施中存在着劳动者的生命健康权、生存权以及休息休假权等肆意遭受侵害的现象，探询其中存在的深层次原因，并积极寻求扭转我国劳动基准实施困境的对策。

【关键词】劳动基准；问题；对策

劳动基准是指国家法律所规定的劳动条件最低标准，一般包括工资、工时、休息休假、劳动安全卫生、女工与未成年工的保护等方面的内容。我国《劳动法》第四、五、六、七章对此专门作出了规定。在《劳动法》颁布实施十多年后，"用人单位不得随意延长劳动者的工作时间"和"用人单位支付劳动者的工资不得低于当地最低工资标准"等劳动基准方面的规定，无论用人单位还是普通劳动者，都耳熟能详了。但是，关于劳动基准的一系列强制性规定，在实践中仍得不到有效执行，严肃的法律常被视为儿戏，这不能不引起我们的进一步思考。

一、我国劳动基准在实施中存在的问题

（一）劳动者的生命权和健康权难以保障

我国已经发布和实施职业安全卫生法律法规和规章 150 多项，职业安全卫生标准 500 多项，但由于利益的驱使，一些用人单位提供的劳动条件恶劣，必需的安全防护设施不到位，劳动者的职业安全卫生无法得到保障。2007 年 5 月 1 日新华网报道：全国每年因工伤致残人员近 70 万人，我国目前无论从接触职业危害人数、新发现职业病人数、职业病患者累计数量以及工伤事故死亡人数均居世界首位。仅珠三角地区的工厂里，每年发生断指事故个案至少 3 万宗，被机器切断的手指头超过 4 万根。每年我国因职业病、工伤事故产生的直接经济损失达 1000 亿元，间接损失达 2000 亿元[①]。

（二）劳动者的休息休假权遭受肆意侵害

休息休假权是宪法赋予劳动者的一项基本权利。在我国，企业延时加班成为家常便饭，劳动者休息休假权遭受肆意侵害的现象极为普遍。特别是在劳动密集

---

① 　参见2006年8月14日《燕赵都市报》。

型行业，长期的超时加班几乎是每名员工必须接受的条件。2007 年 5 月 28 日，年仅 25 岁的华为员工胡新宇病逝。华为公司不少员工认为，胡新宇的离去，与公司所弘扬的"床垫文化"息息相关。据说华为公司每个开发人员都有一张床垫，放在办公桌的下面。午休时，晚上加班时，席地而卧；就这一张床垫，累了睡，醒了爬起来再干。一张床垫半个家。胡新宇死前，就连续长时间在办公室的地上依靠一个睡垫打地铺，加班时间最长到次日凌晨 2 点左右，而第二天依旧早起打卡上班。华为公司处在全球市场的激烈竞争当中，加班已经成为一种习惯，甚至形成了"企业文化"。就在近日，华为技术有限公司总裁任正非在公司内刊《华为人》发表题为"天道酬勤"一文，对"胡新宇事件"和之后引发的"床垫文化"讨论等一系列热点问题进行回应："不奋斗，华为就没有出路。我们还必须长期坚持艰苦奋斗，否则就会走向消亡。"[①]

（三）劳动者的生存权不容乐观

劳动者依赖为雇佣者提供劳动力资源以换取合理的劳动报酬来求得生存。劳动者为用人单位提供劳动后，应换取合理的劳动报酬。也就是说劳动报酬必须支撑劳动者的基本生存保障，确保他们至少能够维持最低限度生活。而在许多地方劳动者收入不仅低于当地最低工资标准，而且拖欠工资现象严重，甚至出现了"零工资就业"。在劳动者仍然以劳动所得作为自己及家庭成员生活来源的今天，拖欠职工工资，根本不支付加班加点工资，工资水平低于当地最低工资标准，无疑都是对职工生存权的摧残。2005 年 1 月 19 日《华夏时报》报道了国家统计局发布的一份最新调查结论："6 万～ 50 万元，是我国城市中等收入群体家庭收入的标准。"对照这种标准，结合当前教育产业化、医疗市场化、住房货币化的社会现实，许多地方劳动者的生存状况堪忧。

（四）女职工和未成年工的特殊保障权难以落实

实践中，我国劳动法规定的女职工和未成年工的禁忌劳动范围形同虚设，女职工的"四期"保护规定以及未成年工登记、定期健康检查制度流于形式，女职工和未成年工的劳动权益遭受侵害的现象比较普遍。纺织女工热死事件就是一个例证。2006 年 7 月 9 日人民网报道，7 月 3 日晚，位于福州马尾的福建长隆纺织厂的女工刘运芳晕倒在车间内，抢救无效第二天死亡。医生说，刘运芳是因中暑死的，刘运芳得的是热射病（是中暑病症中最严重的一种），进而引起中枢衰竭

---

① 参见2006年8月14日《燕赵都市报》。

而死亡。据刘运芳家人说，她晕倒前，已经发高烧，她曾向工厂请过病假，却没有得到批准。刘运芳的工友反映说，该纺织厂车间常年温度很高，近期高温天气，更是给他们"火上浇油"，刘运芳晕倒时，车间内温度高达40度以上，厂内中暑和长痱子的工友不是少数。

二、我国劳动基准实施中存在问题的原因分析

（一）资本具有先天的吸血性

资本是能够带来剩余价值的价值，资本天然追逐利润，唯利是图是资本的本质属性。"资本来到世间，从头到脚，每个毛孔都滴着血和肮脏的东西。"[①] 特别是资本原始积累的过程，更是一个充满了血腥的暴力过程，超时劳动、降低工资是资方盘剥劳工的最原始手段，这种盘剥是极其残酷的，是"用血和火的文字载入人类编年史的"[②]。

（二）就业形势严峻

2006年9月15日，在美国访问的劳动和社会保障部部长田成平指出，中国人口多，底子薄，就业压力大和社会能够提供的岗位之间，在今后相当长的时期，都是一个突出的矛盾。今后几年，中国城镇每年需要就业的人口都将超过2400万人，而新增的就业岗位加上自然减员也只有1100万个。在农村，现有劳动力49 700万人，除去已经转移就业的2亿多人，以及农村需要务农的18 000万人，尚有1亿左右的富余劳动力[③]。由于我国可替代劳动力资源丰富，广大普通劳动者面对用人单位的压榨和盘剥，权衡利弊，多选择忍气吞声、逆来顺受。

（三）用人单位内部缺乏有效的制衡机制

单个的劳动者是分散的、孤立的，其与用人单位的对峙和抗衡常常是以卵击石。而只有广大的劳动者组织起来，才能同用人单位进行平等协商和对话，才能抑制用人单位侵害劳工权益的本能冲动。法律虽然明确赋予工会组织担当劳工利益代言人的权利，但由于我国工会组织的建立依赖于企业，工会主席的产生依赖于企业，工会干部的劳动关系依赖于企业，工会经费的拨缴依赖于企业[④]，致使工会组织在实际运行中，成为用人单位管理的一个科室和部门。正是

---

① 马克思：《资本论》第一卷，人民出版社1975年版。
② 同前注。
③ 参见2006年9月1日《燕赵都市报》。
④ 姜颖：《对集体合同形式化的反思》，载《北京工会论坛文集》。

工会和用人单位的依赖及混同关系，导致了劳动者力量的虚位，使劳资双方的地位更加倾斜。

（四）劳动监察软化

当前，我国劳动者的团体力量尚未发育成熟，还不足以与资本力量相抗衡时，国家的力量就成为救济劳动者力量的重要手段。劳动保障监察在劳动关系中为劳动者建立了一道国家力量的保障机制，充当着保护劳动者的"社会警察"的角色。但是，由于诸多方面的原因，完全寄希望于通过国家力量的介入保障劳工权益的目标很难实现。首先，某些地方政府把当地的劳动力低价作为吸引外资的砝码，劳动监察部门对劳工权益保护流于形式，行政不作为情况严重。其次，我国部分劳动基准高于生产力发展水平，如加班加点应支付的工资、工作时间的限制等，致使一些地方企业无不违反劳动基准规定。面对几乎所有企业均违法的现状，监察资源非常有限的劳动保障监察部门一筹莫展，难以管理。再次，"一切有权力的人都容易滥用权力，这是万古不易的一条经验"，劳动监察权同样也不例外。在资方强大的经济实力面前，如果不能对监察权进行有效监督和制约，劳动保障监察权就会软化甚至异化。

（五）劳动者维权成本高

在劳工权益遭受侵害，内部难以制衡，劳动监察无所作为的情况下，劳动者只能寄望于通过司法程序来维护自身权益。我国现在实行"先裁后审，一裁两审"的单轨劳动争议处理模式，冗长的法律程序和高昂的维权成本，常常使普通劳动者望而生畏。即使某些案件可以直接到法院立案，按照《民事诉讼法》规定，一审普通程序的审理期限是 6 个月，有特殊情况可以延长 6 个月；二审程序审理期限是 3 个月，特殊情况可以延长。在我国社会保障体制尚不健全、劳动者就业压力巨大的情况下，劳动者的生存尚成问题，再去投入到拉锯式的仲裁、诉讼中，这无疑不是一个理性人的选择。法律说到底是维权的工具，一旦这种维权的工具变得笨拙沉重，甚至成为镣铐，谁还敢奢望通过法律的路径去维护自己的合法权益呢？

三、扭转我国劳动基准实施困境的对策研究

（一）彻底扭转观念

2006 年 12 月 24 日，中国社科院人口研究所所长蔡某在接受《解放日报》

记者采访时表示："不要鼓吹涨工资，否则会令外资流失，工人失业。"可见，"劳动力廉价有助于吸引外资，劳动力低价是我国经济竞争优势"的观念仍有一定市场。我们必须认清两点：第一，在现代文明社会，每个劳动者都有权利分享社会发展的成果。以人为压低工资、放任劳工权益受到侵害为代价，从而赢得竞争中的价格优势，是有违社会公正的。"低廉的劳动力价格固然可以在全球竞争中赢得有限且非常脆弱的比较成本优势，但这种以牺牲人民福利、降低社会伦理标准为代价换取的所谓国家竞争力的办法，是一种典型的'竞次'。"[①]第二，劳动力低权利不仅影响了劳动力的再生产，导致严重的贫富差距问题，而且低收入、低素质、低生产效率的庞大初级劳动者群体也影响了内需拉动，造成国内市场萎缩危机。同时廉价劳动力依赖造成技术停滞危机，阻碍技术创新，最终影响我国经济的可持续发展。因此，全社会都应树立劳工权益至上的观念，营造以侵害劳工权益为耻的环境氛围。

（二）强化内部制衡

没有人比劳动者更加关注和切实维护自身的合法权益，过度依赖政府的干预可能并不利于劳工权益的维护。欠薪、超时、低工资、劳动条件恶劣等，面对如此众多的"讨要奶吃"的孩子，政府真的心有余而力不足，只能让这些孩子先排队等候。更何况政府及其有关部门也可能在经济目标、地方利益、部门利益的驱动下，自觉或不自觉地偏向资方，甚至一屁股坐在了资本的板凳上。所以从长远看，发展和强化劳动者力量，使劳动者力量在和资本力量的博弈中，自动达成一种内在基本均衡状态，才是维护劳工权益的根本之策。

而要扭转劳动者的弱势地位，提升劳动者力量，就必须赋予他们通过自力救济来维护权益的权利（当然要限定在法律的框架内），否则，赋予劳动者再多的权益也只能是画饼充饥。"从中国劳动法规可看出：往往是赐予劳动者利益多，而赋予劳动者权利少。如自由结社权、集体谈判权、产业行动权等劳动者的根本权利或法律残缺，或事实缺如。"[②]而在上述诸多权利中，自由结社权应当属于最基础性的权利，它能够使分散和孤立的劳动者团结起来，形成统一的劳动者力量，与强大的资方进行对峙和抗衡，以促使劳资关系的和谐发展。

---

① 邓聿文：《竞次思维下的劳动力低价"优势"既不公正也难持久》，载《燕赵都市报》2005年12月26日。

② 徐小洪：《劳动合同中的劳动标准问题》，载《中国劳动法学研究会暨劳动合同立法理论研讨会论文汇编》。

从法律规定看，我国工会组织扮演着劳动者力量代言人的角色。我国《工会法》第二条第二款规定："中华全国总工会及其各工会组织代表职工的利益，依法维护职工的合法权益。"第六条第一款规定："维护职工合法权益是工会的基本职责。"因此，要提升劳动者力量，首先要发挥工会的作用；要发挥工会的作用，就必须斩断工会与用人单位的利益纽带，划清其界限，改变其科层意义上的管理体制。建议用人单位的工会直接由地方工会组织统一领导和管理；工会不由用人单位筹建，而由劳动者选举组成；工会经费由当地工会基金统一支付；明确工会对应资方而享有的集体谈判以及进一步行动权，对应劳动者而应履行的具体义务及相应责任等。

（三）加强劳动保障监察

在劳工权益受损，而工会抗拒失败的情况下，借助行政力量干预是劳工维权的便捷选择，劳动保障监察成了劳工权益沉陷的"救命稻草"。加强劳动保障监察，首先要充实劳动保障监察队伍，建立与当前劳动形势相适应的统一监察执法体系；加强劳动保障监察，就要明确规定监察的受理、回避、调查、听证、处理和报告等程序，通过严格的程序规定防范执法主体执法中的随意性；加强劳动监察，也要加强劳动法学理论的研究，并将先进的研究成果及时转化成调整现实劳动关系的法律规范。比如劳动关系和劳务关系的界限、事实劳动关系等问题常常纠缠不清，导致一些地方的监察部门往往陷入劳动关系认定的误区，在接受劳动者举报和投诉时，要求劳动者先提供证明劳动关系存在的劳动合同或其他证据，否则不予受理，等等，大大限制了监察功能的发挥，使受害劳工几乎陷入绝境；加强劳动保障监察，更要强化和细化劳动保障执法人员的责任。只有权力和责任协调一致，才能真正保障劳工权益。关于劳动监察执法人员应承担的责任，《劳动保障监察条例》第三十一条第一款规定："劳动保障监察员滥用职权、玩忽职守、徇私舞弊或者泄露在履行职责过程中知悉的商业秘密的，依法给予行政处分；构成犯罪的，依法追究刑事责任。""老子打儿子"，本来就心慈手软，而该条款简单笼统的规定，使责任变得更加模糊不清。

（四）变革争议处理制度

仅民事两审程序的冗长烦琐就不利于劳工权益的保护，"一裁两审"劳动争议处理制度更为人诟病。只有变革现行争议处理制度，寻求简化便捷的劳工维权路径，才能促使利益受损的劳工为权利而斗争。关于如何重构我国劳动争议处理制度，可谓众说纷纭。建议我国制定《劳动争议处理法》，设立"一揽子"解决所有劳动争议的劳动法院（将拖欠工资等都纳入劳动法院管辖），在时效、立案、收费、审理程序、审理期限、强制执行等方面都作出与民事审判不尽相同的规定，并吸收融合劳动仲裁成本低廉和灵活、迅速的特点，建立与当前劳动形势相适应的中国特色的劳动争议处理制度。

（五）加强劳工权益的刑法保障

法律是调整纷繁社会关系，建立和谐社会的工具和手段。在劳工的基本人权遭到肆意践踏，劳动关系充满了血腥与悲情，而现行的行政、民事规范调整又屡屡失范的情况下，加强劳工权益的刑法保障实有必要。"如果有 20% 的利润，资本就蠢蠢欲动；如果有 50% 的利润，资本就铤而走险；如果有 100% 的利润，资本就敢于冒绞首危险；如果有300% 的利润，资本就敢于践踏人间一切法律。"[①]美国的经济学家罗伯特·考特、托马斯·尤伦在《法和经济学》一书中，分析了许多经济学家和法学家的成果后得出结论：遭受拘捕、判罪和处罚的概率的增加和刑罚的严厉程度的提高，对所有人和一小撮最有可能犯罪的人都具有威慑效应。由此，增加资方侵犯劳工权益的犯罪成本是威慑制止犯罪的有效手段。我国现行刑法虽然规定了重大责任事故罪、重大劳动安全事故罪、强迫职工劳动罪、雇用未成年人劳动罪和挪用社会保障基金等犯罪，但问题在于刑法对上述犯罪规定的刑期较短，实践中判处缓刑较多，震慑力不够，并且刑法介入领域狭窄，对资方恶意欠薪、通过虚假招工骗取劳动者的报名费和培训费、长期拖欠职工"三险一金"、强迫工人超时加班、无视劳动保护、侮辱体罚等用工行为都没有规定为犯罪，使资方侵害劳工权益更加有恃无恐。可以说，加强劳工权益的刑法保障，是刑法作为社会最后一道防线义不容辞的责任。

载《河北法学》2007 年第 3 期

---

① 徐小洪：《劳动合同中的劳动标准问题》，载《中国劳动法学研究会暨劳动合同立法理论研讨会论文汇编》。

关于正确处理初次分配中效率与公平的关系研究

李培智　李丽敏[①]

【摘　要】初次分配中效率与公平是相互统一的关系，这种关系要求收入差距应保持适度。当前我国初次分配中效率与公平的失衡是收入差距扩大的主要原因，突出表现在：初次分配中劳动报酬过低；行业之间的收入差距过大；企业内部资本所有者、经营管理者和劳动者之间分配不公平等。正确处理初次分配中效率与公平的关系，应当优化收入分配制度改革，提高劳动报酬在初次分配中的比重；建立和健全职工工资正常增长制度；加快产权制度改革，消除垄断。

【关键字】初次分配；效率与公平；国民收入；劳动报酬

改革开放三十多年以来，我国经济处于持续增长的状态，居民收入不断增长，同时，经济快速发展的"高效率，低公平"使得收入差距日益拉大，其主要原因是初次分配中效率与公平的失衡，这种失衡如果得不到正确处理，会影响我国和谐社会的构建，也会为中国经济未来的发展埋下隐患。党的十七大报告首次提出"初次分配与再分配都要处理好效率与公平的关系"的论述，正确处理效率和公平的关系，是构建社会主义和谐社会亟待解决的重大问题。

一、初次分配中效率与公平的关系

初次分配的效率，是指在创造国民收入的物质生产领域的分配中，一定量劳动投入与所得的有效成果数量上的比例。初次分配体现效率，就是劳动投入量与所得的有效成果量相一致。

初次分配的公平，从宏观上讲是指在创造国民收入的物质生产领域的分配中，按照公正的原则，使国家财政收入、企业收入和职工个人收入二者的分配比例科学合理。从微观来讲主要有三个方面：一是机会与规则公平，即分配主体国家、企业、职工的权利平等，没有高低、贵贱之分，每个社会成员都有机会通过自己

---

① 李丽敏（1985年6月—　），河北文安县人，河北工业大学社科部硕士研究生，研究方向为马克思主义与社会主义市场经济。

的努力取得相应的回报。二是过程公平，即分配主体关注自身劳动创造价值的所得，并且可以参与分配方案的讨论，而非被动地接受分配结果。三是结果公平，社会成员能够获得与个人贡献相应的劳动回报，也能够按照投入的生产要素获得相应的收益。

初次分配中的效率与公平是相互统一的，并且在涉及的范围上既相互促进、相互制约又相互对立。首先，公平是效率的基石，效率又为公平提供物质保障，并决定着公平的实现程度。在机会均等、待遇公平的前提下，可以有效调动劳动者的生产积极性，发挥其最大的才能，从而促进劳动生产率的提高。公平还能为效率的提高创造稳定的社会环境，社会不公平现象日益凸显必将导致不同领域收入差距拉大，引起效率的损失和社会动荡。其次，公平与效率是此消彼长的关系。过度强调经济效率，必然影响社会公平。效率的本质是促进社会生产力的发展，提高社会以及企业的经济效益。在初次分配的过程中充分发挥市场机制的作用，鼓励市场竞争从而实现优胜劣汰，这就必然导致社会成员之间收入差距的逐渐拉大，从而造成低收入者的不公平感。反过来看，过分强调收入的均等化也必然会导致社会经济效率的减弱。但是过分强调公平，会挫伤劳动者的积极性，也违背了市场经济的原则，降低了社会与企业的生产效率与经济效率。

因此，效率与公平作为人类社会追求的目标，在初次分配的过程中绝不是绝对的相互对立关系，它们是相互依存、相辅相成的。不能单单以地位孰轻孰重、作用孰大孰小来作论断。在制定和践行中国初次分配政策时，要正确处理好效率与公平二者之间的关系，既体现效率又要注重公平，体现效率不能置收入差距于不顾，注重公平但不能搞平均主义，要对效率与公平失衡的情况及时作出调整，使二者始终保持均衡发展，形成一种互补和相互牵制的健康状态。

二、初次分配中效率与公平关系的失衡

改革开放以来，效率与公平的关系经历了从中共十四届三中全会至中共十六届三中全会的十年里一直延续的"效率优先，兼顾公平"的提法，到中共十六大具体提出的"初次分配中注重效率，发挥市场作用，再分配注重公平，调节差距过大收入"，再到十七大报告提出的"把提高效率与促进社会公平结合起来"和"初次分配、再分配都要处理好效率与公平的关系，再分配要更加注重公平"的演变。形成了从打破平均主义到逐渐拉开收入差距，现在又强调分配公平、扭转

收入分配差距扩大的局面。总体来说，我国的分配政策基本适应改革与发展的要求。但是必须看到，中国经济和过去相比的确有了突飞猛进的增长，但由注重"高效率"所引发的社会问题和隐患却不容忽视，初次分配中效率与公平关系失衡，表现为收入差距过大并有继续扩大的趋势。

（一）初次分配中劳动报酬的比重过低

众所周知，国民收入的初次分配是在创造它的物质生产领域进行的分配，并且在初次分配中国民收入分解成三部分：一是以税金形式上缴国家，成为国家集中的纯收入，由国家统筹安排，在全社会范围内使用；二是以企业基金形式留归企业支配，用于企业发展生产、集体福利、职工奖励等方面；三是以工资形式根据按劳分配原则分配给企业职工，由职工个人支配和使用。当前工资在国民收入分配中的比重过低是我国初次分配中效率与公平失衡的最突出表现。在政府、企业、个人三大块，自 20 世纪 90 年代以来，国民收入分配出现了向政府和企业过度倾斜的现象。财政收入和企业盈余占国民分配收入的比重不断上升，劳动者报酬占国民收入的比重却出现下降。1997—2007 年，我国 GDP 比重中政府财政收入从 10.95％升至 20.57％，企业盈余从 20.23％升至 31.29％，而劳动者报酬却从 53.4％下降至 39.74％。"重资本，弱劳动"的分配格局直接导致普通劳动者的工资收入增长缓慢，没能伴随我国的经济增长而同步受益。从以上数据中不难看出，国家财政收入增长迅速，在资本主导劳动力市场、我国劳动生产力相对过剩的背景下，在劳动报酬与企业盈余的分割中，劳动者处于竞争的劣势地位，造成了劳动者收入长期偏低，工资增长速度缓慢。此外，企业的工资增长机制不完善，涨不涨工资全由企业来决定，导致工资长期处于一个状态，在一定程度上挫伤了劳动者的积极性。

（二）行业之间的收入差距过大

在目前收入分配中，行业之间收入差距的不断扩大，已经成为社会各界极为关注的问题。所谓垄断行业是指那些依靠国家特殊政策支持或有专有技术垄断整个行业生产与经营的行业。目前我国最具代表性的垄断行业是电力、石油、烟草、金融、煤气、电信、盐业等。这些行业都是关系着国家经济命脉的重大行业，无法完全放开市场搞自由竞争，需要通过控制经营方式来保证其稳定有序发展，来保护全民族的利益。但是垄断生产必然会引起系列弊端，突出表现为垄断行业与普通行业的职工工资水平差距甚大。2007 年《中国统计年鉴》数据显示，2006 年全国城镇单位就业人员平均工资为 20856 元。其中，非垄断行业的农、林、牧、渔业就业人员的平均工资为 9269 元，而证券业就业人员的平均工资为 86705 元。到 2008 年，证券业就业人员的平均工资已达到 167995 元，在 15 个垄断行业中增幅最大，达到了 93.8%，而农、林、牧、渔业就业人员在这两年中的工资增幅只有 35.5%。可见，垄断行业的高工资增长率使得垄断行业与非垄断行业的工资差距进一步拉大。

除此之外，当前垄断行业的职工收入中除了工资、奖金等名义收入外，还有各种福利、补贴、入股分红收入、职务消费等隐性收入。在某些垄断行业，职工的工资外收入甚至比工资收入还高，从而成为垄断行业高收入的一个重要原因。而垄断企业的高利润应属于国家，应由全社会共享。垄断行业和普通企业的收入差异，违背了按劳分配原则，也没有体现效率，是社会不公平的一种体现。

（三）企业内部资本所有者、经营管理者和劳动者之间分配不公平

在企业中企业内部所有者、经营管理者与劳动者由于分工和贡献不尽相同，取得的报酬也是有差别的。但目前有些企业过高或过低估计了某些生产要素的地位和作用，在企业所有者、经营管理者和劳动者之间，往往太高估前两者的地位而忽视劳动者的地位。由于企业发展需要引进大量资金，在重视企业家地位的这种"重资本"的前提下，容易造成劳动者收入远远低于资本所有者和经营者的收入，使企业内部存在着普遍分配不公的现象。此外劳动者之间存在的收入差距也不容忽视。目前我国企业内部存在着与企业签订不同劳动合同的现象，主要分为正式工、临时工和劳务派遣工，在同一工作岗位、劳动贡献基本一致的情况下，正式工的工资待遇往往高于临时工和劳务派遣工。

有数据显示目前，我国反映居民收入公平状况的基尼系数不断上升，已经超过 0.4 的所谓国际公认警戒线，这说明如果放任我国收入差距继续拉大，必然会造成社会公平的严重失衡，从而引发社会动荡，这些都是不容忽视的问题。

三、正确处理初次分配中效率与公平的关系

（一）优化收入分配制度改革，提高劳动报酬在初次分配中的比重

当前，优化国民收入分配格局是政策调整的步伐，"抓紧制定和调整优化收入分配格局的政策，逐步提高居民收入在国民收入分配中的比重，提高劳动报酬在初次分配中的比重"，使国家财政收入、企业基金收入和职工个人收入三者比例科学合理。须严格遵循我国按劳分配为主体、多种分配方式并存的分配制度。

要借鉴发达的市场经济国家在调整收入格局方面先进有益的做法，准确把握当前的收入分配形势，根据我国国情，科学制定初次分配中国家、企业和个人的收入比例，应适当降低国家税收和财政收入，通过企业适当让利来提高劳动报酬在初次分配中的比例。

（二）建立和健全职工工资正常增长制度

所谓职工工资正常增长制度是指工资在一定时期内，根据生产的发展按照一定比例有序增长的制度。党的十七大报告中提出，"建立企业职工工资正常机制和支付保障机制"，主要采取以下措施：一是企业管理者和工会组织要积极地开展活动，健全民主制度，在处理双方利益时要遵循对等协商的原则，推行"劳资共决制"，使劳动者充分参与其中。二是要使企业增强对社会的责任感，尊重和维护职工利益。要建立职工工资水平随经济增长、国民收入、企业效益、劳动生产率、物价水平等变动的相应增长机制，实现工资与经济效益同步增长。比如这里我们可以采用指数化劳动者报酬，即每年参照 GDP 增长率来制定劳动报酬的增长率，以保证劳动报酬增长率同步于 GDP 增长率。三是要加快最低工资立法，保障职工家庭的基本生活需要与基本教育医疗等人力资本积累的需要。

（三）加快产权制度改革，消除垄断，是解决行业间收入差距扩大的最重要的出路

完善对垄断行业工资总额和工资水平的双重调控政策，严格规范国有企业、金融机构经营管理人员特别是高管人员的收入，完善监管办法。推进产权制度改革，完善产权制度及其相关法律，适当调节某些垄断行业的市场准入规则，推进垄断行业改革步伐。反垄断并不是要完全消除垄断，对于在一定时期必须保留垄断的行业和部门，其收入标准应纳入国家监管之下，政府应加强对垄断利益集团的商业行为和政治行为的规范，限制他们的经济特权和政治特权[①]。

载《北京市工会干部学院学报》2013 年第 3 期

---

① 温家宝：《政府工作报告——二〇一〇年三月五日在第十一届全国人民代表大会第一次会议上》，载《人民日报》2010年3月16日。

初次分配中提高劳动报酬的意义以及对策分析

李培智　李丽敏[①]

【摘　要】造成我国贫富差距过大的原因，主要是初次分配中劳动报酬所占的比重过低，因此，我党提出提高劳动报酬在初次分配中的比重，促进我国社会的和谐发展，缓解我国的社会矛盾。然而，要提高初次分配的劳动报酬比重，必须对我国的分配制度进行改革，建立健全科学、合理、公平的分配结构。

【关键词】劳动报酬；初次分配；职工；企业

衡量国家贫富差距的基尼系数显示，我国 2012 年居民收入的基尼系数已高达 0.474，凡是超过 0.4 这个国际社会公认的警戒线，都将会对社会的发展产生影响，而我国的分配制度不完善，尤其是初次分配中劳动报酬比重过低的现象更是在加剧这种问题的严重性，因此，为推动我国社会的和谐发展，缩小贫富差距、加大初次分配中的劳动报酬比重就显得至关重要。

一、提高初次分配中劳动报酬比重的意义

我国国民收入的初次分配一般由三部分构成，即劳动所得、企业赢利所得及在生产过程中的政府税收。提高一般劳动者的劳动收入，是人们最切实的利益问题，也是实现公正的最好体现。

（一）有利拉动内需，实现经济快速发展

劳动报酬太低必然导致消费能力不高，从而使经济的增长对投资与出口过分依赖，使我国的经济出现畸形增长，消费能力不足是由收入水平不高导致，在分配中，中低收入者会由于生活成本、教育、住房、医疗等问题，减少开支，从而抑制了消费能力。因此，只有提高初次分配中的劳动报酬比重，让人们的腰包鼓起来，才能提高我国人民的生活水平，才能提高我国的消费能力，才能促进我国经济的快速发展。

---

① 李丽敏（1985—　），女，河北廊坊人，研究方向为马克思主义与社会主义市场经济。

（二）缓解劳资冲突，激发劳动者积极性

在我国普遍存在工资水平低、工作条件恶劣以及随意克扣工资等问题，这些问题导致了我国的劳资关系紧张，而且通货膨胀引起的物价飞涨也间接地导致劳资关系复杂化、冲突严重化，因此，提高初次分配中劳动报酬的比重能够有效缓解劳资冲突，使劳动者对工作更积极主动。

（三）彰显社会公平，缩小贫富差距

付出劳动就要有相应的劳动报酬，这是社会公平的基本要求，然而在实际分配中，资本所得者与劳动所得者在初次分配中所占比重有很大悬殊，这说明，我国的初次分配有失公正，比重的悬殊造成我国贫富差距的加大，从而直接影响社会的和谐，因此，提高初次分配中劳动报酬的比重能够有效缩小我国的贫富差距，彰显社会公平。

二、初次分配中提高劳动报酬的对策及建议

为切实解决劳动报酬在初次分配中比重偏低的情况，政府部门必须全面考虑，统筹兼顾地对初次分配进行调控。

（一）政府加强对初次分配的调控

政府不仅要改革财税制度，消除税收挤压工资的问题，还要坚持并落实以人为本与按劳分配相结合的分配方式，从而逐渐提高劳动报酬在初次分配中的比重。因此，相关部门应该认真考虑，以劳动生产率及物价指数作为引导定制企业工资标准的参考因素，在提高机关及事业单位工作人员薪资标准的同时，通过一些措施引导各企业单位提高工人的薪资标准，从而达到缩小各类劳动者收入差距的目的。

（二）建立劳动报酬协商机制

我国劳动力市场明显过剩，因此在进行招聘时，往往形成买方市场，从而造成雇主压低劳动报酬、降低劳动条件的情况，因此，相关管理部门应在企业中建立工会组织，赋予工会的工人代表与雇主进行工资谈判的权利，并用法律予以保护，限制企业不得随意改动工资福利，改动则必须与工会协商谈判。

（三）建立新时期企业分配制度

我国处于全面建设小康社会阶段，劳动者不仅仅是单纯消费意义上的劳动者，而且也是投资意义上的财产所有者，因此，政府应通过采取措施或社会舆论对企

业施加压力，促使其建立新时期下的企业分配制度，使职工可以以人力资本参与企业利润分红等，或以工资剩余购买企业股份，从而形成劳资双方的互利共赢。

三、结语

面对日益扩大的贫富差距、日渐紧张的劳资关系，提高初次分配中劳动报酬的比重已经迫在眉睫，所以政府部门要加大重视力度，及时地制定科学合理的分配制度，并引导企业单位提高初次分配中劳动报酬的比重，只有这样，才能促进我国和谐社会的发展，缩小贫富差距，缓解社会矛盾，彰显社会的公平。

载《佳木斯教育学院学报》2013 年第 4 期

京津冀公务员招考中的性别限制问题研究

李培智　尹喆

【摘　要】京津冀地区 2013—2016 年公务员报考条件中性别限制比例较高，应从合法性和合理性视角对性别限制是否构成性别歧视进行审视，对性别歧视进行规制是女性平等就业权及民主参与权的内在要求。京津冀地区应成立就业促进与协同发展委员会，建立公务员报考资格条件的沟通、审查和评估机制，特殊岗位由"适合男性报考"修正为"女性谨慎报考"，建立性别歧视的权利救济机制，推动京津冀协同发展。

【关键词】京津冀；公务员招考；性别限制；性别歧视

公务员是指依法履行公职、纳入国家行政编制、由国家财政负担工资福利的工作人员。公务员公开招考制度不仅能够将优秀的人才选拔进来，也是打破阶层固化、实现阶层合理流动的体现，是维护广大公民平等就业权和民主参与权的体现。建立一支高水平的公务员队伍，不仅事关京津冀各个地区的崛起和发展，也是京津冀区域协同发展的要求和保障。

因此，公务员报考资格条件合法、合理与否，关乎社会公平，关乎民权民生。笔者在梳理京津冀公务员报考资格条件时发现，除专业、学历限制之外，招考岗位的性别限制也非常多，如招考岗位的性别限制是不合法、不合理的，性别群体无端受到排斥就构成了性别歧视。"公务员考试作为国家政府机构录用人才的选拔方式，其设置的合理性尤为重要。其招考制度中存在的哪怕是极其隐蔽、最细微不过的性别不公，也应该被予以充分揭露和彻底纠正。"[①] 本文以京津冀2013—2016 年公务员报考资格条件为观察样本，对公务员招考中的性别歧视进行探讨，既可窥一斑而知全豹，也是建立区域人才评价体系、实现京津冀一体化人才战略的应有之义。

---

① 武玉英：《国家公务员考录政策的性别平等分析》，载《中华女子学院院报》2011年第3期。

一、性别限制与性别歧视

性别限制是指用人单位在招录员工时，将性别因素作为报名或录用的条件。如京津冀公务员招录考试中，通常将性别因素作为报考岗位的资格条件，认为招录岗位适合男性或女性，或直接要求为男性或女性，均属于性别限制。

招录岗位的特殊性及其工作特质决定了性别限制不等同于性别歧视，只有不合法、不合理的性别差别对待才构成性别歧视。1979 年联合国通过的《消除对妇女一切形式歧视的公约》将性别歧视界定为"基于性别所作的任何区分、排斥或限制，其结果和目的是损害或否认妇女（无论婚否）在男女平等基础上，认识、享有或行使在政治、经济、社会、文化、公民或任何其他方面的人权和基本自由"。我国台湾地区 2001 年 3 月开始实施的《两性工作平等法》第七条规定："雇主对求职者或受雇者之招募、甄选、进用、分发、配置、考绩或升迁等，不得因性别而有差别待遇。但工作性质仅适合特定性别者，不在此限。"

显然，因工作性质、工作环境或出于其他合法、合理目的和理由考量而产生的性别差别对待为法律所允许，不构成性别歧视，而没有合法、合理目的和理由支撑的性别差别对待则构成性别歧视。

二、京津冀公务员公开招考条件中的性别限制

（一）北京市 2013—2016 年公务员招考条件中的性别限制

年份	2013	2014	2015	2016
招考岗位总数	1880	1465	1767	1956
要求"男性"岗位	212	193	235	282
所占比例	11.3%	13.2%	13.3%	14.4%
岗位限制类别	检察侦查，司法警察，人民法院派出法庭法官助理、执行局（庭）法官助理，卫生监督，城市管理、劳动监察，社保，工商，规划执法监察等	法官助理，司法警察，检察侦查，监督执法，综合运输管理，公安执法，城管执法队，住房保障，一线执法，信息化管理，水政监察，劳动保障监察，狱政管理，稽核等	法官助理，司法警察，检察侦查，运输管理，信息调研，执法巡查，食药安全监管，监察员，财务管理，检疫监督，社会治安综合治理，狱政管理等	法官助理，司法警察，检察侦查，规划监督执法，安全应急，运输监管，外勤执法，狱政管理，执法巡查，监察员，社会治安等

（二）天津市 2013—2016 年公务员招考条件中的性别限制

年份	2013	2014	2015	2016
招考岗位总数	992	823	834	1145
要求"男性"岗位	341	302	332	417
所占比例	34.4%	36.7%	40.0%	36.4%
岗位限制类别	司法警察，工程项目管理，监察管理，财税管理，监狱警察，法院审判辅助，交通安全管理，人力资源和社会保障，执法大队，卫生监督，行政执法等	司法警察，纪检监察，市场监管和行政执法，监狱警察，财税管理，法院执行及审判辅助，建设管理，劳保监察及违法执权等	司法警察，综合管理，铁路检察，纪检监察，涉外工作，信息安全管理，监狱警察，税收，市场监管和行政执法，医疗卫生监督管理，军供服务，人事争议仲裁等	法官助理，检察官助理，警察，财税管理，安全生产监察、执法，人民调解、法律服务及安置帮教，基建管理，卫生监督等

（三）河北省 2013—2016 年公务员招考条件中的性别限制

年份	2013	2014	2015	2016
招考岗位总数	2734	1400	2271	2892
要求"男性"岗位	624	468	845	979
所占比例	22.8%	33.4%	37.2%	33.9%
岗位限制类别	高速总队，司法一线干警，工商局科员，公安局科员，检察院侦查员，法院执行员，侦查类科员，网警，司法警察	执行法官，监狱科员，税务科员，环境监察科员，检察院侦查员，法院执行法官，司法警察，戒毒所科员，人力资源和社会保障局，乡镇政府	检察院侦查员，税务局科员，监狱科员，法院执行法官，派出所科员，乡镇科员，收府机关保卫处，民政局科员，发改委，人民政府军运供应处	检察官助理，法官助理，公安局侦查治安，国有资产监督管理，监狱科员，戒毒康复中心，地税局，行政执法大队，基层派出所

（根据北京、天津、河北人事考试网公布的 2013—2016 年公务员报考资格条件中的性别限制整理而成）

三、京津冀公务员招考中的性别限制是否构成性别歧视分析

结合 2013—2016 年京津冀公务员招考简章中对女性限制报考岗位的描述，京津冀公务员限制女性报考的岗位有如下特点：一是法院、检察院执行员、侦查员及派驻基层工作人员，以及政府执法机关执法岗位，因一线执法，对抗性强，责任较大，适合男性；二是经常加班、值班岗位，工作时间长，工作强度大，适合男性；三是经常外出、下乡、出差，适合男性；四是基层工作、工作条件艰苦、工作繁重、工作危险等，适合男性；五是岗位性质和特点要求，如狱政管理从事对男罪犯的教育管理改造工作，适合男性；六是涉及拆迁等群众工作、来信来访接待及维护稳定工作等，适合男性。从以上几个方面看，京津冀公务员招考中的性别限制描述充满了温情，这是否构成对女性的歧视？

（一）公务员招考中差别对待的合法性判断

我国《妇女权益保障法》第十条明确规定，妇女有权通过各种途径和形式，管理国家事务，管理经济和文化事业，管理社会事务。公务员招考中越来越多的岗位"要求男性"抑或"适合男性"，无论其对"要求男性"或"适合男性"是否作出解释，均构成了对女性管理国家事务、管理经济和文化事业及管理社会事务的限制，而这种限制是否构成了性别歧视，恐不能仅从作出解释的字面意义上来进行衡量，即使这些阐释听起来含情脉脉，而有必要透过文字的表象深入招录岗位的特质来进行分析。但是，招录岗位具体特质的认知差异以及招录岗位的千差万别也为判断是否构成性别歧视设置了障碍。笔者认为，公务员招考中的性别门槛是否构成性别歧视，首先应从合法性的视角进行分析和判断。

我国《宪法》第四十八条，《劳动法》第十三条，《就业促进法》第二十七条，《妇女权益保障法》第二条、第九条、第二十二条、第二十三条均明确规定，中华人民共和国妇女在政治的、经济的、文化的、社会的和家庭的生活等各方面享有同男子平等的权利，国家保障妇女享有与男子平等的劳动就业和社会保障权利，除国家规定的不适合妇女的工种或者岗位外，不得以性别为由拒绝录用妇女或者提高对妇女的录用标准。而哪些工种和岗位不适合妇女，对此我国专门出台了《女职工劳动保护特别规定》，该规定附录中规定了女职工禁忌劳动范围，如矿山井下作业，劳动强度分级标准中规定的第四级体力劳动强度的作业，低温、高温作业等。

依法行事是法治政府的基本要义，一切行政行为均应遵从法律规定，遵守法

律叮嘱。"从民主的角度来看，建立政府并不是一件好事，而是一个必然的灾难。这要授予官员们以一定的权力，因为没有这种权力他们还有什么用呢！"① 为了防止出现政府滥用权力而给民主带来灾难，就必须将权力关进法律的笼子里，法无授权不可，法无禁止即自由，以限制权力肆意扩张，以保障民众安全自由。"具有统治权威的公共法律体制对自己的权力进行限定，唯有在这样的条件下，政治才能存在。"② 正如布鲁纳所言："法律提供保护以对抗专断，它给人们以一种安全感和可靠感，并使人们不致在未来处于不祥的黑暗之中。"③

那么，公务员招考岗位对女性的限制是否符合法律规定就成了判断是否构成歧视的首要标准。一是如果京津冀公务员招录岗位属于女职工禁忌劳动范围，限制女性报考不仅不构成性别歧视，反而体现了对女性的恤悯、尊重和关怀。而如果公务员招录岗位不属于女职工禁忌劳动范围，而以招录岗位工作艰苦、工作繁重、工作危险等为由拒绝女性报考，则其合法性值得商榷；二是京津冀公务员招考中，通常外出执法岗位以及涉及拆迁等群众工作、来信来访接待及维护稳定工作等岗位拒绝女性报考，也与我国法律规定相悖。女性一般刚柔相济、认真细致，擅于沟通，语言表达能力强，无论从事执法岗位，还是从事涉及拆迁等群众工作，都为广大女性提供了广泛参与管理国家事务、经济文化事业和社会事务的舞台，也是女性人生价值、社会价值的重要体现。三是虽然《女职工劳动保护特别规定》作出了"对哺乳未满 1 周岁婴儿的女职工，用人单位不得延长劳动时间或者安排夜班劳动"等规定，但是该规定仅限于哺乳未满 1 周岁婴儿期间，公务员招录中以经常加班、值夜班为由随意拒绝女性报考，并不符合立法之本意。"法律禁止女性从事某些职业的正当性源于妇女承担着生育的社会任务。但对于无生育意愿、不生育或已完成生育的女性，只要她们的体能足以适应劳动强度和风险系数高的工种，法律就不应当对这部分女性群体在职业范围上予以限制而剥夺她们的工作选择权。"④

（二）公务员招考中差别对待的合理性判断

我国除《女职工劳动保护特别规定》对女性禁忌劳动范围作出规定外，哪些

---

① [法]托克维尔：《论美国的民主》（上卷），董果良译，沈阳出版社1999年版。

② [美]肯尼斯·米诺格：《当代学术入门：政治学》，龚人译，辽宁教育出版社1998年版。

③ 周永坤：《法理学——全球视野》，法律出版社2010年版。

④ 刘明辉：《论在劳动和社会保险领域的立法和执法中存在的性别盲点》，载《中华女子学院学报》2006年第3期。

工种或岗位不适合妇女尚未有明确法律规定。由于我国性别歧视法律规定之粗疏，以及招录岗位之千差万别，完全从合法性视角对差别对待是否构成性别歧视恐难一一判断，因此需在合法性判断的基础上引入合理性判断，对差别对待辩证分析，以防止随意利用"适合男性"之理由侵害女性公务员招考中的就业权及就业后参与管理国家事务之权利。

所谓"合理性"，指合乎道理或事理，本质上即合乎正义之理。"正义是社会制度的首要德性，正像真理是思想体系的德性一样。一种理论，无论它多么精致和简洁，只要它不真实，就必须加以拒绝或修正；同样，某些法律和制度，不管它们如何有效率和安排有序，只要它们不正义，就必须加以改造或废除。每个人都拥有一种基于正义的不可侵犯性，这种不可侵犯性即使以整个社会的福利之名也不能逾越。因此，正义否认为了一些人分享更大利益而剥夺另一些人的自由是正当的，不承认许多人享受的较大利益能绰绰有余地补偿强加于少数人的牺牲。所以，在一个正义的社会里，平等公民的各种自由是确定不移的，由正义所保障的权利决不受制于政治的交易或社会利益的权衡。"① 罗尔斯经过对政治与经济等基本社会结构的综合考察，说明了适用于体制的正义原则："正义的第一个原则：每个人都应有平等的权利去享有与人人享有的类似的自由权力体系相一致的最广泛的、平等的基本自由权总体系。正义的第二个原则：社会和经济不平等的安排应能使他们（1）符合地位不利的人的最大利益，符合正义的储蓄原则，以及（2）在公平的机会均等的条件下向所有人开放的官职和职务联系起来。"②

京津冀公务员招考中，很多岗位以经常外出，经常出差，经常加班、值夜班为由认为适合男性报考，其适合男性的理论根基建立在女性在婚姻家庭中的责任高于男性的认知基础上，而这一认知基础明显带有"男主外、女主内"的封建传统家庭观念甚至偏见。"中国历史传统中重男轻女的性别差异价值观念不仅表现在对男性传递香火的崇拜上，而且也体现在男人以社会为主、女人以家庭为主的社会价值观念中。"③ 以传统观念为借口将这些岗位仅向男性开放，断送了女性的入职机会，显然违反了正义原则。

合理性判断不仅应革新传统观念，还应与时俱进，弘扬民主、法治、现代、

---

① ［美］约翰·罗尔斯：《正义论》，何怀宏等译，中国社会科学出版社2009年版。
② ［美］约翰·罗尔斯：《正义论》，谢延光译，上海译文出版社1991年版。
③ 周伟：《反歧视法研究立法、理论与案例》，法律出版社2008年版。

文明理念。如一线执法岗位，京津冀招考条件中均认为适合男性，理由不外乎是工作危险、对抗性强等。而实际上无论劳动保障监察执法、药品食品监管执法、城市管理执法，还是文化市场监管执法等，那种粗放执法、随意执法、暴力执法甚至钓鱼执法方式越来越背离时代的要求，执法不是身体对抗，执法也不是你死我活，文明执法、科学执法是社会进步、法制进步的内在要求。"公务人员自己十分清楚，让他们有权向其他人发号施令，是以他们的举止不得高人一等为条件的。"① 将执法工作假定为高危险性、高对抗性，将执法岗位限定为男性，其正义性的依据日益凸显不足。

而尤需引起关注的是，京津冀公务员招考时，也给从事文字材料撰写工作、财税管理工作、资源环境科技管理工作、来信来访接待工作贴上适合男性的标签，认为适合男性报考，不仅给人张冠李戴的错位感，也使女性能够报考的岗位越来越少。"每一个人都有权担负且仅担负他愿意担负的责任，都有权自由地订立他想要订立的契约，都有权决定他自己的自由选择。"② "人都具有实现其人格的潜力的强烈欲望，也都具有建设性地运用大自然赋予他们的能力的强烈欲望。"③ 上述岗位对女性的限制和隔离，不仅违反了正义之理，甚至给人强词夺理之感。

综上，京津冀公务员招考岗位千差万别，差别对待是否构成了性别歧视难以一概而论。但从合法性和合理性两个视角进行分析和推敲，笔者认为，多数差别对待的性别限制涉嫌性别歧视。"就业中的性别差异是在人类劳动分工的文化传统中形成的，即是社会传统、习惯、制度等规范对性别要求及其社会化的过程，并非男女生物特征自然衍生的结果。"④ 这个世界由男性和女性共同构成，传统的对男性和女性之差别的认识不断被颠覆，在无合法合理理由基础上对女性报考公务员的限制侵害了广大女性的平等就业权利，侵害了她们参与管理国家事务的权利，侵害了她们积极融入社会经济文化生活的权利。

四、京津冀公务员招考中防范性别歧视的对策

比较京津冀三地公务员招考中的性别限制可以看出，北京公务员招考中对女

---

① [法]托克维尔：《论美国的民主》（上卷），董果良译，沈阳出版社1999年版。

② [美]麦金泰尔：《追寻美德》，宋继杰译，译林出版社2003年版。

③ [美]博登海默：《法理学——法律哲学与法律方法》，邓正来译，中国政法大学出版社2004年版。

④ 周伟：《反歧视法研究立法、理论与案例》，法律出版社2008年版。

性限制的岗位在 10% 以上，而河北、天津对女性限制的岗位达 30% 以上，甚至高达 40%，这也看出京津冀三地性别歧视的严重程度不同。当然，性别歧视在我国是一个普遍存在的问题，因此从根本上解决性别歧视问题，需要从政治、经济、制度、文化多个层面形成男女平等的环境和土壤，需要从立法、执法、司法、守法多个环节构建防范性别歧视的屏障，但这是一个庞大的、长远的、系统的工程，不可能一蹴而就。而在当下，在京津冀地区，如何在公务员招考中防范性别歧视，笔者提出如下设想。

（一）成立京津冀就业促进与协同发展委员会

京津冀协同发展不仅体现在交通一体化、生态环境保护、产业升级转移等领域，还应将打造法治阳光政府，建立统一、开放、有序市场，实现京津冀地区政策互动、资源共享纳入体系化、全局性设计中，以推动京津冀协同、健康、可持续发展。

我国《就业促进法》明确规定，省、自治区、直辖市人民政府根据促进就业工作的需要，建立促进就业工作协调机制，协调解决本行政区域就业工作中的重大问题；各级人民政府创造公平就业的环境，消除就业歧视，制定政策并采取措施对就业困难人员给予扶持和援助；县级以上人民政府培育和完善统一开放、竞争有序的人力资源市场，为劳动者就业提供服务。

因此，建立统一、开放、有序的人力资源市场，建立区域一体化的就业工作协调机制，既是京津冀协同发展的内在要求，也是我国《就业促进法》的应有之义。笔者认为京津冀地区应尽快成立京津冀就业促进与协同发展委员会，统筹制定地区就业政策，加强人力资源市场建设，完善公共就业服务体系，创造公平就业环境，促进人才合理流动，不断提高就业服务的质量和效率。

（二）建立公务员报考资格条件的沟通、审查和评估机制

我国《公务员法》明确规定，地方各级机关公务员的录用，由省级公务员主管部门负责组织，必要时省级公务员主管部门可以授权设区的市级公务员主管部门组织；录用公务员，应当发布招考公告。招考公告应当载明招考的职位、名额、报考资格条件、报考需要提交的申请材料以及其他报考须知事项；报考公务员，除应当具备《公务员法》第十一条规定的条件外，还应当具备省级以上公务员主管部门规定的拟任职位所要求的资格条件。

由上，公务员报考资格条件除了我国公务员法规定的条件外，拟任职位的资格条件由省级以上公务员主管部门规定。从京津冀三地公务员报考资格条件看，

对性别限制天津市未阐释任何理由，北京市阐释了理由，河北省部分岗位阐释了理由，而对于阐释理由的表述不一。为了维护公务员招考的严肃性和公正性，首先建议京津冀三地公务员主管部门建立信息共享和定期沟通机制，建立相同岗位统一的公务员报考资格条件；其次，省级以上公务员主管部门规定了拟任职位的资格条件后，应组织召开包括工会、妇联、残联等部门参与及相关领域专家、学者参加的报考资格条件审查和评估会议，在听取和吸收与会部门和人员的意见后，再行发布招考公告。

（三）改变父爱主义情愫下的性别限制模式，特殊岗位由"适合男性报考"修正为"女性谨慎报考"为宜

父爱主义又称家长主义，通常是指像父亲那样行为，或对待他人像对待孩子一样。对于招考岗位工作繁重，经常出差，经常值夜班，工作危险性强、对抗性强等特别原因，基于父爱主义而排斥女性报考，实际上剥夺了女性的自由选择权。因此，对于上述特殊岗位，如不属于《女职工劳动保护特别规定》中女性禁忌劳动范围，那么在设置公务员招考条件时，由"适合男性报考"修正为"女性谨慎报考"为宜，由禁止性条款调整为提示性条款，真正体现了对女性的关心和关爱。

（四）构建性别歧视的权利救济途径

目前我国还没有制定专门的反歧视法，虽然我国《宪法》《劳动法》《就业促进法》《妇女权益保障法》等法律法规都对性别歧视作出了禁止性规定，但这些规定均比较原则、零散和抽象，特别是性别歧视的权利救济途径并不畅通，我国《就业促进法》仅规定实施就业歧视的，劳动者可以向人民法院提起诉讼，但对于公务员报考中的性别歧视，对诉讼主体是否限制，诉讼中的举证责任如何分配，漫长的审理期限与报考期限的矛盾如何处理，如构成性别歧视又如何恢复其受损的权利等，在实践中都需要摸索和探讨。笔者认为，在我国专门的反就业歧视法出炉前，各地应通过制定地方性法规或地方政府规章的形式，对包括性别歧视在内的就业歧视进行规制。京津冀地区也可就就业歧视加强立法合作，一方面增强地方立法的科学性和合理性，一方面有力促进京津冀地区的就业公平，为京津冀地区协同发展提供人才保障。

载《河北工业大学学报（社会科学版）》2016年第4期

超过法定退休年龄的工伤认定

案情简介

农民老赵今年 65 岁。2003 年年初，一直在家无事的老赵由于经济拮据，托人在该村附近的一家苗圃公司找了一份工作，从事苗圃的栽培和修剪等工作，月工资为 600 元，双方未签订劳动合同。2005 年 12 月 25 日上午 7 时许，老赵在骑车上班途中被一肇事汽车撞伤致死，汽车逃逸。老赵的子女到劳动保障部门申请工伤认定。劳动保障部门对老赵之死不认定为工伤，老赵的子女不服向市政府提出行政复议。

本案焦点

超过法定退休年龄能否与用人单位形成劳动关系？他们是否有权享受工伤保险待遇？

案例分析

在案件审理过程中存在两种意见：

第一种意见认为，老赵之死不应该认定为工伤。理由是工伤认定的前提条件是劳动者与用人单位之间形成劳动关系。劳动保障部《关于确立劳动关系有关事项的通知》（劳社部发〔2005〕12 号）规定："用人单位招用劳动者未订立书面劳动合同，但同时具有下列情形的，劳动关系成立。（一）用人单位和劳动者符合法律法规规定的主体资格；……"《山东省就业促进条例》（山东省人大常委会公告第 21 号）规定，本条例所称就业，是指劳动者在法定劳动年龄内，从事一定社会经济活动，并取得合法劳动报酬或者经营收入的行为。即立法上认为，劳动者只有在合法的劳动年龄之内才能与用人单位建立劳动关系或事实劳动关系，故对办理了退休、退职手续及超过法定劳动年龄的人员，如果被用人单位招用并在工作中发生伤亡事故，不应该认定为工伤。本案老赵已经 65 岁，超过了法定退休年龄，因此不应该认定为工伤。

第二种意见认为，老赵之死应该认定为因工死亡。不享受养老保险待遇的劳动者超过我国企业职工退休年龄也可以成为劳动法律关系的主体。

笔者同意第二种意见。劳动法律关系是劳动者与用人单位依据劳动法律规范，在实现社会劳动过程中形成的权利义务关系。劳动者只要同时具有劳动权利能力和劳动行为能力就能作为劳动法律关系的主体。我国《劳动法》对最低劳动法定年龄作出规定，即年满16岁的公民才能成为劳动法律关系的主体。但《劳动法》及有关法律、法规对法定劳动年龄上限并未作出明确规定。笔者认为，当劳动者丧失劳动能力，亦即没有劳动行为能力，就丧失了作为劳动法律关系主体的资格，这可能是法律未作出规定的主要原因。第一种意见认为老赵不应该认定为工伤，混淆了法定退休年龄与法定劳动年龄，是将法定退休年龄视同为法定劳动年龄，认为劳动者超过了退休年龄，也就是超过了法定劳动年龄，就不应该与用人单位形成劳动法律关系。

法定退休年龄是指国务院《关于工人退休、退职的暂行办法》（国发〔1978〕104号）规定的全民所有制企业、事业单位和党政机关、群众团体的工人，基本条件为男年满60岁，女年满50岁，连续工龄满10年的应该退休。像老赵这样，以前是农民，没有在企业工作，不享受社会保险待遇，如果以超过退休年龄为由，就否认其与企业之间存在劳动法律关系是不正确的，不利于保护劳动者的合法权益。

至于已享受养老保险待遇的离退休人员，再次被聘用（包括原退休的企业或其他企业）时受到伤害是否应该认定为工伤呢？根据原劳动部《关于实行劳动合同制度若干问题的通知》（劳部发〔1996〕354号）规定，已经享受养老保险待遇的离退休人员再次被聘用时，用人单位应与其签订书面协议，明确聘用时期内的工作内容、报酬、医疗、劳保待遇等权利和义务。原劳动部办公厅《对〈关于实行劳动合同制度若干问题的请示〉的复函》（劳办发〔1997〕88号）第二项规定，离退休人员与用人单位应当按照聘用协议的约定履行义务，聘用协议约定提前解除书面协议的，应当按照双方约定办理，未约定的，应当协商解决；离退休人员的聘用协议的解除不能依据《劳动法》第二十八条执行。从以上规定精神看，已享受养老保险待遇的离退休职工，再次被聘用时，其与企业之间不形成劳动法律关系，其受到的伤害不是工伤，应通过民事诉讼途径解决。

所以笔者认为，本案的老赵，应该受劳动法的调整。他虽然与用人单位没有签订书面劳动合同，但其具有劳动权利能力和劳动行为能力，公司的各项规章制度也适用于他，且其从事的苗圃的栽培和修剪等工作也是苗圃公司的主要业务。

老赵符合上述条件，应该认定其与公司之间形成劳动法律关系。

笔者认为，原劳动部《关于实行劳动合同制度若干问题的通知》的规定确实值得商榷，法律效力值得研究。个人与企业之间是否形成劳动法律关系，应看其是否具备劳动法律关系的基本要素，即看劳动法律关系主体、劳动法律关系内容和劳动法律关系客体是否符合法律规定。凡是符合劳动法律关系基本要素的，即应该认定为个人与企业之间存在劳动关系，而不应该以是否享受养老保险待遇为标准。笔者个人观点认为，已享受养老保险待遇的离退休职工再次到企业工作，正常情况下其与企业之间应该形成的是劳动法律关系，如果受到事故伤害，只要符合《工伤保险条例》（国务院令第 375 号，以下简称《条例》）规定的工伤认定条件，就应该认定为工伤。

从现实情况看，我国社会保险制度起步晚，社会保险覆盖面窄，筹资渠道单一，保障功能差，很大部分老年人还不能"老有所养"。特别是农民，实际上并不存在"退休"，不能享受养老保险待遇，也无处去领取退休金。他们自食其力，通过辛勤工作来维持生存，于情于理都应该得到社会更多的呵护和关爱。即使能够领取养老金的劳动者退而不休，仍然为社会发挥余热，奉献自己的聪明才智，也应该得到社会的褒奖和肯定。如果将因工受到事故伤害的离退休或者超过法定退休年龄劳动者排除在享受工伤保险待遇的大门之外，对他们而言显然是不公平的，属于制度性歧视。

我国法律、法规并不排斥离退休或超过法定退休年龄继续工作的劳动者享受工伤保险待遇。我国《条例》第二条明确规定："中华人民共和国境内的各类企业、有雇工的个体工商户（以下称用人单位）应当依照本条例规定参加工伤保险，为本单位全部职工或者雇工（以下称职工）缴纳工伤保险费；中华人民共和国境内的各类企业的职工和个体工商户的雇工，均有依照本条例的规定享受工伤保险待遇的权利。"《条例》第六十一条明确规定："本条例所称职工，是指与用人单位存在劳动关系（包括事实劳动关系）的各种用工形式、各种用工期限的劳动者。"很显然，上述条款中的"本单位全部职工或者雇工"理应包括离退休或超过法定退休年龄继续工作的劳动者，只要劳动者与该企业建立了劳动关系，发生符合《条例》规定的工伤认定情形的事故伤害，就应当认定为工伤，并享受规定的工伤保险待遇，不应人为地缩小《条例》的适用范围。进一步看，《条例》第六十三条规定了用人单位使用童工造成童工伤残、死亡的，由该单位向童工或者童工的直系亲属给予一次性赔偿的标准以及由此产生争议的处理程序，该条并没有对离退休或超过法定退休年龄而继续工作的劳动者因工伤残、死亡待遇作出特殊规定。因此，从立法本意看，离退休人员或超过法定退休年龄继续工作的劳动者应属于《条例》所称职工的范畴。

关于离退休人员或超过法定退休年龄继续工作的劳动者是否享受工伤保险待遇，各地实施细则的规定各异，主要有三种情形。

一是明确规定不得认定工伤。如《北京市实施〈工伤保险条例〉办法》（北京市政府令第140号）第二十一条规定，受伤害人员是用人单位聘用的离退休人员或者超过法定退休年龄的，工伤认定申请不予受理。《厦门市实施〈工伤保险条例〉规定》（厦门市政府令第113号）第十九条规定，属于用人单位聘用的离退休人员的，工伤认定申请不予受理。《天津市劳动保障局关于工伤保险若干问题的解决意见》（津劳局〔2004〕361号）第十四条规定，退休人员返聘后，在工作中受伤，不适用工伤保险政策。《太原市实施〈工伤保险条例〉细则》（晋政发〔2004〕30号）第十四条规定，受伤害人员是用人单位聘用的离退休人员或者超过法定退休年龄人员的，工伤认定申请不予受理。《重庆市劳动保障局关于贯彻执行〈工伤保险条例〉有关问题处理意见的通知》（渝劳社办〔2004〕211号）第十七条规定，用人单位聘用的离退休人员，实习的大中专院校、技工学校、职业高中学生不适用于《条例》和《重庆市工伤保险实施暂行办法》（渝府发〔2003〕82号）。

二是规定可以认定为工伤，但工伤保险待遇由聘用单位支付。如《上海市劳动保障局、上海市医疗保险局关于实施〈上海市工伤保险实施办法〉若干问题的通知》（沪劳保福〔2004〕38号）规定，本市用人单位聘用的退休人员发生事故伤害的，其工伤认定、劳动能力鉴定按照《上海市工伤保险实施办法》（上海市政府令第29号）的规定执行，工伤保险待遇参照《实施办法》的规定由聘用单位支付。

三是地方规定与《条例》的规定相一致，没有就离退休人员以及超过法定退休年龄继续工作的劳动者的工伤认定情形单独作出规定。如《河北省工伤保险实施办法》（河北省政府令〔2004〕第7号）第二条明确规定，本省行政区域内的各类企业、有雇工的个体工商户（以下称用人单位）应当依照《条例》和本办法规定参加工伤保险。用人单位应当为全部职工或者雇工缴纳工伤保险费，其职工或者雇工（以下称职工）均有依照《条例》和本办法的规定享受工伤保险待遇的权利。上述工伤保险实施办法没有将离退休或超过法定退休年龄继续工作劳动者排除在该办法之外，因此可以理解为，他们有权享受工伤保险待遇。

笔者认为，北京市等地规定将离退休及超过法定退休年龄继续工作的劳动者排除在工伤认定的大门之外，不仅不利于保护其合法权益，也与《条例》的规定相冲突。《条例》属于行政法规，而《北京市实施〈工伤保险条例〉办法》《厦门市实施〈工伤保险条例〉规定》等仅属于地方政府规章。我国《立法法》第七十九条规定："行政法规的效力高于地方性法规、规章。"显然，行政法规属于上位法，地方性规章属于下位法，下位法不得违反上位法。根据我国《立法法》第八十七条的规定，有关机关应当对北京市等地的上述规定予以修订或撤销，以确保离退休或超过法定退休年龄继续工作劳动者的合法权益免遭侵害。而《上海市劳动和社会保障局、上海市医疗保险局关于实施〈上海市工伤保险实施办法〉若干问题的通知》比北京等地的规定有较大的进步，离退休人员可以认定工伤，但工伤保险待遇由用人单位支付。如果没有工伤保险基金做支撑，用人单位支付能力又非常有限，离退休或超过法定退休年龄继续工作劳动者的合法权益仍难以得到真正维护，《条例》赋予劳动者的权益仍有遭受侵害之嫌。所以，笔者赞同第三种情形中地方性规章与《条例》的规定完全一致的做法，离退休或超过法定退休年龄继续工作的劳动者在工作过程中遭受伤害，不仅可以认定工伤，也理应享受平等的工伤保险待遇。

笔者建议，还应明确规定，用人单位应为离退休或超过法定退休年龄继续工作的劳动者缴纳工伤保险费，他们因工受到伤害应该平等享受工伤保险待遇。

载《中国劳动》2007 年第 3 期

职工上下班途中的风险与工伤认定

一、"在上下班途中，受到机动车事故伤害的"工伤认定问题讨论

关于"上下班"的理解，劳动保障部《关于实施〈工伤保险条例〉若干问题的意见》（劳社部函〔2004〕256号，以下简称《意见》）中指出，"上下班途中"既包括职工正常工作的上下班途中，也包括职工加班加点的上下班途中。这就使"上下班"的时间概念得以进一步明确，不管是"正常工作"还是"加班加点"的上下班途中发生的机动车事故伤害，均可以认定为工伤。那么问题也随之而来，职工迟到、延误上班或者提前下班途中发生的机动车事故可否认定为工伤？如果职工提前告知了用人单位并经过了用人单位的同意，那么职工途中发生了机动车事故伤害，认定为工伤应不存在问题。即使职工没有提前告知用人单位，由于主客观的原因而迟到延误上班或者提前下班途中，职工受到的机动车事故伤害，笔者认为也应认定为工伤。其原因在于，第一，职工迟到、延误上班或提前下班与发生机动车事故伤害之间，并不存在必然的因果关系；第二，职工迟到延误上班或提前下班，用人单位可以劳动纪律约束和制裁劳动者，职工违纪的后果与否认其受到的机动车事故伤害为工伤的后果相比严重失衡，让职工自身承担机动车事故伤害的后果显失公平；第三，工伤保险实行无过错责任原则，因为职工违纪而否认其受到的机动车事故伤害为工伤，显然与该原则相悖；第四，既然《工伤保险条例》（国务院令第375号，以下简称《条例》）并没有"职工延误上班或提前下班受到的机动车事故伤害不得认定为工伤"的规定，"上下班途中，受到机动车事故伤害的"就理应认定为工伤，而不能随意缩小工伤认定的范围。

关于"途中"的理解，《条例》和《意见》都没有作出解释，笔者认为应把握以下两点：第一，将"道路"改为"途中"，这就意味着非交通道路上发生的非交通机动车事故，也可以认定为工伤。也就是说，只要是上下班途中，受到机动车事故伤害的，不管是否属于交通事故，都可以认定为工伤。从"道路"扩大到"途中"，认定工伤的范围显然扩大了。第二，从住所到工作场所的"途中"可能不是唯一的，只要是合理的从住所到工作场所的路径，都可以理解为"途中"。其中，从住所到工作场所选择的路径是否"合理"的判断标准为"是否为了工作目的"。只要是为了工作目的，比如搭别人的车去单位上班，为了选择畅通的道

路而绕道等，都可以理解为上下班途中。实践中，职工为了送孩子上学而绕道受到机动车事故伤害的，可不可以理解为上班途中受到的伤害而认定为工伤？职工上班路上为了吃早餐而绕道受到机动车事故伤害的，可不可以理解为上班途中受到的伤害而认定为工伤？笔者认为要根据上下班路径的选择是否为了工作目的这个标准来判断，其绕道受到机动车事故伤害的，可以认定为工伤。至于职工送孩子上学而绕道受到机动车事故伤害的，能否认定工伤需要具体分析。如果职工上下班顺便捎带孩子上、下学无须绕道，而受到机动车事故伤害的，当然可以认定为工伤；如果职工上下班途中送孩子上学而绕道，受到机动车事故伤害的，需要结合上述的判断标准具体分析。笔者认为，职工送孩子上学所绕道途中受到机动车事故伤害的，因为其背离了"为了工作目的"这个标准，不宜认定为工伤，否则就会加大雇主的风险，加重雇主的责任。职工送孩子上学后，从学校奔赴工作场所途中发生机动车事故伤害，因其恢复了"为了工作目的"而受到机动车事故伤害，可以认定为工伤。

二、"职工上下班途中受到的机动车事故之外的其他意外伤害"是否应认定为工伤

2004 年某天下午，河北省石家庄市某公司的职工刘某骑自行车下班途中，体育大街上的一棵大树突然折断，将正好路过的刘某砸伤，经抢救无效死亡。这次意外伤害发生后，刘某的家属申请认定工伤被驳回。

如果从法理角度分析，刘某下班途中受到突然折断大树的伤害与受到机动车事故的伤害本质上并无二致。并且，在机动车事故中，职工在可能有一定过错的情况下，仍然可以构成工伤，而在上述发生的意外伤害事故中，职工本身并无任何过错，却不属于工伤保障范围，对受害人而言显然是不公平的。笔者认为，将职工上下班途中受到的其他意外伤害（如高空坠落物的伤害、道路两侧建筑物的伤害、道路障碍物造成的伤害、非机动车事故的伤害等）纳入工伤保障的范畴（不可抗力造成的意外伤害除外），其产生的意义将是积极的。第一，将职工上下班途中受到的其他意外伤害纳入工伤保障范围，体现了对职工基本人权的尊重，体现了社会的文明和进步，具有宪法层面的深远意义。第二，职工上下班途中受到其他意外伤害，受害人虽然可以向导致意外伤害事故发生的侵权人请求人身损害赔偿，但相比工伤认定的便捷路径看，受害人往往要付出更高的成本。第三，在

实践中，职工上下班途中受到其他意外伤害，如果找不到侵权人或者侵权人没有赔偿能力，受到伤害的职工最终可能一无所获。而将职工上下班途中受到的意外伤害纳入工伤保险范围，有工伤保险基金作支撑，职工的损害才能真正得以救济。第四，工伤保险采用无过错责任原则，而人身损害赔偿一般采用过错责任原则，二者相比，将职工上下班途中受到的其他意外伤害纳入工伤保障范围，更有利于保护劳动者的利益。

三、"职工因履行工作职责在上下班途中受到暴力等意外伤害的"是否应认定为工伤

某公司的质检员李某工作认真，不讲情面，严把产品质量关，多次指出某职工生产的产品不合格，该职工的奖金不仅被扣发，还最终被公司开除。该职工怀恨在心，在李某上班途中将李某打伤，后逃之夭夭。

根据《条例》第十四条第三款规定，职工在工作时间和工作场所内，因履行工作职责受到暴力等意外伤害的，应当认定为工伤。很显然，职工在非工作时间和非工作场所内因工作原因受到暴力等意外伤害的，是不应当认定为工伤的。上述案例中李某在上班途中受到的暴力伤害，也不能认定为工伤。笔者认为，《条例》关于该条款规定的合理性值得商榷。首先，认定工伤的主要判断标准应为"是否工作原因导致职工的伤害"，而《条例》将工作时间和工作场所作为工伤认定的重要条件，大大限制了工伤认定的范围，对广大劳动者是不公平的；其次，职工履行工作职责和受到暴力等意外伤害往往具有时间间隔，第三人可能选择工作时间之外对履行工作职责的职工进行报复；最后，因为上下班途中职工防范性差、实施暴力伤害行为的第三人容易逃跑等原因，选择从住所到工作场所的上下班途中对履行工作职责的职工实施暴力伤害的现象越来越多。综上，应革新"只有在工作时间和工作场所内，因履行工作职责受到暴力等意外伤害的，才应当认定为工伤"的旧有观念，将"职工因履行工作职责，在上下班途中受到暴力等意外伤害的"情形纳入工伤保险范畴，才更能体现工伤保险的精神和理念，劳动者的利益保障才能日益周延。

四、"职工上下班途中因第三人侵权造成工伤的"问题处理

1996 年《企业职工工伤保险试行办法》（劳部发〔1996〕266 号，以下简

称《办法》）第二十八条规定，由于交通事故引起的工伤，应当首先按照《道路交通事故处理办法》及有关规定处理。交通事故赔偿已经给付了医疗费、丧葬费、护理费、残疾用具费、误工工资的，企业或者工伤保险经办机构不再支付相应待遇（交通事故赔偿的误工工资相当于工伤津贴）。企业或者工伤保险经办机构先期垫付有关费用的，职工或其亲属获得交通事故赔偿后应当予以偿还。2004年1月1日起施行的《条例》对此却没有作出规定。2003年12月26日，最高院出台了《关于审理人身损害赔偿案件适用法律若干问题的解释》（法释〔2003〕20号，以下简称《解释》），该《解释》第十二条规定："依法应当参加工伤保险统筹的用人单位的劳动者，因工伤事故遭受人身损害，劳动者或者其近亲属向法院起诉请求用人单位承担民事赔偿责任的，告知其按《工伤保险条例》的规定处理。因用人单位以外的第三人侵权造成劳动者人身损害，赔偿权利人请求第三人承担民事赔偿责任的，人民法院应予支持。"该解释是不是意味着，《办法》第二十八条的规定已经废除，职工或其亲属可以同时享有获得人身损害赔偿和获得工伤保险待遇的双重权利呢？笔者认为还不能得出这种结论。《解释》仅仅明确了"因用人单位以外的第三人侵权造成劳动者人身损害，赔偿权利人请求第三人承担民事赔偿责任的，人民法院应予支持"，其中的"赔偿权利人"，是指劳动者或其亲属，还是指支付工伤待遇后取得代位权的工伤保险经办机构或用人单位，该解释并没有明确，因第三人侵权造成工伤问题的处理仍然比较混乱。

在这个问题上，笔者并不倾向让职工同时享有获得人身损害赔偿和获得工伤保险待遇的双重权利。其一，工伤保险是一种补充保险，是在发生了第三人所致的意外伤害后，在责任人逃匿或者责任人没有赔偿能力的情况下，及时对劳动者进行医疗救助，补偿劳动者因暂时或永久丧失劳动能力而对本人或其亲属造成的各种损失，满足基本生活之需求。其二，我国工伤保险基金筹集的原则为个人不缴费原则，工伤保险费用由用人单位负担。如果在第三人已经全部承担赔偿责任的情况下，职工再享受相应的工伤待遇，会加重用人单位的负担，增加用人单位的雇佣成本。其三，我国工伤保险制度刚起步不久，积累的工伤保险基金数额非常有限。在这种情况下，进一步扩大工伤保险的覆盖范围，让更多的职工享受工伤保险制度的庇护，比让受伤害职工同时享有以上两种权利更有意义，更有利于保障广大职工权利的平等。

此外，职工在上下班途中受到机动车事故或其他意外伤害的，职工或其亲属可以按照有利原则进行选择，既可以请求第三人承担民事赔偿责任，也可以向当地的劳动保障部门申请工伤认定。职工或其亲属申请工伤认定，享受相应的工伤待遇后，工伤保险经办机构或用人单位依法取得代位权向第三人请求损害赔偿，或者职工或其亲属获得民事赔偿后，将从工伤保险基金或用人单位中领取的部分予以返还。

载《中国劳动》2005 年第 11 期

农民工劳动权益保障的制度障碍及其矫正

【摘　要】农民工的生命健康权难以保障，劳动报酬权肆意遭受侵害，休息休假权只是一纸空文，社会保障权难以企及。农民工的权益保护绝不是一句空洞的口号，而必须要有科学的制度为支撑。对当前农民工权益保障的制度障碍进行分析和探讨，并有的放矢地对不利于农民工权益保障的制度进行矫正，显得更为迫切。

【关键词】农民工；权益保障；制度障碍；矫正

农民工一般是指户籍在农村，背井离乡，到城镇打工的劳动者。随着我国计划经济向市场经济转型，农村承包责任制的持续推行以及在市场化进程中耕地数量的减少，大量依赖土地为生的农村剩余劳动力涌向城市，他们在城市做工时的职业身份虽然转变为工人，但由于工作流动性强，稳固性差，特别是城乡二元户籍制度的阻滞，就形成了具有中国特色的"农民工"称谓，城市里的人往往称他们为"外来务工人员"。正如名称之尴尬一样，他们在城市的生存处境同样尴尬，为城市的发展付出了巨大代价的农民工大军，劳动权益难以保障，现代文明成果难以分享，日益沦落沉陷为社会阶层中的最底层。

我国目前跨区域流动的农民工有 1.2 亿，每年还在净增 500 万，农民工已经成为我国产业工人中的主力军。农民工劳动权益肆意遭到侵害的现象，不仅影响了和谐社会的建设，也背离了经济社会发展的根本宗旨。为此，国务院近期出台了《关于解决农民工问题的若干意见》（国发〔2006〕5 号），从战略和社会经济长远发展的高度，对农民工劳动权益的维护提出了系统性的指导意见。但是，农民工的权益保护绝不是一句空洞的口号，而必须要有科学的制度为支撑。所以，对当前农民工权益保障的制度障碍进行分析和探讨，并有的放矢地对不利于农民工权益保障的制度进行矫正，显得更为迫切。

一、农民工劳动权益遭受侵害现状

（一）生命权和健康权难以保障

我国已经发布和实施职业安全卫生法律法规和规章 150 多项，职业安全卫生标准 500 多项，但由于利益的驱使，一些用人单位提供的劳动条件恶劣，必需的安全防护设施不到位，劳动者的职业安全卫生无法得到保障。我国屡屡发生的"煤吃人"事件、重大职业伤害、触目惊心的工伤事故，产业链条中处于低端的农民工往往首当其冲，他们为了谋生常常要付出生命的代价。

（二）劳动报酬权肆意遭受侵害

劳动工资是劳动权利的核心内容，也是劳动行为追求的主要目的，如果劳动者付出劳动后得不到工资，则法定的劳动权就会在现实中落空，劳动者的劳动目的也从根本上得不到实现。[①] 现实中农民工劳动报酬权肆意遭受侵害的现象非常严重。每到年终岁末，农民工讨薪就成了媒体关注的社会热点。其实，连篇累牍的欠薪报道只是揭开了拖欠农民工工资的冰山一角，而几乎所有的农民工都经历过或正在经历"欠薪之痛"。他们艰辛劳作而换取的微薄报酬，也可能变成了雇主签下的空头支票。

（三）休息休假权只是一纸空文

休息休假权是宪法赋予劳动者的一项基本权利，劳动法对此更有明确具体的规定。而对广大农民工而言，没有节假日、每天超时加班、没有加班费的现象十分普遍。国家统计局所作的调查显示，农民工人均每周工作 6.4 天，每天工作 9.4 小时。有的地方，农民工每天工作时间在 11 个小时左右，每月工作时间在 26 天以上。农民工中 76% 的人在节假日加班无法享受国家规定的加班工资。

（四）社会保障权难以企及

社会保险作为一种社会保障形式，在整个社会保障体系中处于核心地位[②]。目前我国尚未出台专门针对农民工的社会保险政策，现行的基本养老、医疗、失业、工伤等社会保险虽然不排斥农民工，但由于农民工流动性强、工作不稳定，以及地方政府宣传和落实的力度不够等原因，导致农民工的参保率很低，社会保险缺失，农民工劳动过程中面临的各种风险无以消弭和分散。

二、农民工劳动权益保障的制度障碍

（一）劳动争议处理程序冗长，农民工维权成本高昂

我国现在实行"先裁后审，一裁两审"的单轨劳动争议处理模式，冗长的法

---

① 黎建飞：《拖欠农民工工资中的法律问题》，载《法学杂志》2004 年第 3 期。
② 王全兴：《劳动法》，法律出版社 2004 年版。

律程序和高昂的维权成本，常常使普通劳动者望而生畏。即使某些案件可以直接到法院立案，按照《民事诉讼法》规定，一审普通程序的审理期限是 6 个月，有特殊情况可以延长 6 个月；二审程序审理期限是 3 个月，特殊情况可以延长。农民工生存尚难，再去投入到拉锯式的仲裁、诉讼中，这无疑是雪上加霜。何况，高昂的仲裁、诉讼费用，代理费用，执行费用等，一道道门槛，一个个山头，让农民工望而生畏，实难跨越。法律说到底是维权的工具，一旦这种维权的工具变得笨拙沉重，甚至成为镣铐，谁还敢奢望通过法律的路径去维护自己的合法权益呢？因此，农民工上访维权、跳楼维权，实则不足为怪了。

（二）用人单位违法成本低廉，成为农民工权益屡遭侵害的重要诱因

用人单位要保障劳动者的生命安全和身体健康，用人单位不得克扣拖欠劳动者的工资，不得随意加班加点等规定，劳动法律法规并不缺位，其条文洋洋洒洒，可谓鸿篇巨制。但劳动者的权利为何仍然停留在纸面上？透过条文可以发现，法律对用人单位违法的惩戒规定模糊抽象，难以掌控和操作，是重要诱因。比如用人单位要同劳动者签订书面劳动合同，而用人单位不签订书面劳动合同，用人单位应当如何承担责任缺少规范，致使该条款成为一个倡导性条款；比如工资要按月支付，而农民工很少能按月领到工资的，法律应如何惩罚用人单位缺少规定，导致农民工年底集中讨薪；即使某些规定比较具体，但是违法代价小，不足以震慑"利益熏心"的用工方，比如对恶意欠薪，劳动法规定，可由劳动行政部门"责令支付劳动者的工资报酬、经济补偿，并可以责令支付赔偿金"，该规定不仅要依赖于劳动行政部门的积极作为，而且制裁措施也有些模棱两可，用人单位付出的违法成本也比较低廉；有的规定标准太高，脱离实际，法不责众，致使用人单位违法貌似要付出高成本，而实际付出成本低。比如，我国实行每周 40 小时工资制，加点支付不低于正常工时工资的 150%，休息日加班支付不低于正常工时工资的 200%，法定节假日加班支付不低于正常工时工资的 300%。上述标准由于超越我国发展阶段而难以在企业推行，企业根本无视上述规定，致使严肃的法律规定成为一纸空文。

（三）社会保险立法存在漏洞，农民工难以享受社会保险制度的荫泽

社会保险是指国家以立法形式强制实施的对因丧失劳动能力而不能劳动或者丧失劳动机会而暂时中断劳动的公民提供一定物质帮助或相应补助，保证其维持

基本生活的一种社会保障制度①。虽然我国现行社会保险制度并不排斥农民工，进入城镇用人单位的农民工原则上应当参加法定的基本养老、医疗、失业、工伤等社会保险，但我国现行的各项社会保险立法，除工伤保险外，主要是围绕城镇职工进行制度设计的，根本没有考虑农民工的持续流动和社会保险关系的转移接续等问题，实际上将农民工排斥在社会保险的门槛之外。

（四）劳动关系理论研究滞后，制约和影响了对农民工权益的保护

劳动关系理论研究的滞后，致使劳动关系的立法滞后，也给劳动执法带来困惑和混乱。在实践中，因劳动关系理论研究滞后，制约和影响农民工权益保护的问题主要在于：第一，农民工和非法用工单位之间能否建立劳动关系？当前，劳动监察部门以及仲裁机构、人民法院往往认为，用人单位无营业执照或者未经依法登记、备案以及被依法吊销营业执照或者撤销登记、备案，因为其主体资格瑕疵，所以农民工与非法用工单位之间并没有建立劳动关系，致使农民工的维权路径变得极为复杂曲折。第二，建筑工程领域的层层转包是建设部明令禁止的，从建筑法上讲作为自然人的"清包人"（俗称包工头）是没有劳务承包资格的，但是在我国的建筑行业大量存在自然人分包劳务工程，由其招用大量农民工完成工程任务的情况。当前，城镇的农民工多存在于建筑领域，清包人和农民工之间法律关系的界定还比较模糊，农民工的维权路径仍不清晰。第三，我国劳动法规定，建立劳动关系，应当签订书面劳动合同。当前，用人单位招用农民工，一般仍以临时工性质招用，不办理招用手续，不建立个人档案，不签订劳动合同。一旦农民工与用人单位产生纠纷，劳动监察部门首先要求劳动者提供书面劳动合同，农民工难以提供，劳动监察部门就堂而皇之地推卸自己的责任，指责农民工缺少法律意识，导致农民工投诉难、维权难。

三、不断推进制度创新，切实维护农民工的劳动权益

（一）简化劳动争议处理制度，使农民工维权不再"寻死觅活"

仅民事两审程序的冗长烦琐就不利于劳工权益的保护，"一裁两审"劳动争议处理制度更为人诟病。只有变革现行争议处理制度，寻求简化便捷的劳工维权路径，才能促使利益受损的劳工为权利而斗争。最高人民法院《关于审理劳动争议案件适用法律若干问题的解释（二）》规定，劳动者以用人单位的工资欠条为

---

① 蒋月：《社会保障法》，厦门大学出版社2004年版。

证据直接向人民法院起诉，诉讼请求不涉及劳动关系其他争议的，视为拖欠劳动报酬争议，按照普通民事纠纷处理。很显然，这是简化争议处理程序的有益探索。但是，如果不从制度上进行重构，仅零敲碎打、修修补补，是难以确保广大农民工的合法权益的。建议我国制订《劳动争议处理法》，设立"一揽子"解决所有劳动争议的劳动法庭（将拖欠工资等都纳入劳动法庭管辖），在时效、立案、收费、审理程序、审理期限、强制执行等方面都作出与民事审判不尽相同的规定，并吸收融合劳动仲裁成本低廉和灵活、迅速的特点，建立与当前劳动形势相适应的中国特色的劳动争议处理制度。

（二）建立适合农民工特点的社会保障制度，解除农民工"后顾之忧"

农民工是一个复杂而又庞大的群体，既有正规就业的，又有灵活就业的；既有稳定就业的，又有频繁流动的。但总体看，农民工工作稳定性差，流动性强。因此，农民工社会保障制度必须考虑农民工因暂时失业或频繁变动工作而导致的参保中断、参保接续困难问题，以及农民工流动、返乡如何享受社会保险等现实问题，真正建立惠及农民工的社会保险制度。因此，国家应尽快出台统一的农民工社会保险政策，分类实施，大力推进，并在条件成熟时，制定统一的《社会保险法》。

（三）清晰劳动关系理论，使农民工维权不再"雾里看花"

首先明确农民工和非法用工单位之间能够建立劳动关系。用人单位主体资质瑕疵仍然雇佣劳工，应受到行政管理方面的处罚，和劳动关系的确立没有直接的因果关系。"对于非法用工单位雇佣劳动者的事实，只要符合劳动关系的实质性要素，就应当确立劳动关系。"[①]因此，农民工投诉非法用工单位侵害他们合法权益，劳动监察等部门以及仲裁机构、人民法院理应受理，并依照劳动法律法规进行检察或裁判。其次，针对建筑工程领域的"清包人"现象，劳动法律法规应提供明确、清晰、具有可操作性的界定标准。"目前最合理、可操作和有魄力的做法是，明确规定最接近'清包人'的发包单位是劳动法律关系主体的一方当事人，使得劳动法律关系的界定在各法律部门都有统一明确的法律依据，使得我国建筑业"清包人"手下的劳动者和类似的劳动者都能真正得到劳动法的保护。"[②]再次，书面劳动合同只是确立劳动关系的重要证据，不能将书面劳动合同理解为建立劳动关系的必要条件。《劳动和社会保障部关于确立劳动关系有关事项的通

---

① 佟丽华：《谁动了他们的权利？》，法律出版社2006年版。
② 王建军：《劳动法视角下的"清包人"》，载《中国劳动》2006年第7期。

知》明确规定，虽用人单位招用劳动者未订立书面劳动合同，但具备法定情形的，劳动关系成立。因此，对于未签订书面劳动合同的农民工的投诉，劳动监察等部门不仅不应推脱，而且应加大检察力度，保障农民工的合法权益。

（四）引入刑法惩罚机制，使用人单位侵害农民工权益不再"有恃无恐"

法律是调整纷繁社会关系、建立和谐社会的工具和手段。在农民工的基本人权遭到肆意践踏，劳动关系充满了血腥与悲情，而现行的行政、民事规范调整又屡屡失范的情况下，加强劳工权益的刑法保障实有必要。"如果有20%的利润，资本就蠢蠢欲动；如果有50%的利润，资本就铤而走险；如果有100%的利润，资本就敢于冒绞首危险；如果有300%的利润，资本就敢于践踏人间一切法律。"[①]美国的经济学家罗伯特·考特、托马斯·尤伦在《法和经济学》一书中，分析了许多经济学家和法学家的成果后得出结论：遭受拘捕、判罪和处罚的概率的增加和刑罚的严厉程度的提高，对所有人和一小撮最有可能犯罪的人都具有威慑效应。由此，增加资方侵犯劳工权益的犯罪成本是制止威慑犯罪的有效手段。我国现行刑法虽然规定了重大责任事故罪、重大劳动安全事故罪、强迫职工劳动罪、雇用未成年人劳动罪和挪用社会保障基金等犯罪，但问题在于刑法对上述犯罪规定的刑期较短，实践中判处缓刑较多，震慑力不够，并且刑法介入领域狭窄，对资方恶意欠薪、长期拖欠职工"三险一金"、强迫工人超时加班、无视劳动保护、侮辱体罚等用工行为都没有规定为犯罪，使资方侵害劳工权益更加有恃无恐。可以说，加强农民工权益的刑法保障，是刑法作为社会最后一道防线义不容辞的责任。

载《北京市工会干部学院学报》2010年第3期

---

① 马克思、恩格斯：《马克思恩格斯全集·第23卷》，人民出版社1975年版。

论我国劳动争议处理的制度重构

李培智　　王秀英①

【摘　要】我国现行劳动争议处理体制存在着诸多弊端，劳动争议调解委员会名存实亡，劳动者维权的第一道防线难堪重任；一裁两审的单轨劳动争议体制不仅造成公共资源的浪费，其高昂的经济成本和时间成本也使劳动者望法兴叹。因此，我国劳动争议处理体制必须重构，建立适合我国国情的调解机制，选择"两裁终局"作为解决劳动争议的体制模式。

【关键词】调解；仲裁；单轨体制；双轨体制

其实，谁都不会想到重庆一位打猪草回家的普通农妇熊德明与总理的一次邂逅，引发了一场席卷全国的讨薪运动，民工 300 多亿元的欠薪浮出水面。熊德明不仅当天要回了深圳一家公司欠她的 2000 多元工钱，还因此声名鹊起，被评为中央电视台 2003 年度中国经济人物。然而，"破窗"仅靠总理去堵是远远不够的，除了幸运的熊德明外，还有无数不幸的"熊德明"。2004 年 6 月 9 日和 10 日的《燕赵都市报》报道，6 月 4 日，在石家庄西苑小区附近，年过五旬的赵某为替儿子讨要医药费，率其亲友爬上儿子所在建筑工地的塔吊；6 月 8 日，该建筑工地的一名小包工头爬上塔吊再演"跳楼秀"，被警方行政拘留；然而，行政处罚依然挡不住后继者，6 月 9 日一女子为讨要工钱，再上高楼。这些辛酸的故事不能不令我们反思：当劳动者付出了辛勤的汗水，却拿不到微薄的薪水的时候，他们为什么不擎起法律的利器来捍卫自己的权益？是因为法律的缺位吗？显然不是，我国劳动法及一系列相关法规对劳动者权益保护的规定不可谓不细，特别是劳动实体方面的法规政策已经延伸到劳动保护的方方面面。通过分析，笔者认为导致劳动者合法权益难以得到有效救济的原因在于劳动者维权的路径存在着障碍，我国劳动争议处理体制存在着一定弊端。

---

① 王秀英（1968—　），女，河北政法职业学院图书馆馆员。

一、我国现行劳动争议处理体制的弊端

（一）劳动争议调解委员会名存实亡，劳动者维权的第一道防线难堪重任

劳动争议调解委员会是指在用人单位内部依法设立的，负责调解本单位劳动争议的组织。根据《企业劳动争议处理条例》第七条的规定，企业内部可以设立劳动争议调解委员会，负责调解本企业发生的劳动争议。劳动部颁发的《企业劳动争议调解委员会组织及工作规则》就企业劳动争议调解的范围、原则，调解委员会的组织、职责及工作程序等内容作了详细的规定。根据该规定，调解委员会由职工代表、企业代表和企业工会代表三方组成，由三方组成的调解委员会旨在兼顾各方利益，公正处理纠纷。

但在实践中，劳动争议调解的作用非常有限。原因在于：（1）我国劳动法律法规并未对企业设立调解委员会作出严格的要求，只是说可以设立，自然也可理解为可以不设立。很多企业不愿付出经济及人力资源成本，要么没有建立调解委员会，要么所谓的企业调解委员会只是一个瘫痪机构，并没有实际运转。（2）由于调解委是企业设立的，人事和经费都由企业管理，因而企业调解委很难保持其中立性，通过职工代表、企业代表和工会三方架构来公正解决劳动争议，无疑带有理想主义的色彩。劳动者由于缺乏对企业调解委的信任，一般不会选择调解来解决争端。（3）我国劳动法规定，劳动者维权的仲裁时效为60日，如果申请调解，仅发生仲裁申诉时效的中止，调解委员会应当自当事人申请调解之日起30日内结束，到期未结束的，视为调解不成，调解超过30日的仲裁时效从30日之后的第一天继续计算，实际上仲裁时效仅剩余30日的时间。在调解委的调解并不规范，劳动者对这些劳动法规很难了解清楚的情况下，劳动者可能会陷入调解误区，丧失寻求仲裁以及诉讼的权利。（4）劳动者和用人单位经调解签署了调解协议，但调解协议并没有强制执行力，任何一方当事人不能履行或不愿履行都会使调解协议变成一纸空文。那么劳动者再提起劳动仲裁是否受60日仲裁申诉时效的限制，法律还没有一个明确的说法。可见，调解解决劳动争议有时不仅不能解决争议，反而成为劳动者维权的陷阱。

（二）高昂的经济成本和时间成本使劳动者望法兴叹

我国在事实上确立了仲裁前置的原则，形成了"先裁后审，一裁两审"的单轨制劳动争议处理体制。由于仲裁前置程序的客观存在，实际上就形成了一套体制繁杂、期限冗长的劳动争议处理程序。按照规定，仲裁庭处理劳动争议应当从

组成仲裁庭之日起 60 日内结案，案情复杂需要延期的，报仲裁委批准后可适当延长，但不得超过 30 日。而《民事诉讼法》规定，一审普通程序的审理期限是 6 个月，有特殊情况可以延长 6 个月；二审程序审理期限是 3 个月，特殊情况可以延长。依照上述规定，一起劳动争议案件经过一裁两审，在正常情况下也需要一年的时间。如果遇上特殊情况，可能要展开拉锯战，而且还没有计算法院的执行程序所需要的时间。试想，什么样的企业、什么样的劳动者能够支付得起如此高昂的时间成本？此外，这种劳动争议的"一调一裁两审"制度几乎用尽了所有的解决争议的手段，每个环节的延伸必然增加当事人解决争议的经济成本。从聘请律师到交纳仲裁以及诉讼费用，加上庭外的开支，将是一笔数目不菲的费用。特别是在我国社会保障体制尚不健全、劳动者就业压力巨大的情况下，劳动者的生存尚成问题，再去投入拉锯式的仲裁、诉讼中，这无疑不是一个理性人的选择。法律说到底是维权的工具，一旦这种维权的工具变得笨拙沉重，甚至成为镣铐，谁还敢奢望通过法律的途径去维护自己的合法权益呢？因此暴力维权，以及被逼得真跳楼也罢，时下流行的跳楼秀也好，也都见怪不怪了。

令人欣喜的是，2003 年 12 月最高人民法院《关于落实 23 项司法为民具体措施的指导意见》指出，各级人民法院对于属于劳动法调整范围的劳动争议案件，要依法快立案、快审判、快执行，及时保护当事人的合法权益。但是，如果不从法律制度入手加以改革，解释所起的作用是有限的。

（三）"先裁后审"的单轨劳动争议体制既导致法律救济路径的障碍，也造成有限公共资源的浪费

在劳动争议处理过程中，仲裁委与法院之间在性质上存在较大差异。因而，它们之间的衔接障碍无法避免。根据最高人民法院的司法解释，对当事人不服仲裁裁决而提起诉讼的劳动争议案件，法院不得作出维持或者撤销仲裁裁决书的裁定和判决。这就意味着，一旦当事人对劳动争议仲裁裁决不服，向人民法院提起诉讼，法院的审理工作就必须一律从头开始，另起炉灶，出现"你裁你的，我判我的"的局面，原有的仲裁裁决，实际上成为一纸空文。对于一件劳动争议案件的重复审理，必然导致仲裁程序虚耗，有限的公共资源被浪费。同时，"先裁后审"的单轨体制往往导致劳动者的诉权被剥夺。我国《劳动法》第六十二条明确规定："提出仲裁要求的一方应当自劳动争议发生之日起 60 日内向劳动争议仲裁委员会提出书面申请。"而仲裁又是法院受理劳动争议案件的前置程序。很显然，劳动者一旦未能在 60 日内提起仲裁申请，向法院提起诉讼的权利相应地也

会被剥夺。法律救济途径的狭窄，与现代法律彰显人权的要求是背道而驰的。

二、我国劳动争议处理体制的重构设想

（一）强化劳动争议的调解功能，全力做好劳动争议调解这篇大文章

在我国的劳动争议处理制度构建中，企业内部调解的地位不仅不应弱化，反而应着力加强。首先，劳动关系是对立统一的，劳动者和用人单位既是对立的矛盾体，更是和谐的统一体，现代化的大生产格局决定了劳动关系主体双方的合法权益是不可分割的，任何一方权益受损都可能引起相对一方权益遭受损害。只有建立和谐稳定的劳动关系，才能使劳动力资源的作用得以充分发挥，才能使企业在激烈的市场竞争中立于不败之地。而通过调解方式解决纠纷，可以有效避免劳动关系的破裂。企业可以聚精会神搞建设，一心一意谋发展，劳动者可以不断提高劳动技能和劳动素养，充分发挥人力资源的效用，为企业和社会经济发展作出重要贡献。其次，在我国劳动力市场供过于求、就业形势严峻的情况下，资本对利润的追求，必然造成对劳动者合法权益的侵蚀。随着劳动法规的宣传贯彻以及劳动者权利意识的觉醒，劳动争议的数量会日益增多，只有将劳动争议解决在基层、解决在萌芽，方可大大减轻仲裁委和法院的压力。否则，劳动仲裁委员会和人民法院将不堪重负。再次，从世界范围看，大多数国家都注重基层调解，将企业内部调解作为解决劳资纠纷的重要环节。法国处理劳动争议的机构，有企业内劳资机构和法院内专业法庭两个层次，当劳动争议发生后，当事人可以先在企业内部进行调解。日本的劳动争议处理机构是中央和地方劳动委员会。当劳动争议发生后，由当事人一方或双方进入斡旋（相当于调解）程序，其斡旋手续简单，容易解决争议，劳动委员会受理的案件中有 90% 是经斡旋解决的。美国国会在1978 年通过专门的法案，由政府提供资金，联邦调解调停局负责指导地方，帮助企业建立劳动关系协调委员会，做好劳动争议的调解工作。因此，在我国劳动争议解决机制的架构中，调解占有举足轻重的地位，只能强化，不能削弱。对此，学界及实务部门争论不大。关于调解制度的设计，笔者谈以下几点看法。

1. 建立企业调解委员会的统一管理机构，并保持企业调解委员会的独立性

虽然国务院及相关部委陆续出台了企业劳动争议调解委员会组织及工作规则，但由于缺少有效的监督管理，相当一部分企业并未成立企业调解委员会，有的企业虽然成立了调解机构，但由于人员、经费等原因，这一机构也名存实亡，

并未实际运转。因此，首先要在国家劳动社会保障部门建立专门的企业调解委员会的管理机构，负责企业调解委员会的筹建、指导、监督和管理。同时，我国《企业劳动争议处理条例》规定，企业调解委员会由职工代表、用人单位代表和工会代表组成，职工代表由职工代表大会（或职工大会）推举产生，用人单位代表由法定代表人指定，工会代表由工会委员会指定。但我们不能回避的问题是，职工代表仍然是企业的职工，在和企业存在隶属关系、需要依赖企业生存的情况下，职工代表在多大程度上能代表职工的利益呢？企业工会既要拿企业工资又要作为企业对立面来维护职工合法权益，何尝不是勉为其难。因此，企业调解委员会必须独立于企业，才能保持其中立性，才能得到劳动者的信任。因此，建议企业调解委员会一旦成立，将由政府统一管理，企业和企业调解委员会不存在领导和被领导的关系。至于经费及企业调解委员会工作人员的工资待遇，可以由企业按照职工人员或一定工资比例统一交纳给调解委的管理机构，由他们再统一拨付。考虑到有的企业规模比较小，管理机构可按地域成立企业调解委员会，分别负责所管辖企业的劳动争议调解工作。

2. 实行调解员考试制度，建立一支专门的调解队伍

我国现行企业调解委员会人员的构成虽然考虑了三方原则，但忽视了对调解人员基本素质的要求。一个对劳动法律法规一无所知的法盲是很难做好调解工作的，一个战斗在车间一线辛勤工作的职工也没有时间来做调解工作。基于此，可以考虑实行调解员统一考试制度，只有取得企业调解员资格证书方可上岗。考试面向社会公开选拔，由企业调解委员会的管理机构统一聘用，统一管理，最终建立起一支高素质的专门的调解员队伍。

3. 劳动争议调解为劳动仲裁申诉时效的中断事由

我国《劳动部关于贯彻执行〈中华人民共和国劳动法〉若干问题的意见》第八十九条规定，劳动争议当事人向企业劳动争议调解委员会申请调解，从当事人提出申请之日起，仲裁申诉时效中止，企业劳动争议调解委员会应当在30日内结束调解，即中止时间最长不得超过30日。结束调解之日起，当事人的申诉时效继续计算。调解超过30日的，申诉时效从30日之后的第一天继续计算。《调解委员会组织及工作规则》规定，对劳动争议调解不成的，应作记录，并在调解意见书上说明情况，由调解委员会主任签名、盖章，并加盖调解委员会印章。经调解达成协议的，制作调解协议书，双方当事人应自觉履行。问题在于，在实践中，争议一方自申请之日起60日后才收到调解不成的调解意见书，以及调解成

功签定调解协议书后一方迟迟不予履行，往往导致超过仲裁时效。因此，为了鼓励劳动争议双方积极参加调解，并切实保护争议双方当事人的合法权益，调解解决纠纷应作为仲裁申诉时效的中断事由，自收到调解不成的调解意见书及签订调解协议书后一方明确拒绝履行之日起，仲裁时效重新开始计算。

（二）摸索构建一套适合我国国情的劳动争议处理体制

对现行的劳动争议处理体制，学界和实务界大多持批评态度，其弊端上文有所分析，不再重述。但在我国究竟应建立何种处理制度，代表性的观点主要是，主张"单轨制"中的"只裁不审"制以及"只审不裁"制，主张双轨制中的"裁审分离，各自终局"制以及"或裁或审，裁审自择"制[①]。"只裁不审"制与"只审不裁"制的区别在于，前者意味着劳动争议发生后，当事人只能选择仲裁，劳动争议不进入诉讼程序；后者意味着将劳动争议的处理完全纳入诉讼程序。双轨制中的"裁审分离，各自终局"制以及"或裁或审，裁审自择"制的主要区别在于，"裁审分离，各自终局"制指的是当事人在申请仲裁和提起诉讼之间任选一种方式，申请仲裁的不得再提起诉讼且仲裁裁决为终局裁决，已提起诉讼的就不得再申请仲裁，诉讼判决为终局判决，对一裁裁决（或一审判决）不服的可向上级仲裁机构（或上级法院）申请复议（或上诉），其复议裁定（或二审判决）即为终局裁定（或终审判决）；"或裁或审，裁审自择"制指的是劳动争议发生后，当事人或者选择仲裁，或者选择诉讼，但申请仲裁必须由争议双方达成书面申请仲裁协议，否则只能向法院提起诉讼。一方对仲裁裁决不服的，可依法行使诉权，上诉至人民法院。上述四种劳动争议处理体制各有利弊优劣，我们在作出选择的时候，必须考虑以下两个原则，一是国情制约原则，我们不能仅仅从理论上抽象分析每一种体制孰优孰劣，而应将制度设计立足于我国的基本国情，脱离国情去谋略体制，无异于纸上谈兵。二是程序效率原则，政府和当事人付出较低成本，而能最大限度地寻求公正，使遭受侵害的权利得以救济。强调程序之效率并非忽视公正，效率中本身蕴涵着公正的基因。从上述两个原则出发，笔者认为我国未来的劳动争议处理体制宜采用"只裁不审"制，其原因在于：

（1）首先，无论"裁审分离，各自终局"制还是"或裁或审，裁审自择"制，均要求政府和社会提供充分的公共资源，既要提供完善的仲裁资源，也要提供充分的审判资源。也就是说，双轨制虽然能够使劳动争议案件分流，但公共资源配

---

① 周开畅：《劳动争议处理体制研究综述》，载《中国劳动》2004年第3期。

置的成本并没有降低。同时，难以避免的问题是，实践中不能确定案件多是流向仲裁还是诉讼，如果案件多流向诉讼，就会造成仲裁资源的浪费和虚耗，相反亦然。可见，在我国当前仲裁及审判资源非常紧缺，而劳动争议案件又急剧上升的情况下，双轨制是不经济的。其次，"或裁或审，裁审自择"制与我国现行的"一裁两审"制并没有本质区别，难以将劳动争议双方当事人从无休无止的拉锯战中解放出来，不仅与程序效率原则相背离，也不能使仲裁与诉讼衔接难的问题从根本上得到改观。由此，笔者赞成选择单轨制作为我国劳动争议体制的基本构架。

（2）单轨制中"只审不裁"与"欧洲模式"即劳动法院或者专业法庭解决模式相似，从理论上讲，其便于解决劳动纠纷，并能有效实现结果公正。但在我国实行这种模式并不现实。一方面，随着人们权利意识不断增强，劳动关系日益复杂，劳动争议案件急剧上升；另一方面，法院现有资源就很紧张，很多案件久拖不决，再将全部劳动争议纳入诉讼程序，如果仍以原有的民事兼审的方式审理，不仅会使法院不堪重负，甚至会导致新体制的崩溃。另外，经过多年的劳动仲裁，我国已培养出一大批经验丰富的仲裁员队伍，并积累了一定仲裁经验。撤销劳动争议仲裁委，成立专门的劳动法院或劳动法庭，就像拆掉旧房盖新楼，改革的成本是高昂的。何况我国还没有专门的劳动争议诉讼程序，劳动法院或劳动法庭只不过是民事法庭的翻版。而原来的民事诉讼程序，并不适应劳动争议的特点。因此，沿袭旧的民事争议程序，很难提高解决劳动争议的效率，所谓的结果公正会被漫长的审理程序给虚耗掉。此外，在我国当前劳动立法还不完善的情况下，劳动保障行政部门对各种劳动行政规定更加熟悉，运用更为便利，更为了解劳动法律关系的特点和规律，使劳动争议案件得以快审、快结。"将仲裁与诉讼程序比较，就仲裁程序而言，其成本低于诉讼程序，具有灵活性、迅速性及费用低廉等特征。"①而综观采用劳动法院（劳动法庭）的国家，其法院（法庭）的构建也具有仲裁的特性。以"欧洲模式"为例，许多国家采用的各专业法庭模式，其实是法院和仲裁形式融合的产物。具体案件审理中，一般由一个中立法官为主导，并由代表雇主和劳工立场倾向的专业法官或代表参与具体案件的审理，既考虑司法公正，又兼顾社会经济条件的变动和劳动争议社会性的特点。基于此，笔者赞成采用单轨制中的"只裁不审"作为我国劳动争议体制的基本构架。

---

① 董保华：《论劳动争议处理体制中的"裁审关系"》，载《中国劳动》2004年第3期。

（3）对"只裁不审"制存在不同意见的学者认为，这种模式会剥夺劳动争议双方当事人的诉权，导致缺乏司法救济的弊端，使社会公正难以保证。笔者不同意这种看法。首先，劳动仲裁体制是由全国人大以立法的形式确立的，仲裁是"准司法"的典型形式之一，已经成为解决争端的常见形式。"在许多社会中，仲裁者是一位非专司审判的决官；或者是毋须仿照全部司法程序的法官。"① 我国早就制定了专门的《仲裁法》，1988年中国国际贸易促进委员会制定通过了《中国国际经济贸易仲裁委员会仲裁规则》。不仅在私法领域，随着社会的发展和社会法的出现，仲裁在社会法领域也获得了新的发展机会，仲裁在解决劳动纠纷时，展现了独特的发展优势。"近来，许多国家都越来越多地诉诸仲裁程序，也即将争议交给普通法院制度以外的人去裁决。"② 因此，认为只裁不审制会导致缺乏司法救济的弊端的观点是经不起推敲的。其次，无论仲裁还是诉讼，都是追求社会公正的手段，诉讼手段达成的结果并不都是公正的，仲裁达成的结果并不因此会远离公正。我们要抛开对诉讼程序的迷信，解放思想，与时俱进。

（三）"只裁不审"制的模式构建

"只裁不审"制的模式构建关键在于，最大限度地实现程序正义，以达到结果公正之目的，真正体现准司法的性质，赢得社会公众的信赖，确保劳动者的合法权益。

1. 按照两裁终局的要求，改革完善现行的仲裁体制

一裁终局从程序上难以保障劳动争议仲裁的公正性，会留下制度漏洞，使错裁、漏裁难以得到矫治。当前，我国县（区）、市一级基本设立了劳动争议仲裁委员会。对县区仲裁委的裁决不服的，可以向市一级仲裁委提起复议。如果是市属或省属企业劳动争议双方直接向市一级仲裁委提请劳动仲裁，而又对市一级仲裁裁决不服的，只能向省一级劳动仲裁委员会申请复议。这就要求应当在省一级也强制性地设立劳动争议仲裁委员会，以确保有两级仲裁机构，进而实施两裁终局制。东亚及东南亚国家普遍采用两裁终局的劳动争议仲裁制度。如韩国的《劳动关系委员会法》规定，当事人如果认为当地劳动关系委员会作出的裁决违反法律，或者超越其职权范围，可以在收到仲裁裁决书之日起10日内向中央劳动委

---

① 《政府制度与程序》，载《政治科学大全·第五卷》，朱云汉译：幼师文化事业公司，1983年版。

② [美]博登海默：《法理学、法律哲学与法律方法》，邓正来译，中国政法大学出版社1999年版。

员会申请复议；日本的《劳动关系调整法》规定，地方劳动委员会处理劳动争议后，当事人如果不服可以向中央劳动委员会申诉。

2. 制定一部统一的《劳动争议仲裁法》

应借鉴《仲裁法》的立法模式，制定一部统一的《劳动争议仲裁法》，使劳动仲裁真正做到有法可依。仲裁立法应明确这几个方面的问题：应确立劳动争议仲裁委的地位和性质，特别是明确劳动仲裁委与劳动行政部门的关系，看其是否存在隶属性。多数学者主张劳动仲裁委应独立于劳动行政部门，笔者认为应慎重，在"只裁不审"模式刚开始推行的情况下，就将劳动仲裁委独立于劳动行政部门，未免有些操之过急，可以考虑将其作为第二步改革方案；还应明确劳动仲裁的受案范围，尽可能地将所有劳动争议纳入仲裁范围；对仲裁委的人员组成及仲裁员的聘任进行规范，对仲裁员的基本素质设定最低门槛；关于仲裁庭的构成，要取消独任制，在具体案件审理中落实三方原则，以期实现仲裁结果的客观公正等。

3. 建立撤销仲裁裁决的司法救济途径

建立撤销仲裁裁决的司法救济途径并不是指劳动争议当事人对裁决不服均可向人民法院提起上诉，而是对撤销裁决划定严格的界限。可以借鉴《仲裁法》第五十八条之规定，符合第五十八条（二）至（六）项的条件，方可向人民法院提起撤销裁决之诉，使法院成为确保社会公正的最后救济途径，从而最终实现更有效地维护劳动者与用人单位的合法权益的根本宗旨。

载《河北法学》2004 年第 10 期

构建中国特色的劳动争议处理制度新探

【摘　要】我国现行劳动争议处理制度仍然存在着调解虚化、程序冗长、资源浪费等弊端。应制定一部统一的《劳动争议处理法》，由工会担负起调解职责，撤销劳动争议仲裁机构，扩大劳动监察队伍，建立专业劳动法庭，构建具有中国特色的劳动争议处理制度。

【关键词】劳动争议；处理程序；探究

《劳动争议调解仲裁法》（下称《调解仲裁法》）对饱受诟病的传统劳动争议处理制度进行了革新，其关于延长仲裁时效、多元化解决纠纷机制、部分案件"一裁终局"、免收仲裁费等人性化制度设计，在一定程度上缓解了社会公众对我国劳动争议处理制度的责难，人们期待这部法律能够使劳动者维权的路径更加便捷畅通，为困顿中的劳动者支撑起一片"程序正义"的绿荫。

然而，我们不无遗憾地发现，这部历时近三年，耗费了大量立法资源和社会公众资源的崭新法律并未对"一裁两审"的旧有体制作出根本变革，只不过是对旧有体制漏洞的缝缝补补。这部经过修补和润饰的法律终究还是不合劳动者之体，不合时代和社会发展之宜。

一、《调解仲裁法》的主要问题所在

（一）"绿色"调解机制之"画饼充饥"

《调解仲裁法》专章规定了"调解"制度。"调解是一种柔性化方式化解矛盾的机制，源于儒家文化，在我国具有悠久的历史传统——以调解的方式解决纠纷具有及时、灵活的特点，成本较低，可以促使当事人尽快取得谅解、减少双方的对立情绪，防止矛盾激化，被称为解决纠纷的第三条道路和绿色纠纷处理。"[1]正是立法者认识到调解对解决劳动争议具有无可比拟且不可替代的优势，所以对调解制度的描述可谓浓墨重彩，对担负调解劳动争议职能的组织及其人员素质、调解程序、调解协议的效力等作出了明确规定。但是，被立法者寄予如此厚望和

---

[1]　全国人大常委会法制工作委员会行政法室编著，张世诚主编：《中华人民共和国劳动争议调解仲裁法解读》，中国法制出版社2008年版，第33页。

重任的调解制度，却在实践中难以起到拦截劳动争议、避免劳动争议演化和升级的第一道屏障的作用。具体而言，《调解仲裁法》关于调解制度的规定有如下缺陷：

1. 调解组织泛化和虚化，极大削弱了调解力量

《调解仲裁法》规定，发生劳动争议，当事人可以到企业劳动争议调解委员会，依法设立的基层人民调解组织，在乡镇、街道设立的具有劳动争议调解职能的组织申请调解。看起来，劳动者选择调解组织的空间很大，而实际上，调解组织的泛化和虚化，直接肢解和削弱了调解力量，使调解制度成为"镜中花"和"水中月"。

首先，调解组织的正常运转耗时、耗力，每起劳动纠纷的调解也要耗费大量的调解资源，而这些调解组织却并无利益可言。由此，以上调解组织可能对劳动争议调解工作是排斥和拒绝的，劳动争议的皮球可能会在被泛化的调解组织之间踢来踢去。即使某一劳动争议调解组织受理了某一劳动争议调解的申请，也可能是敷衍的，调解的效果不会乐观。

其次，大多的企业并未设立劳动争议调解委员会，即使设立了调解委员会，多是名存实亡，处于瘫痪和半瘫痪状态；何况，企业劳动争议调解委员会由企业设立，经费由企业保障，企业调解委的中立性实难保持，劳动者对本企业的调解委也缺乏足够的信任。

最后，《调解仲裁法》规定的调解组织具体包括哪些，还需要相关法律规范予以明确。问题是，即使法律明确赋予村委会、居委会、司法所及劳动社会保障所等担负劳动争议调解职责，在以上组织对原担负的社会调解和社会保障职责已经疲于应付的情况下，对《调解仲裁法》生硬塞给他们的职责能否消化和担当，不容乐观。

2. 调解人员泛化，调解效果不容乐观

劳动争议不同于一般的家庭矛盾、邻里纠纷，调解员只有掌握基本的劳动法律知识，了解不断调整的劳动政策，才能够有效开展调解工作。否则，就成了乱弹琴。而《调解仲裁法》对调解员的宽泛要求，徒具形式上的象征意义，不过是立法者美妙的理想主义的幻想而已。

3. 调解协议不具有法律强制执行力，调解作用大打折扣

《调解仲裁法》规定，达成调解协议后，一方当事人在协议约定期限内不履行调解协议的，另一方当事人可以依法申请仲裁。可见，调解协议只是具有民事合同的约束力，并不具有强制执行的法律效力，调解的作用因此也大打折扣，调解的虚化弊病再次暴露。

当然，立法者为了弥补法律规定之不足，规定了支付令制度，最高人民法院规定，调解协议的效力经人民法院确认后具有强制执行力。但是，依赖法律链条的延伸来维护调解协议的效力，拉长了劳动争议处理程序，同时也具有很大的不确定性。

（二）劳动争议处理程序未作根本变革，仲裁与诉讼的衔接变得更为困难和复杂

1. 劳动争议处理程序冗长

立法者虽然竭力缩短仲裁裁决的期限，由仲裁 60 日内结案缩短为 45 日内结案，但问题是，即使仲裁能够在法定期限内结案，而如果一方起诉到法院，一审普通程序的审理期限是 6 个月，特殊情况下可以延长 6 个月；二审审限为 3 个月，特殊情况下还可延长。如再加上强制执行的期限，无休无止的拉锯战似乎不可避免。而每一法律链条的延伸，也必然使劳动者维权的经济成本上升。

2. 仲裁与诉讼衔接困难

在劳动争议处理过程中，仲裁委与法院之间在性质上存在较大差异，它们之间的衔接障碍无法避免。一旦当事人对仲裁裁决不服，向人民法院提起诉讼，法院受理、通知举证、庭审等工作需从零开始，重起炉灶，已经做出的仲裁裁决无异于成为一纸空文，导致仲裁程序虚耗，有限的公共资源被浪费。

3. "一裁终局"规定使仲裁与诉讼之间的衔接更加困难

《调解仲裁法》第四十七条关于"一裁终局"的规定，在适用时也带来很多问题，如"追索劳动报酬、工伤医疗费、经济补偿或者赔偿金，不超过当地月最低工资标准十二个月金额的争议"，是以被告所在地最低工资为标准，还是以法院所在地的最低工资为标准？是以仲裁请求的数额为衡量标准，还是以法院判决的数额为衡量标准？是以劳动报酬、工伤医疗费、经济补偿或者赔偿金中某一项的数额为标准，还是以所有项累加的数额为标准？如工伤纠纷，受害人除了主张医疗费外，还涉及伤残补助金、一次性就业补助金等相关伤残待遇，如何考量应否"一裁终局"，等等。

二、构建我国劳动争议处理制度需把握的几个原则

（一）处理程序多轨、高效原则

当前，劳动争议案件呈现如下特点：一是随着劳动者权利意识的觉醒，劳动

争议案件不断呈现上升趋势，有些地方甚至呈现井喷式增长。二是劳动案件多涉及劳动报酬、社会保险、经济补偿等，与劳动者的生存紧密攸关。三是集体争议大幅增长，处理稍有不慎，就会导致严重扰乱社会秩序的突发案件。因此，由单一的部门处理劳动案件终将不堪重负，并可能引发案件处理的效率低下，甚至久拖不决。所以，解决劳动争议案件的口径必须宽泛，必须多管齐下，综合发挥调解、监察、仲裁、审判的作用，建立多轨且并行不悖的劳动争议处理路径，才能有效截留、分流劳动案件，提高劳动案件的处理效率。我国现行的劳动争议处理制度大体实行"仲裁前置，一裁两审"的多元单轨处理模式，本末倒置，既耗费资源，又与效率原则相悖。

（二）整合资源，发挥效益最大化原则

多轨资源的投入是受经济社会发展水平的限制和制约的，对于劳动争议案件，在选择多轨制的同时，又要注意防止轨道的雷同和重复，如既设置仲裁程序，又设置诉讼审判程序，均要求政府和社会既提供完善的仲裁资源，也要提供充分的审判资源。当实践中不能确定案件多是流向仲裁还是诉讼的时候，造成仲裁或审判资源的浪费和虚耗似乎不可避免。所以，我国劳动争议处理程序，必须以整合现有调解、行政、仲裁、审判资源，发挥其效益最大化为原则。这就要求，劳动案件采用多轨处理体制，但就其中选择仲裁还是诉讼问题上又应是单轨的，二者只能择其一。

（三）紧扣国情、彰显中国特色原则

我国国情有三：一是我国是一个发展中国家，正处于经济发展的转型期和社会矛盾的突发期，我国劳动关系与经历百年市场洗礼的西方发达国家的劳动关系不可同日而语；二是劳动者日益增长的物质文化需求同落后生产之间的矛盾非常突出，一方面劳动者权利意识不断觉醒，要求体面劳动和尊严生活，另一方面我国经济发展仍建立在粗放式的基础上，靠廉价劳动力赢取竞争优势，劳动争议大量攀升，劳资矛盾日益突出；三是我国工会承担着维权和维稳的双重任务，工会的独立性不够，行政色彩浓厚。在当前维稳任务艰巨的背景下，工会的改革在很长一段时间内难以取得突破。基于此，我国劳动争议处理制度必须紧扣中国国情，彰显中国特色，任何照搬他国方案、任何照抄教条理论的制度，都没有持久的生命力，不会取得良好的效果。

三、我国劳动争议处理体制构想

（一）明确工会调解职责、强化工会调解功能

由于调解组织虚化、调解人员泛化等原因，直接导致调解的作用未能充分发挥，所以在《调解仲裁法》规定之外，还需另辟调解蹊径，使调解真正成为劳资纠纷的过滤网、劳资矛盾的减震器。

当前，工会组织在维护职工权益方面鲜有作为，社会评价降低。

2010年5月20日发表在《南方周末》上的《中国工会组织有七大问题待整顿》作了深入阐述："这些工会组织是有庙有和尚，但和尚既不敲木鱼也不念经。为什么？他们不是真和尚。"可谓是入木三分。在推杯换盏之间，工会组织已然沉落为无所事事的官僚机构。在富士康十二连跳事件中，富士康行政总经理李金明以他的方式描述了工人的这种"原子"状态："不管是正式组织，比如工会，还是非正式组织，比如老乡会、同学会，普通员工都找不到，所以压力大，却无法舒缓。"[1] 甚至富士康公司也对工会提出了改革建议："富士康高层告诉《南方周末》记者，在卢新跳楼以后，郭台铭曾专门致电李金明，要求资方配合工会，加大工会的监督力度，要把工会的独立性体现出来。"[2]

因此，工会必须以高度的使命感担负起维护劳动者权益的历史重任，工会工作不能再停留在喊口号、发通知、开会这些形式上，而要切实为职工做些实实在在的工作，才能赢得信任和尊重。而做好调解工作，给工会组织提供了一个变革形象的机遇和施展才华的舞台。

工会从事和担负调解工作，是《工会法》的应有之义。我国《工会法》第六条规定，维护职工合法权益是工会的基本职责。第十九条规定，企业、事业单位违反职工代表大会制度和其他民主管理制度，工会有权要求纠正，保障职工依法行使民主管理的权利。第二十条规定，企业违反集体合同，侵犯职工劳动权益的，工会可以依法要求企业承担责任。第二十一条规定，企业、事业单位处分职工，工会认为不适当的，有权提出意见。企业单方面解除职工劳动合同时，应当事先将理由通知工会，工会认为企业违反法律、法规和有关合同，要求重新研究处理时，企业应当研究工会的意见，并将处理结果书面通知工会。第二十二条规定，

---

[1] 杨继斌、刘志毅：《破解富士康员工的自杀"魔咒"》，载《南方周末》，2010年5月13日。

[2] 同前注。

企业、事业单位违反劳动法律、法规规定，有克扣职工工资、不提供劳动安全卫生条件、随意延长劳动时间、侵犯女职工和未成年工特殊权益以及其他严重侵犯职工劳动权益情形的，工会应当代表职工与企业、事业单位交涉，要求企业、事业单位采取措施予以改正；企业、事业单位应当予以研究处理，并向工会作出答复；企业、事业单位拒不改正的，工会可以请求当地人民政府依法作出处理。第二十五条规定，工会有权对企业、事业单位侵犯职工合法权益的问题进行调查，有关单位应当予以协助。第二十六条规定，职工因工伤亡事故和其他严重危害职工健康问题的调查处理，必须有工会参加。工会应当向有关部门提出处理意见，并有权要求追究直接负责的主管人员和有关责任人员的责任。对工会提出的意见，应当及时研究，给予答复。

由以上规定可以看出，工会代表职工与用人单位进行交涉的过程，提出意见的过程，要求用人单位纠正错误的过程，实际上就是依法调解的过程，调解的过程也是维护职工合法权益的过程。所以说，工会做好调解工作，是在履行《工会法》赋予其的法定职责。

问题在于，我国《调解仲裁法》第十条规定，发生劳动争议，当事人可以到企业劳动争议调解委员会申请调解。而这一规定某种程度上抑制和削弱甚至掩盖了工会的调解职责。弃工会组织于一边，另行成立一个虚化的调解组织，既造成资源的浪费，也无多少现实意义。故建议删除《调解仲裁法》第十条中"企业劳动争议调解委员会负责调解工作"之规定，并将我国《工会法》第二十八条"工会参加企业的劳动争议调解工作"修改为"工会负责和承担企业的劳动争议调解工作"，并建议在企业工会直接负责调解工作之外，在乡镇及县（区）、市级工会组织均成立负责调解的机构，辖区内劳动者也可依法向其所在地的乡镇及县（区）、市级工会组织申请调解。

（二）撤销仲裁委员会，扩大劳动监察队伍，提升劳动监察作用

在调解、监察、仲裁、诉讼等处理劳动争议的诸多手段中，劳动监察具有无可比拟的优势，一是劳动监察可以主动出击，依法对用工单位进行劳动保障专项检查，而调解、仲裁、诉讼皆不告不理；二是劳动监察利用行政力量，行使法律赋予的检查权、询问权、书面调查权、查阅和复制资料权等权力，掌握证据，查清事实，更有利于保护赤手空拳劳动者的权益，从而扭转劳动者在调解、仲裁和诉讼中的弱势地位；三是劳动监察可以依法行使处罚权，打击和震慑用人单位的违法行为，增加其违法成本；四是劳动监察立竿见影，避免了无休止的拉锯战。

总之，对劳动者而言，劳动监察具有成本低、周期短、见效快的良好效果，扩大劳动监察队伍，提升劳动监察的作用，是构建中国特色劳动争议处理制度的重要一环。

因此，笔者认为，撤销仲裁委，将仲裁委专职人员全部编入劳动监察大队，作为专职监察员，从事劳动监察工作，具有非常重要的现实意义。

（三）建立劳动法庭，专门审理劳动争议

撤销仲裁委，在人民法院建立专门审理劳动争议的劳动法庭，有以下方面的重要意义：一是由"一裁两审"变革为"两审终局"，大为缩短了劳动争议审理的周期，降低了当事人的经济成本；二是解决了仲裁与诉讼的衔接困难问题，不仅节约了仲裁资源，也强化了劳动保障监察队伍；三是按照现行的劳动争议处理制度，民庭负责审理劳动案件，多数审判人员受时间、精力限制，对庞杂的劳动法律规范不够熟悉，往往习惯于用民事审判理念处理劳动案件，一定程度上也影响了劳动案件的审判质量。建立劳动法庭和专门的审判队伍，有利于劳动审判的专业化建设。

由于《调解仲裁法》仅仅规定了调解和仲裁阶段，劳动法庭审理劳动案件，在程序上仍然要依照《民事诉讼法》，劳动争议处理程序被切割的支离破碎。所以，有必要制定一部统一的《劳动争议处理法》，包括调解、监察和审判三个阶段，其中考虑到劳动案件的特点，在立案、举证、审限等方面作出独立于《民事诉讼法》的规定，真正建立一套具有中国特色的劳动争议处理制度，为保护劳动者合法权益、构建和谐稳定的劳动关系作出贡献。

（中国法学会社会法学研究会 2015 年年会会议论文）

完善我国劳动监察制度探讨

【摘　要】在市场经济体制下，劳动监察承载着干预维权、抑制冲突的重要作用。当前，我国劳动监察制度在立法和执法层面还存在一些不足，可学习借鉴国外劳动监察的经验，改进完善劳动监察制度。建议完善劳动立法，制定以《劳动保障监察法》为核心的劳动监察法律体系，并重构我国劳动争议处理制度，强化劳动监察。

【关键词】劳动监察；立法；维权

一、劳动监察的功能定位

劳动关系是现代社会最基本和最重要的社会关系之一，而劳动关系的一方主体劳动者相对于雇主组织通常处于弱势地位，资强劳弱的社会格局要求劳动立法通过授予相应行政机关监察权，以国家公权力为后盾，强行介入劳资关系，使处于弱势地位的劳动者获得与雇主相抗衡的力量，从而实现劳动法所内蕴的平衡劳资关系，维护劳动者基本权益，维护社会和谐稳定。由此，在市场经济体制下，劳动监察承载着如下功能：干预维权、抑制冲突。

（一）干预维权

目前，调解、仲裁和诉讼是解决劳动争议最为主要和畅通的渠道。调解、仲裁、诉讼各有其优势，也有其自身难以克服的局限。

调解是一种柔性方式化解矛盾的机制，具有及时、灵活的特点，成本低廉，可以促使当事人在互谅互解的基础上达成一致，将争议解决在基层，化解在萌芽状态，有利于防止矛盾的激化以及构建和谐稳定的劳动关系，被称为解决纠纷的"第三条道路"、"绿色"处理机制。但正如一枚硬币的两面，调解因不具有强制力而使其功能大打折扣，其短板也非常明显。而仲裁裁决和法院判决虽具有强制执行力，但漫长的仲裁和诉讼程序也往往令劳动者望而生畏，高昂的时间成本和经济成本令许多劳动者望法兴叹，仲裁和诉讼对于普通劳动者而言，是一种维权成本较高的方式。

在调解、仲裁和诉讼手段之外，为普通的劳动者创设新的救济通道是切实维护劳动者合法权益的必然选择。劳动监察通过法律授权，利用国家强制力，对《劳动法》实施情况进行监督检查，对公然违反劳动法律法规的用人单位予以处罚，弥补了其他维权手段的缺陷与不足，是一道捍卫劳动者权益的公权屏障。因而，劳动监察制度的创设，无疑背负了查处违法行为、捍卫劳工权益、维护公平正义的神圣职责。而劳动监察制度要不辱其使命，必须主动干预，强力维权。

（二）抑制冲突

实际上，劳动监察通过依法监督检查纠正用人单位的违法行为，不仅维护了广大劳动者的合法权益，也潜在地抑制了对立冲突，缓和了阶层矛盾。具体而言，一是防止劳动争议案件引发"血案"。近年来，因讨薪、工伤等劳动争议引发刑事案件的案例越来越多。二是防止劳动争议案件引发群体性事件。中国社科院发布的2013年《社会蓝皮书》指出，近年来，每年因各种社会矛盾而发生的群体性事件多达数万起甚至十余万起。据全国总工会统计，2012年1—8月，全国共发生因工资纠纷引起的规模在百人以上的群体性事件有120多起，发生在19个省、规模在30人以上的270多起[①]。三是防止劳动争议案件引发社会动荡。随着经济全球化和贸易自由化的迅猛发展，社会问题和劳资矛盾日益突出。这主要表现为：富人成为全球化的受益者，财富分配严重两极分化，失业工人大量增加，社会保障不足，劳动条件恶化，相当多的工人陷入贫困之中。这些问题不仅在发展中国家存在，而且开始蔓延到发达国家[②]。

二、我国劳动监察制度在实施过程中存在的问题

（一）劳动监察在立法层面存在的问题

第一，劳动监察规定分散、立法层次低、强制手段缺乏。我国《劳动法》和《劳动合同法》也涉及劳动监督检查规定，国务院颁布的《劳动保障监察条例》专门规定了劳动监察，原劳动和社会保障部出台了《关于实施〈劳动保障监察条例〉若干规定》等一系列部门规章、规定、通知，还有地方性专门立法等，劳动监察立法分散，一定程度上影响了实施效果。

而专门规定劳动监察的《劳动保障监察条例》属于行政法规，法律位阶与劳动监察的地位及其担负的职责不匹配，影响了劳动监察的效力与权威。因《劳动

---

① 宋识径、佟丽华：《取消劳动仲裁让劳动监察唱主角》，载《检察日报》，2010年1月25日。

② [德]汉斯·彼得·马丁、舒曼：《全球化陷阱》，中央编译出版社1998年版，第12页。

保障监察条例》立法层次的限制，致使条例中缺乏必要的行政强制手段，"面对大量的非法用工单位和影响恶劣的欠薪、欠保逃匿案件，劳动保障监察机构既不能对违法单位的财产实行查封、扣押，更不能对责任人进行留置。由于无法及时采取强制措施，当事人一跑了之，劳动者的合法权益得不到保护，经常升级成群体性事件，既损害了监察的公信力，也影响了社会稳定"①。

第二，劳动监察范围设计不合理。一是劳动监察范围过于宽泛。《劳动保障监察条例》规定的监察事项包括用人单位关于制定内部劳动保障规章制度的情况，职业介绍机构、职业技能培训机构和职业技能考核鉴定机构遵守国家有关职业介绍、职业技能培训和职业技能考核鉴定的规定的情况等。《劳动合同法》规定的监察事项包括用人单位关于制定直接涉及劳动者切身利益的规章制度及其执行的情况、与劳动者订立和解除劳动合同的情况、劳务派遣单位和用工单位遵守劳务派遣有关规定的情况等。

我国劳动监察在人员配置不足以及用人单位整体守法度不高的背景下，不分轻重缓急，眉毛胡子一把抓，监察事项过于宽泛，严重影响了监察效果。如监察用人单位制定规章制度情况，规章制度本身体现了用人单位的自主管理权，而对于直接涉及劳动者切身利益的规章制度的制定程序，劳动合同法作了较为详尽的规定，如用人单位违法制定将自食其果，劳动监察介入规章制度的审查恐无端耗时耗力，也实无紧迫监察的必要；如监察用人单位订立和解除劳动合同情况，合同订立与解除属双方自治的范畴，而对于订立及解除的合法性判断，不经详尽的审理程序恐纠缠不清。

二是劳动监察与劳动仲裁范围重合。我国劳动监察与劳动仲裁存在着两种关系：一种是一个劳动争议案件只能选择监察或是仲裁，而不能同时选择。如禁止使用童工和中介机构的问题只能由劳动监察受理。第二种是复选关系，即劳动争议既可以选择监察，也可以选择仲裁。这类案件体现在订立和解除劳动合同、工资、社会保险、休息休假等方面。监察和仲裁受理范围的部分重叠，虽然为劳动者提供了多元化的救济渠道，但也为监察机关推卸责任提供了口实。"重仲裁、轻监察"的倾向蔓延，使一些地区的监察程序形同虚设，没有起到防火墙的作用。

（二）劳动监察在执法层面存在的问题

第一，监察机构建设不够健全，监察力量薄弱。我国监察机构建设远滞后

---

① 国务院法制办政法司、劳动保障部法制司、劳动保障部劳动科学研究所课题组：《劳动保障监察条例立法后评估报告》，载《中国劳动》2007年第5期。

于社会需求，人员配备不足，资金保障不够。人力资源和社会保障部《2013 年度人力资源和社会保障事业发展统计公报》指出，2013 年年末，全国共有劳动保障监察机构 3291 个，各级人力资源社会保障部门配备专职劳动保障监察员 2.5 万人，相对于我国庞大数量的用人单位和劳动者群体，与其所承担的执法任务相比，显然执法力量仍然不足。

第二，地方政府干扰监察的问题严重。一些地方政府片面追求 GDP，千方百计招商引资，而对劳工权益漠不关心，轻视劳动监察执法工作；一些地方政府甚至将劳动监察与经济发展对立起来，对用人单位劳动违法行为视而不见，消极执法、执法不到位、行政不作为的现象较为普遍，严重影响了劳动监察的信誉和权威。

第三，劳动监察手段创新不够。现在很多地方的劳动监察部门还在采用较为传统的"守株待兔"式的监察方法，以被动监察为主，如果没有相关利益受到侵害者到劳动监察部门举报或投诉，监察部门就很难有所作为。而受制于监察队伍的限制，我国劳动监察仍采用"一揽子"监察的方式对用人单位进行监察，这不仅对劳动监察人员的专业素养要求高，也导致监察工作千头万绪，应接不暇，一定程度上影响了监察效果。

三、国外及澳门特别行政区劳动监察制度及启示

（一）美国劳动监察制度

美国的劳动监察呈现为一种分散执法的体制，美国联邦劳工部内部的执法机构分别是依据某一法令来设立的。如《公平劳动标准法》由就业标准管理司所属工资工时处执行；《职业安全与健康法》由职业安全健康管理局执行；《码头与港口工人赔偿条例》由就业标准司下设的工人赔偿办公室执行等。工资工时处现已成为美国规模最大、权力最强的劳动执法部门之一。工资工时处实行垂直管理，机构包括华盛顿总部、5 个大区办公室、48 个地区办公室三个层次。大区办公室和地区办公室是联邦劳工部工资工时处的派出机构，雇员都是劳工部职员。在实际监察过程中，如果雇主无正当理由拒绝接受监察，地区办公室有权将案件提交劳工部的法务机构，由行政法官签署调查令。如果雇主仍不接受调查，即构成藐视法庭罪，将受到严厉处罚。对经查实存在违法行为，但缺乏改正诚意的雇主，劳工部可以认定其产品为"危险产品"，在雇主切实改正违法行为之前，禁止部

分或全部产品发运销售或销往他州 ①。

美国劳动监察制度的启示在于：其一，分类监察，即针对不同的实体法律，安排不同的机构和部门予以监察。其二，劳动监察队伍专业化。美国对劳动监察员制订完备的培训考核制度，要求监察员向职业化发展，专门制定监察员的职级，每年进行考核，并决定其职级的晋升。其三，对经查实存在违法行为，但缺乏改正诚意的雇主，劳工部可以认定其产品为"危险产品"，在雇主切实改正违法行为之前，禁止部分或全部产品发运销售或销往他州。这不仅体现了劳动监察的制度创新，也体现了劳动监察的决心和力度。

（二）日本劳动监察制度

日本由劳动行政机关或专门机构行使劳动监察权，上下级劳动监察机关的业务实行垂直领导，监察人员由政府官员组成，有的由劳工部长直接任命。日本最高劳动行政机关是劳动省，负责审查由劳动标准法和其他劳动法律所规定的各项劳动条件标准的执行情况。劳动省内部设置5个比较大的局——劳动政策局、劳动标准局、妇女少年局、雇用保险局和职业训练局。各都、道、府、县辖区内都设立劳动标准监察署。各级劳动行政机关都受劳动大臣直接管辖，并设有劳动标准监察官和官员。各级劳动标准局局长和劳动监察署署长，都是从劳动标准监察官中选任的 ②。

日本劳动监察制度的启示在于：其一，上下级劳动监察机关的业务实行垂直领导，这样可以打破劳动监察的地域限制和分割，合理调遣劳动监察力量，也可以有效防止地方政府随意干扰劳动监察。其二，劳动监察的机构设置比较健全，监察队伍专业性强，监察范围以劳动标准为限，针对劳动标准进行劳动监察，职责清晰，监察有力。

（三）澳门劳动监察制度

澳门的劳动监察法律制度主要分为两个部分，一是总体的《劳工稽查章程》，稽查章程对于各种违法行为的处罚基本上分为行政机关对于违法雇主罚款和追究违法雇主刑事责任的规定。《劳工稽查章程》有关处罚条款中，有四个条款是关于罚款的，三个条款是关于追究刑事责任的。二是针对各种不同行业专门监察，虽然不能达到有一个专门的劳动保护方面的实体法就有一个专门的劳动

---

① 《中国高级劳动保障监察员考察团2004年12月赴美国考察报告》，转引自《美国劳动保障监察制度载联合早报》，2011年3月1日。

② 黎建飞：《劳动与社会保障法教程》，中国人民大学出版社2007年版，第380页。

监察法与之对应的程度，但大体上对于专门的劳动保护实体法都有与之对应的劳动监察法律。

澳门劳动监察制度的启示在于：其一，提高违法成本，加重违法责任。《劳工稽查章程》通过设定罚款和追究刑事责任条款，来震慑和打击劳动违法行为。其二，构建严密而完善的监察法律体系。澳门的劳动监察法律是一张严密的监察法律网，除了《劳工稽查章程》之外，还有一大批有关监察的其他的法律、法规、章程等与之呼应，特别是大体上对于专门的劳动保护实体法都有与之对应的劳动监察法律，任何一种违法行为都有与之相对应的劳动监察对其进行处罚，加强了监察的可操作性，降低了劳动违法的可能性。

四、完善我国劳动监察的建议

（一）完善劳动立法，为劳动监察提供有力的法律支撑

第一，不断提升非标准劳动关系立法水平。劳动监察对象通常是与劳动者建立劳动关系的用人单位，劳动监察内容通常是用人单位实施《劳动法》的状况。可见，厘清用人单位及其雇佣人员的法律关系是劳动监察的前提和基础。而我国劳动关系立法水平较低，特别是非标准劳动关系立法严重滞后。在实践中，由于对非标准劳动关系关注和研究不够，人们习惯用传统的标准劳动关系的视角去判断和考量所有的劳动关系，将一些非标准劳动关系混同于非劳动关系，将新型的非标准劳动关系排斥在劳动关系之外。作为上层建筑组成部分的劳动法律规范必须顺应经济基础的要求，不断提升非标准劳动关系的立法水平，才能畅通劳动监察的路径。

第二，不断强化劳动基准立法。劳动基准是指我国法律所规定的劳动条件最低标准，一般包括工资、工时、休息休假、劳动安全卫生、女工与未成年工保护等方面的内容。我国劳动监察主要是以劳动基准法的实施状况为监察内容，因为劳动基准是用人单位不能突破的法律底线，而目前我国的劳动基准立法层次低，立法分散，必须强化劳动基准立法，制定统一的工资法、工时法及劳工安全卫生法等法律规范，为劳动监察提供强有力的实体法律支撑。

（二）制定以《劳动保障监察法》为核心的劳动监察法律体系

当前，首先要提高劳动监察的法律位阶，制定一部统一的《劳动保障监察法》，以《劳动保障监察法》为核心，制定相关实施条例、部门规章以及地方立法等，

形成一整套立法科学、体系严密的劳动监察法律体系。

第一，建立科学的劳动监察体制。为了防止地方政府任意干扰劳动监察，建议上下级劳动监察机构的业务实行垂直领导，这样可以打破劳动监察的地域限制和分割，合理调遣劳动监察力量，也可以有效防止地方政府随意干扰劳动监察。

为了提高劳动监察效率，建议劳动监察的机构设置专业化，即对应劳动基准及相关的监察内容，设置相对应的科室机构予以专门监察，如工资监察、工时监察、社会保险监察等，防止监察机构内部相互推诿，提高劳动监察效率。

第二，建立专业化的劳动监察队伍。劳动监察的效果一定程度上取决于监察员的专业素养，劳动监察必须要打造一支专业化的劳动监察队伍。建议实行劳动监察员统一考试制度，只有取得全国统一的劳动监察员资格，才能进入劳动监察机构，持证上岗。同时，建立劳动监察员专业职称制度，不断提升劳动监察员的专业素养和品德修养，通过专业职称制度设计，强化监察员的责任，提高劳动监察员的待遇。

第三，建立权力和责任相统一的监察法律体系。赋予劳动监察部门相应的调查取证、行政处罚及查封财产、冻结账户等权力，对于触犯我国刑法的，应移交司法机关查处。在赋予监察机构和监察员相应权力的同时，也应减小执法人员的自由裁量空间，防止其权力寻租，并细化和强化责任条款，督促监察人员秉公执法。

载《中国劳动》2015 年第 1 期